大学生素质教育系列教材 · 国民素质教育培训系列教材

人际沟通与社交礼仪

（第2版）

耿 燕　梁 月　主　编
高 阳　李静玉　副主编

清华大学出版社
北京

内 容 简 介

本书严格按照教育部关于"加强国民素质教育"的要求，针对大学生人际沟通与社交礼仪存在的不足，具体介绍语言沟通及礼仪、非语言沟通及礼仪、服饰礼仪、接访礼仪、宴会礼仪、求职礼仪、跨文化沟通及涉外礼仪等人际沟通与社交礼仪必备知识，并通过强化应用实训，达到学以致用的目的。

本书既可以作为普通高等院校、高职高专院校大学生素质教育和毕业教育的教材，也可以作为大学生人际沟通与社交礼仪行为规范的指导手册，并为广大社区居民和社会待业人员提供有益的参考与借鉴。

本书封面贴有清华大学出版社防伪标签，无标签者不得销售。
版权所有，侵权必究。举报：010-62782989，beiqinquan@tup.tsinghua.edu.cn。

图书在版编目(CIP)数据

人际沟通与社交礼仪/耿燕,梁月主编. —2版. —北京：清华大学出版社，2020.5（2024.7重印）
大学生素质教育系列教材　国民素质教育培训系列教材
ISBN 978-7-302-54614-6

Ⅰ.①人… Ⅱ.①耿… ②梁… Ⅲ.①人际关系学－高等学校－教材 ②心理交往－礼仪－高等学校－教材　Ⅳ.①C912.1

中国版本图书馆CIP数据核字(2020)第002512号

责任编辑：田在儒　聂军来
封面设计：傅瑞学
责任校对：李　梅
责任印制：沈　露

出版发行：清华大学出版社
网　　址：https://www.tup.com.cn，https://www.wqxuetang.com
地　　址：北京清华大学学研大厦A座　　　邮　编：100084
社 总 机：010-83470000　　　　　　　　　邮　购：010-62786544
投稿与读者服务：010-62776969，c-service@tup.tsinghua.edu.cn
质量反馈：010-62772015，zhiliang@tup.tsinghua.edu.cn
课件下载：https://www.tup.com.cn，010-83470410

印　装　者：北京鑫海金澳胶印有限公司
经　　销：全国新华书店
开　　本：185mm×260mm　　印　张：12.75　　字　数：297千字
版　　次：2014年8月第1版　2020年5月第2版　印　次：2024年7月第6次印刷
定　　价：36.00元

产品编号：083903-01

教材编审委员会

主　　　任：牟惟仲

副　主　任：林　征　　张建国　　鲁彦娟　　张美云　　林玲玲
　　　　　　车亚军　　田小梅　　胡国良　　黑　岚　　邵海峡

委　　　员：马继兴　　罗元浩　　陈　捷　　王　琦　　吴慧涵
　　　　　　王瑞春　　商艳玲　　白国芬　　冯丽霞　　温丽华
　　　　　　钟丽娟　　王　洋　　李翠梅　　王海文　　张武超
　　　　　　孟祥越　　吴健斌　　彭爱美　　王　月　　王文萍
　　　　　　赵　英　　刘朝霞　　贾晓龙　　耿　燕　　孙　勇

总　　　编：李大军

副　总　编：梁　露　　张美云　　耿　燕　　罗元浩　　孟祥越

专　家　组：林玲玲　　马继兴　　钟丽娟　　范　蓓　　冯丽霞

序 言

新中国成立以来,党和政府一直高度重视教育,特别强调要全面提高学生的综合素质。2001年6月,中共中央国务院《关于深化教育改革全面推进素质教育的决定》做了准确的表述:"实施素质教育就是全面贯彻党的教育方针,以提高国民素质为根本宗旨,以培养学生的创新精神和实践能力为重点,造就有理想、有道德、有文化、有纪律的德智体美劳全面发展的社会主义建设者和接班人。"

2019年中共中央、国务院印发的《新时代公民道德建设实施纲要》对新时代公民道德建设提出了总体要求和重点任务,并对深化道德教育,引导、推动道德实践养成等方面做出了具体安排,充分说明了通过教学推动礼仪学习在现代社会道德建设中的重要地位。普及和应用礼仪知识,是加强社会主义精神文明建设、构建和谐社会、强化公民文明行为的基础。

素质教育是以提高民族素质为宗旨的教育,它是依据《中华人民共和国教育法》规定的国家教育方针,着眼于受教育者及社会长远发展的要求,以面向全体学生、全面提高学生的基本素质为根本宗旨,以注重培养受教育者的态度、能力,促进他们在德智体美劳方面生动、活泼、主动地发展为基本特征的教育。

素质教育的内涵丰富,从定位角度来看,"素质教育的宗旨是提高国民素质,目标是培养德智体美劳全面发展的合格公民,灵魂是思想道德教育,重点是提高创新精神和实践能力";从功能角度来看,"素质教育充分考虑人与社会发展的需要,尊重学生的主体地位、主动精神和个性差异,注重形成健全的人格";从价值取向角度来看,"素质教育关注人的'能力、创造性、潜在竞争力、可持续发展',并以促进学生的长远发展作为核心价值"。

目前,我国已进入全面建设小康社会、加快推进社会主义市场经济、加速现代化经济发展的关键时期。随着全球经济一体化进程的加快和科技进步的日新月异,随着改革开放和中国经济国际化发展的趋势,随着国家经济转型和产业结构调整,需要解决就业、择业、晋升、薪酬、竞争、恋爱、生理、心理、治安等社会问题,而解决这些社会问题的最根本和最好的办法,就是关注早期素质教育,加强综合素质培养。

21世纪,我国从计划经济体制转变为社会主义市场经济体制,经济增长方式从粗放型转变为集约型,而且正在实施"科教兴国"和"可持续发展"战略。我国要在21世纪激烈的国际竞争中处于战略主动地位,最大的问题就是解决好人的素质和人才问题。

国以才立,政以才治,业以才兴,素质是人才的根本,社会主义事业需要合格的建设者和可靠的接班人。人的实践需要人的主观能动性、创造性、自主性,现代化建设需要人的求实精神、开拓精神、无私奉献精神,社会主义市场经济需要人的创造力、应变力、竞争力、承受力。从根本上说，人的这种主体性、精神、能力都来源于人的素质，只有不断提高人的素质，才能推进人的全面发展，造就数以亿计的高素质劳动者、数以千万计的专门人才和一大批拔尖的创新创造型人才。

本系列教材根据《中华人民共和国教育法》规定的国家教育方针，全面贯彻党的素质教育要求，以高等院校、职业院校为主，兼顾企业、社区工作者和居民，属于通用型的素质教育培训教材。

本系列教材的参与单位包括北京教育学院、吉林工程师范学院、北京物资学院、华北科技学院、北京联合大学、哈尔滨师范大学、北方工业大学、山西大学、首钢工学院、牡丹江大学、燕山大学、北京城市学院、东北财经大学、北京财贸职业学院、厦门集美大学、北京科技大学、大连商务学院、北京西城社区学院、郑州大学、北京石景山社区学院、大连海事大学、北京宣武社区学院、浙江工业大学、大连工业大学等全国30多所高校。

本系列教材作为素质教育培训的特色教材，坚持以科学发展观为统领，力求严谨，注重与时俱进；在吸收国内外素质教育权威专家、学者的最新科研成果的基础上，融入了素质教育的最新教学理念；依照素质教育所设计的问题和施教规律，根据素质教育发展的新形势和新特点，全面贯彻国家新近颁布实施的有关素质教育的法律法规及管理规定；按照社会及企业用人的需求模式，结合解决学生就业及加强素质教育的实际要求；注重结合大学生遇到的各种问题，强化德智体美劳全面发展，突出培养创新精神和实践能力，并注重教学内容和教材结构的创新。

本系列教材的出版，对普及国民素质教育，创建和谐社会，帮助学生加强素质培养，提高竞争力，毕业后能够顺利就业具有特殊的意义。

牟惟仲
2020年1月

前 言

随着时代的发展,人与人之间的沟通和交往越来越频繁,也越来越重要。人际沟通与社交能力不但直接影响着人际关系、团队合作,而且体现人的国际化视野、高科技时代的商务竞争能力和综合素养,已成为从业者需要具备和必备的基本素质技能。因此,人际沟通与社交能力越来越受到各行业、社会各领域人士的重视。

随着中国经济的飞速发展,对人才培养提出了更高的要求。《国家中长期教育改革和发展规划纲要(2010—2020年)》指出:"坚持能力为重,优化知识结构,丰富社会实践,强化能力培养。着力提高学生的学习能力、实践能力、创新能力,教育学生学会知识技能,学会动手动脑,学会生存生活,学会做人做事,促进学生主动适应社会,开创美好未来。"

本书自2014年出版以来,因写作质量较高、突出应用能力的培养,而深受全国各高等院校广大师生的欢迎,目前已经多次重印。此次再版,作者根据读者建议,审慎地对第1版进行了反复论证、精心设计,进行了包括调整结构、压缩篇幅、更新案例、补充知识等修改,以使其更贴近社会经济发展、更好地为我国经济建设和社会发展服务。

本书作为大学生素质教育的特色教材,坚持科学发展观,严格按照教育部关于"加强国民素质教育"的教学改革要求,根据社会及企业的要求与需求,注重加强大学生人际沟通与社交礼仪素质教育。本书的出版对普及国民素质教育、创建和谐社会,帮助大学生加强人际交流素质培养、提高内在竞争能力具有特殊意义。

本书共8章,以提高学习者人际沟通与社交礼仪素质能力为原则,针对大学生人际沟通与社交礼仪存在的不足,结合做人做事与就业行为规范,具体介绍语言沟通及礼仪、非语言沟通及礼仪、服饰礼仪、接访礼仪、宴会礼仪、求职礼仪、跨文化沟通及涉外礼仪等人际沟通与社交礼仪必备知识,并通过强化应用实训,达到学以致用的目的。

由于本书融入了人际沟通与社交礼仪最新的实践教学理念,力求严谨,注重与时俱进,具有知识新、内容丰富、案例鲜活、贴近实际、注重素质培养和能力提升等特点,因此本书既可以作为普通高等院校、高职高专院校大学生素质教育和毕业教育的教材,也可以作为大学生人际沟通与社交礼仪行为规范的指导手册,并为广大社区居民和社会待业从业人员提供有益的参考与借鉴。

本书由李大军筹划并具体组织,耿燕和梁月为主编,高阳、李静玉为副主编,由李文英教授审定。作者编写分工:耿燕(第一章),梁月(第二章、第四章),李静玉(第三章),高阳(第五章、第八章),梁月、孟祥越(第六章),胡晨硕(第七章),冯丽霞(附录),李晓新(文字修改、版式调整、制作教学课件)。

在本书编写过程中,我们参阅了大量人际沟通与社交礼仪的最新书刊和网站资料,并得到有关专家、教授、企业家及原书作者的具体指导与支持,在此一并致谢。为配合本书发行,本书提供了配套的电子课件,读者可以从清华大学出版社官网免费下载使用。因作者水平有限,书中难免存在疏漏和不足,恳请专家和读者批评指正。

编 者

2020 年 2 月

目 录

第一章　导论 ··· 1

　第一节　人际交往概述 ··· 2
　　一、人际交往及其要素 ·· 2
　　二、人际交往的重要意义 ··· 3
　　三、人际交往的原则 ··· 4
　第二节　人际沟通与人际关系 ·· 9
　　一、沟通的含义与形式 ·· 9
　　二、人际沟通的特点 ··· 10
　　三、人际沟通与人际关系的关系 ·· 10
　　四、影响人际沟通的主要障碍 ··· 11
　第三节　人际交往与社交礼仪 ·· 15
　　一、礼仪的概念 ··· 16
　　二、礼仪的分类 ··· 17
　　三、礼仪的基本原则 ··· 18
　　四、社交礼仪的基本内容 ··· 19
　　五、社交礼仪与人际关系的构建 ·· 20

第二章　语言沟通及礼仪 ··· 26

　第一节　语言沟通的类型及特点 ··· 26
　　一、语言沟通类型 ·· 26
　　二、选择正确的沟通方式 ··· 28
　第二节　有效的语言表达技巧 ·· 30
　　一、语言表达原则 ·· 30
　　二、语言表达的礼仪与技巧 ·· 32
　第三节　电话礼仪 ·· 33
　　一、打电话的礼仪 ·· 33
　　二、接电话的礼仪 ·· 34
　　三、手机礼仪 ·· 36

第四节　信函礼仪 ·· 37
　　　　一、内容与格式 ·· 37
　　　　二、回复与管理 ·· 40
　　　　三、特殊的公务信函 ·· 41
　　第五节　网络礼仪 ·· 44
　　　　一、网络活动的原则 ·· 44
　　　　二、网络礼仪 ·· 45

第三章　非语言沟通及礼仪 ·· 49

　　第一节　非语言沟通的特点与类型 ·· 49
　　　　一、非语言沟通的特点 ·· 50
　　　　二、非语言沟通的类型 ·· 51
　　第二节　正确解读非语言沟通 ·· 56
　　　　一、正确解读肢体语言 ·· 56
　　　　二、正确解读其他无声沟通 ·· 61
　　　　三、正确解读说话语气及音色 ·· 62
　　第三节　举止礼仪 ·· 63
　　第四节　改善肢体语言的技巧 ·· 66
　　　　一、改善目光语的技巧 ·· 66
　　　　二、改善身体姿势的技巧 ·· 67

第四章　人际沟通中的服饰礼仪 ·· 72

　　第一节　形象及服饰的重要性及原则 ··· 72
　　　　一、形象及服饰的重要性 ·· 73
　　　　二、形象及服饰的原则 ·· 74
　　第二节　女士的服饰礼仪 ·· 75
　　　　一、女士职业套装的穿着礼仪 ·· 75
　　　　二、服装的色彩搭配 ··· 77
　　　　三、服装的"组合之美" ··· 78
　　　　四、服装饰品的佩戴礼仪与技巧 ·· 79
　　第三节　男士的服饰礼仪 ·· 85
　　　　一、西装的产生与流行 ·· 85
　　　　二、正装西装和休闲西装 ·· 85
　　　　三、穿西装的礼仪规范 ·· 86
　　　　四、男士着装与个性魅力的塑造 ··· 89

第五章　人际沟通中的接访礼仪 ·· 93

　　第一节　接待礼仪 ·· 93

一、接待准备 ……………………………………………………… 94
　　二、迎接客人 ……………………………………………………… 94
　　三、问候寒暄 ……………………………………………………… 94
　　四、请客人入座 …………………………………………………… 95
　　五、敬茶待客 ……………………………………………………… 95
　　六、陪客交谈 ……………………………………………………… 95
　　七、送客 …………………………………………………………… 96
　第二节　商务拜访礼仪 ………………………………………………… 98
　　一、要有约在先 …………………………………………………… 98
　　二、要如约而至 …………………………………………………… 99
　　三、要修饰仪容仪表 ……………………………………………… 99
　　四、要注意言谈举止 ……………………………………………… 99
　第三节　馈赠礼仪 ……………………………………………………… 101
　　一、馈赠目的 ……………………………………………………… 101
　　二、馈赠原则 ……………………………………………………… 102
　　三、馈赠的艺术 …………………………………………………… 103
　　四、受礼礼仪 ……………………………………………………… 104
　第四节　集会及赛事礼仪 ……………………………………………… 105

第六章　人际沟通中的宴会礼仪 …………………………………… **114**
　第一节　中餐礼仪 ……………………………………………………… 115
　　一、中餐餐饮文化 ………………………………………………… 115
　　二、中餐餐具的使用 ……………………………………………… 115
　　三、宴请时中餐菜肴的礼仪规范 ………………………………… 119
　　四、中餐的饮酒礼仪 ……………………………………………… 123
　第二节　西餐礼仪 ……………………………………………………… 126
　　一、西餐餐饮文化 ………………………………………………… 126
　　二、西餐的菜序 …………………………………………………… 127
　　三、西餐的座次 …………………………………………………… 128
　　四、西餐餐具的使用 ……………………………………………… 129
　　五、西餐的礼仪规范 ……………………………………………… 131
　　六、西餐中的饮酒礼仪 …………………………………………… 133
　第三节　饮茶的礼仪 …………………………………………………… 134
　第四节　舞会礼仪 ……………………………………………………… 137
　　一、基本礼仪 ……………………………………………………… 137
　　二、拒绝的礼仪 …………………………………………………… 139
　　三、跳舞过程的礼仪 ……………………………………………… 139
　　四、其他注意礼仪 ………………………………………………… 140

第七章 人际沟通中的求职礼仪 143

第一节 自荐材料的准备 145
一、求职信 145
二、个人简历 149

第二节 求职应聘者的心理准备 151
一、必要的心理准备 151
二、角色转换的准备 152

第三节 应聘者的应试准备 153
一、笔试准备 153
二、面试准备 155
三、网络应聘 158
四、面对多个机会,如何做出合理的选择 160

第八章 跨文化沟通及涉外礼仪 164

第一节 文化差异对跨文化沟通的影响 165
一、文化差异与跨文化沟通概述 165
二、文化差异对跨文化语言沟通的影响 167
三、文化差异对跨文化非语言沟通的影响 169

第二节 跨文化沟通的基本原则和策略 172
一、跨文化沟通的基本原则 172
二、跨文化沟通的策略 173

第三节 主要区域文化简介 176

第四节 涉外礼仪 177
一、互相尊重,不卑不亢 177
二、捍卫尊严,维护形象 178
三、言必行,行必果 179
四、言行谨慎,尊重隐私 179
五、尊重女士,礼让有节 179
六、尚礼好客,热情有度 180
七、入乡随俗,求同存异 180
八、以右为尊 180

附录 182
附录A 商务接访礼仪常用英语 182
附录B 通电话礼仪常用英语 184
附录C 宴请礼仪常用英语 187

参考文献 190

第一章 导　论

学习要求与目标

(1) 了解人际交往的含义与要素；掌握人际交往的原则。
(2) 了解人际沟通的含义与形式；理解人际沟通的障碍。
(3) 了解社交礼仪的内涵与分类；理解人际交往与社交礼仪的关系。

引导案例

不恰当问候带来的尴尬

一天，刚参加工作不久的王小姐被派到外地出差。在卧铺车厢里，碰到一位来华旅游的美国姑娘。美国姑娘热情地和王小姐打招呼，使王小姐觉得不与人家寒暄几句实在显得不够友善，便操着一口流利的英语，大大方方地与对方聊了起来。

交谈中，王小姐问对方："你今年多大岁数了？"美国姑娘敷衍地说："你猜猜看。"王小姐自觉没趣，又问道："你这个岁数，一定结婚了吧？"令王小姐更吃惊的是，对方居然转过头去，再也不理她了。一直到下车，两个人再也没有说一句话。

资料来源：https://www.zybang.com/question/52fe39431180a4458c9926e803e15c85.html，2019-02-10.

案例点评：社交场合中，与人沟通必须尊重对方的隐私，不问年龄、收入、婚否、住址、健康是国际礼仪的基本规则。随着社会的发展，人们的交际圈不断扩大，如果不懂得基本的礼仪规范，就会造成误会，也会给自己带来尴尬的局面。

一个人的职业发展也是如此，如果不懂礼仪，不但会影响别人对你的判断，而且还会影响自身的发展。据说有一个非名牌大学毕业的大学生去某公司应聘，通过笔试后进入面试。进入面试的有37个人，而该公司最终只录用一个人。他知道，自己既不是研究生，也没有"双学位"，更不是名牌大学毕业。因此，他做好了"当分母的准备"，而只把这次面试作为一次锻炼的机会。可是面试后一周，这个学生却意外地接到了这家公司的录用通知书。他后来了解到，录用他的原因竟是因为他是37个面试者中唯一一个知道进门前要敲门的人。

敲个门就找了份工作？这也太幸运、太偶然了吧！但细细想来，连进门都不知道要敲门的人，其礼仪教养是多么差啊！礼仪、教养与做人之间有着紧密的关系。懂礼仪、有教养、会做人，就有成功的机会；而不懂礼貌、不会做人，就必然要失败。

第一节　人际交往概述

天时不如地利,地利不如人和。

——孟子

一、人际交往及其要素

(一) 人际交往的含义

人际交往是人在社会活动中,通过人与人之间相互接触、互通信息、交流情感,或达到相互了解、彼此吸取对方的长处和积极因素,从而增进友情,和谐合作,促进事业成功;或彼此满足相互间的精神需求,实现自我价值,增加社会群体凝聚力的活动。

人际交往是人得以生存和发展的基础与保证。人类社会是人际关系耦合的网络系统,而人际交往是将个人与个人、个人与群体、群体与群体联结成社会网络的必不可少的手段,是促进人际关系和谐、保持社会稳定发展的纽带。

(二) 人际交往的要素

人际交往活动是非常复杂的活动,有着各种各样的形式和内容。人际交往的实现需要有以下六个基本要素。

1. 两个或两个以上的人

两个人构成社交的基本单位。单个人所进行的活动尽管可能涉及另外的人,但也不能称为社交。同时社交中的个人都具有自己的个性心理特征,每个人的个性心理特征都会影响交际过程。

2. 具有特定的交际动机

人的任何社交活动都是由特定的动机推动的,是为了满足某种需要。动机所指向的目标可能是物质的,也可能是精神的。

3. 能够相互认知

社交中的人与人之间存在相互的觉察,以及在了解彼此的基础上形成相互理解的状态。伴随着相互认知,每个人都会有感情的投入,产生喜欢或厌恶的情感倾向。

4. 能够相互沟通

社交中的双方存在着信息的交换。沟通既包括认知上的沟通,也包括情感上的沟通。沟通可能以语言为媒介,也可能以非语言为媒介。信息沟通是产生相互认知,达到交际目的、建立人际关系的基础。

5. 具有心理和行为上的互动

在社交中,一方发出的信息刺激会引起另一方心理和行为上的反应,这种反应又会作为新的信息刺激作用于前者,由此产生双方的相互作用与相互影响。

6. 具有一定的交往情境

人与人的任何交往都是在一定的社会背景和现实的社会环境中进行的,特别是交往时所处的现实微观环境会给人际交往带来直接的影响。

二、人际交往的重要意义

人的成长、发展、成功、幸福都与人际关系密切相关。没有人与人之间的关系,就没有生活基础。对任何人而言,正常的人际交往和良好的人际关系都是其心理正常发展、个性保持健康和生活具有幸福感的必要前提。

1. 交往与个性发展

交往是个性发展与人格健全的必经之路。个体只有通过与其他个体发生联系,只有学习社会知识、技能与文化,才能取得社会生活的资格。离开社会的交往环境,离开与他人的合作,个体是无法作为一个合格的社会人存在的。

人有交往的需要,有合群的倾向。人需要与他人、社会交流信息,沟通情感。当在困难时,他人一句温暖的话语、一个真诚的关怀,都会令人倍感亲切和慰藉;当在成功时,与他人分享快乐与喜悦也会令人开心、畅快。

2. 交往与心理健康

研究表明,如果一个人长期缺乏与别人的积极交往,缺乏稳定良好的人际关系,那么这个人往往有明显的性格缺陷。心理学家曾经从不同角度做过大量研究,结果表明,健康的个性总是与健康的人际交往相伴随。心理健康水平越高,与别人的交往就越积极,越符合社会的期望,与别人的关系也就越深刻。

心理学家奥尔波特发现,个性成熟的人都与别人有良好的交往和融洽的关系,他们可以很好地理解别人,容忍别人的不足和缺陷,能够对别人表示同情,具有给人以温暖、关怀、亲密和爱的能力。高水平的"自我实现者",对别人有更强烈、更深刻的友谊与更崇高的爱。

3. 交往与成才

21世纪是人才竞争的时代,对于事业成功的佼佼者来说,能够在人才竞争中脱颖而出,靠的不仅仅是出众的才华,而是良好的社会适应能力以及良好的人际协调能力。在科技日新月异的年代,知识的更新换代极为频繁,每个人都需要不断地进行知识补充与更新。但是,单个人的能力是有限的,只靠书本上的知识很难适应社会发展的实际需要,而积极的人际沟通与交往,正是获取新知识的有效途径。

"独学而无友,则孤陋而寡闻。"彼此间的畅所欲言、互通有无,会使人们在思想碰撞中产生新的火花,增长对事业、人生、成功的积极看法。我们都知道一个常识:腿并拢的时候左右摇晃身体,会很容易失去平衡;双腿分开一定的宽度再摇晃身体,会感觉保持平衡其实很容易。

这就诉我们,人的延展度决定了人的安全感。这些"延展"除了专业技能、学识、经验外,就是人际关系网了。某研究中心曾花费三年时间对2000个人的档案记录进行分析,结果发现,"智慧""专业技术"和"经验"只占成功因素的14%,其余的86%决定于良好的人际关系。

案例1-1

红顶商人胡雪岩

中国近代著名红顶商人胡雪岩是中国许多商人的偶像。他幼时家境贫寒,为了养家糊口,作为长子的他经亲戚推荐,进钱庄学徒,从扫地等杂役干起,经过不断努力,最终成为显赫一时的一代豪商。

胡雪岩成功的一个重要原因就是他的人际关系非常好。他有一个诀窍:"走官场先拜宝眷,会同行先说油水。"意思就是到生疏的地方创立事业,最要紧的是建立人际关系,有人好办事。找人,找什么人呢?找官场的人,可以有个靠山;找同行,能够打听行情。官场、同行都有人协助,对事业的建立和发展,必定有很好的助益。

他一生有两个贵人,王有龄和左宗棠。当年王有龄穷困潦倒,没有人看得起他,但是胡雪岩送给他500两银子,结果他当了官,又正好被派回杭州。除了得益于王有龄之外,另一个人也起到了重要的作用,这个人就是左宗棠。

1862年,王有龄因丧失城池自缢身亡。经曾国藩保荐,左宗棠继任浙江巡抚一职。左宗棠所部在安徽时饷项已欠近五个月,饿死者及战死者众多。此番进兵浙江,粮饷短缺等问题依然令他苦恼无比。胡雪岩雪中送炭,在三天之内帮左宗棠筹齐十万石粮食,因而得到了左宗棠的赏识并被委以重任。胡雪岩先得到王有龄的帮助,再获左宗棠的支持,青云直上,快速地开展事业,在各省设立阜康银号20余处,并经营中药、丝、茶业务,操纵江浙商业,资金最高达2000万两。

胡雪岩善于经营自己的人际关系,不但在外面得到王有龄和左宗棠两位贵人朋友相助,而且家庭关系处理的也非常好。虽然他有多位夫人,但是家庭稳定,而且不同时期不同的夫人都为其事业发展起到了重要的作用,更是使其如虎添翼。

由此可见,良好的人际关系对一个人来说是多少重要!

资料来源:https://max.book118.com/html/2018/0405/160130913.shtm,2019-02-10.

三、人际交往的原则

(一)互相尊重原则

尊重是一缕春风,一泓清泉,一颗给人温暖的舒心丸,一针促人奋进的强心剂。尊重是一种修养,一种品格。任何人不可能完美无缺,因而我们对任何人都没有理由以高山仰止的目光审视,也没必要以不屑一顾的神情嘲笑,更不能因一点不如意而伤害别人。一个真心尊重别人的人,一定能赢得别人的尊重。

尊重是人的基本需要,任何人都希望自己有地位、有威信,能够获得别人的尊重、信赖和高度评价。一个人得到尊重就能够对自己充满信心,对社会充满热情,让自己的生活有价值、有意义。

人际沟通中,损害他人的自尊心往往会导致沟通的失败。如果在人际沟通中对他人的自我意识造成伤害,那么就无法与之进行良好的沟通。

常言道:"你敬我一尺,我敬你一丈!"在和别人交往的过程中,如果人人都能做到:年少不轻狂,年长不卖老!互相尊重,心平气和,就会避免许多对抗局面,增加许多和谐的气氛。其实,当你开始轻视别人时,也就开始了轻视自我。尊重他人实际上就是尊重自己,你待他人彬彬有礼,他不可能对你横眉冷对。抬手不打笑脸人!这就是老一辈人常给我们讲的道理。

案例1-2

理解别人,为自己架起人际之桥

理解别人,为他人着想,是营造良好的人际关系的关键。无论何时,你希望别人怎样待你,你就要怎样待人,像期望别人对待你的方式一样对待别人。

一位老绅士拥有一座靠近幽静山谷、占地500平方米的建筑,因其健康状况,他必须卖掉绿树环绕的漂亮房子,搬到养老院。老人想将这栋房子卖30万美元,而一位叫罗伊的警官非常想买,但是,他只有3000美元,余款只能按每月500美元分期支付。罗伊也知道老人是无奈才卖房子的,而且老人对这座房子的最钟情之处在于他的花园。

于是,罗伊与老人协商说:"如果您把房子卖给我,我保证每个月去接您一两次,带您回到您的花园,坐在那儿,就像往日一样。"结果,这桩交易成功了,双方都很满意。老人很快乐,他把屋子里的收藏、家具都送给了罗伊,还包括一架钢琴。当把爱加进去的时候,罗伊不可思议地赢得了经济上的胜利。但是,更重要的是老人赢得了快乐和他们之间的亲密关系。

在人际交往中,以己之心,度人之心,以人之所欲给予满足。这样,就能为自己架起人际之桥;保持自己自尊的同时,维护别人的自尊;喜欢自己的同时,也用心地去爱护别人;听取别人的意见,适时地赞赏别人,自己的付出必有丰厚的回报。

资料来源:https://max.book118.com/html/2017/0809/126823079.shtm,2019-02-10.

(二) 诚实守信原则

> **小贴士**
>
> 言必信,行必果,硁硁然小人哉。
>
> ——《论语·子路》
>
> 信不由中,质无益也。
>
> ——《左传》
>
> 遵守诺言就像保卫你的荣誉一样。
>
> ——[法]巴尔扎克

诚实,即忠诚老实,就是忠于事物的本来面貌;守信,就是讲信用,讲信誉,信守承诺。以诚待人,以信取人,是中华民族最为优秀的传统之一。孔子云:"诚者,乃做人之本,人无信,不知其可";韩非子曰:"巧诈不如拙诚";陶行知先生也曾说过:"不作假秀才,宁为真白丁";季布一诺胜过千金,商鞅变法徙木立信;君子一言驷马难追⋯⋯类似的故事和典故不胜枚举,虽然时代变了,但是对于历史上的菁华我们依然要继承和发扬!

诚信是立业之根本。对于一个社会单位(如一个企业)、一项社会事业(如一个行业、一项职业)而言,诚信可以说是立业之本。诚信作为一项普遍适用的道德规范和行为准则,是建立行业之间、单位之间以及人与人之间互信、互利的良性互动关系的道德杠杆。很难想象,一个不讲诚信、不守信用的单位或企业,在现代法治社会能有长期立足之地。一项社会事业也只有依靠诚信立业,才能顺利发展。

对于每个社会成员而言,诚信是立身之本,处世之宝。人生立于世间数十年,必须不断学习,以获得知识、增进知识。知识既是个人谋生的工具,也是个人为社会服务的工具。但是,要真正做个对社会有所贡献的人,光靠"知识"工具是不够的,还必须用正确的价值观去指导,否则,知识也可能成为滋生罪恶的工具。

(三) 平等待人原则

平等是人与人之间的一种关系、人对人的一种态度。人与人之间的平等,不是指物质上的"相等"或"平均",而是在精神上互相理解,互相尊重,把对方当成和自己一样的人来看待。现代社会的进步,就是人与人之间从不平等走向平等过程,是平等逐渐实现的过程。

在人际交往中,平等待人是建立良好人际关系的前提。没有平等待人的观念,就不能与人建立密切的人际关系。研究表明,人都有交友和受人尊敬的需要。特别是青年人,交友和受尊敬的愿望都非常强烈,他们渴望独立于父母,成为家庭中和社会中真正的一员,希望社会、家庭和他人把他们看作成年人,而不是小孩,人的这种需要就是平等需要。可以说,只要是正常人,都希望得到别人的平等对待。

案例1-3

刘备平等待人,感化刺客

《三国志》中记载了这样一个故事:在刘备担任平原相期间,有一个人素来看不起刘备,便花重金收买一个刺客假扮客人前去刺杀刘备,刺客却被刘备的诚意感化,不忍刺之,告诉刘备后离去。《魏书》记载:"刘平节客刺备,备不知而待客甚厚,客以状语之而去。"又《魏书》记载曰:"备外御寇难,内丰财施,士之下者,必与同席而坐,同簋而食,无所简择。众多归焉。"

刘备厚待自己的百姓,礼贤下士。在当时中国等级森严的社会中仅此两点就足以称道。而更难能可贵的是,"必与同席而坐,同簋而食,无所简择"。

曹操与孙权重视的是人才中的"才"字,而刘备不然,他重视的是人才中的"人"字。他对于所有前来归附他的士人,无论学识如何都同等对待,不分亲疏。礼贤下士、平等待人是刘备得人心的两大法宝!

资料来源:http://blog.sina.com.cn/s/blog_8e3061f90100ynu8.html,2019-03-05.

(四) 谦让宽容原则

谦让是一种美德。"孔融让梨"的故事在中国可谓家喻户晓,它告诉我们谦让是中华民族的传统美德。随着社会竞争日趋激烈,开始有人怀疑甚至否定这则故事的合理性,主张现在应该鼓励人们敢于竞争,要提倡"争梨"。一石激起千层浪,是应该"让梨"还是"争梨",是应该发扬谦让美德还是增强竞争意识,大家各执一词,争论不休。其实,谦让作为一项传统美德应该继承,竞争意识作为适应现代社会的需要也应该培养。

宽容是一种修养,是一种品质,是一种美德,是一种心灵的高度。宽容别人,其实就是宽容自己。多一点对他人的宽容,生活就多了一点空间,在自己的人生道路上,才会多一个朋友的关爱和扶持,多一点温暖和阳光,多一个发展的机会与平台。宽容就是忘却。人人都有痛苦,都遭遇过挫折和打击,学会忘却,生活才有阳光,才能看到未来的光明,才有欢乐,才能发展。

(五) 主动沟通原则

实际上,主动沟通是一种生活习惯,只要我们在生活中有意识地培养自己的主动意识,就可以让自己走出这道"藩篱"。

1. 主动提供帮助

沟通良好的人,首先是一个有爱心的人。所谓"种瓜得瓜,种豆得豆"。生活中,每个人都难免遇到这样或那样的困难,当别人遇到困难时,热情地伸出援助之手,你就会得到别人的信任。一个小小的帮助,并不需要很多金钱、很大才能,也许一个微笑,就能点亮受助人心中一盏明灯。

2. 主动取得联系

建立"关系"最基本的原则就是不要和别人失去联络。现代人生活节奏加快,没有时间过多地梳理自己的友情、亲情,时间久了,许多原本亲密的关系就变得疏远,朋友关系逐渐淡漠,这是很可惜的。或许你曾经有过这样的经历:当自己遇上困难时,认为某人能帮助你,本来可以马上找到他,但转念一想好久都没有联系了,冒昧求助可能会遭到拒绝。俗话说,"平时多烧香,难时有人帮",不要等到麻烦别人时才想到。

3. 主动询问他人

对不清楚的事情要虚心向别人请教,不要自作主张、自以为是。

4. 主动反馈信息

沟通中经常存在信息不对称的问题,并不是所有人会向你主动提供信息和帮助,你应该积极主动地向对方反馈信息和解决问题的方法,对方得到你的有效信息后,才会乐意将他掌握的信息反馈给你。

5. 主动承担责任

要善于说出自己的想法,不要怕承担责任而束缚了自己的手脚。

总之,积极主动的沟通会让误会、怀疑、猜忌和敌意远离,让共识、理解、信任和友谊走近,从而能够分享工作、生活和学习带来的充实与愉悦。

(六) 互利双赢原则

互利双赢原则,又称互惠互利原则。世界贸易组织要求成员之间相互给予对方以贸易上的优惠待遇,强调权利与义务的综合平衡。即任一成员方在享受其他成员方的优惠待遇时,必须给其他成员方以对等的优惠待遇。在多边贸易谈判的实践中,只有遵循平等、互惠互利的原则,才能在成员间达成协议,维护成员方之间的利益平衡,谋求全球贸易自由化。

人与人之间的交往,靠语言说服别人与自己达成共识还是不够的,须培养互惠观念,在互惠式的交流之中,才能使双方的感情进一步加深。

案例 1-4

天堂和地狱的故事

一个人请求上帝带他参观一下天堂和地狱,希望在比较之后能选择他将来的归宿。上帝满足了他的要求,于是先带他看了魔鬼掌管的地狱。进去之后的第一眼就让他大吃一惊,他看到所有的人都坐在酒桌旁,面前摆满了美味佳肴,包括水果、蔬菜和各种肉食。但当他仔细看那些人时,却发现他们一个个愁眉苦脸、无精打采坐在桌子旁,一副营养不良的样子。原来这里每个人的左臂都捆着一把叉,右臂捆着一把刀,刀和叉,都有4尺长的手柄,根本就不能送到自己嘴边,所以每个人都在挨饿。

随后,上帝又带这个人来到了天堂。那里的景象和地狱几乎一模一样,同样的食物、刀、叉以及那些很长的手柄,可是天堂里的人们却都笑容满面。

这位参观者开始的时候感到很困惑,但随后就发现了其中的原因。原来天堂的每一个人都是喂对面的人,而且也被对面的人喂食,他们互相帮助,所以非常快乐。而地狱里每一个人都试图喂自己,可是一刀一叉以及4尺长的手柄使他们根本吃不到任何东西。这个故事告诉我们,如果你想得到别人的帮助,首先要帮助其他人,而且你帮助的人越多,你得到的也就越多。只有彼此间的相互协作才能使大家都幸福快乐。

资料来源:https://wenku.baidu.com/view/c57c95621ed9ad51f01df24a.html,2019-03-10。

(七) 适度距离原则

人际关系最理想的效果是既要密切,又要新鲜,彼此具有长久吸引的魅力。在现实生活中,若要使各种人际关系都能保持较好的状态,那就需要双方有一个恰到好处的距离。古人最早感悟到人际交往需要保持一种若即若离的距离,庄子曰:"君子之交淡如水,小人之交甘若醴。君子淡以亲,小人甘以绝。"君子之交是指朋友之间有个适当的距离,但心灵相通、心心相印。

现代管理学中有著名的"刺猬理论",说的就是两只相互取暖的刺猬,若靠得太近会相互刺伤对方,太远又起不到相互取暖的效果。运用到管理学中,指的就是上下级之间、同事朋友之间应该保持一定的距离,给对方一定的私密空间。

(八) 择善而交原则

所谓择善原则,是指在建立和发展人际关系时,不能盲目从事,而要有所选择地进行。初入社会的年轻人应该多与比自己强的人交往。这并不是说,应当去和比自己更有钱的人交往,而是说应当和那些人格、品行、学问、道德都胜过自己的人交往,使自己能尽量吸收到各种对自己有益的东西。

在和一个人格伟大、意志坚强的人交往接触时,他会挖掘出你身上存在的许多潜能,你会在不知不觉中感到自己的力量突然增加,智慧突然提高,自己的各部分机能突然锐利几分,仿佛以前没有意识到的隐藏在生命中的能力被释放出来。在个人生活或职业生涯中,与你交往的人,无论从认知方式还是行为方式上,都能对你产生深远的影响。

第二节 人际沟通与人际关系

一、沟通的含义与形式

(一) 沟通的含义

沟通是人与人之间信息交流的过程,有时人们也用交往、交流、信息传达等词汇,它是人们获得他人思想、感情、见解、观点等的一种途径,是人与人交往的桥梁。

从一般意义上讲,沟通就是发送者凭借一定渠道(也称媒介或通道)将信息发送给既定对象(接收者),并寻求反馈以达到相互理解的过程。

(二) 沟通的重要性

美国石油大王洛克菲勒说:"假如人际沟通能力也是像糖或咖啡一样的商品的话,我愿意付出比太阳底下任何东西都昂贵的价格来购买这种能力。"由此可见,沟通的重要性——成功者都是懂得人际沟通,珍视人际沟通的人。

1. 职业工作需要沟通

各行各业,无论是会计、社会工作者、工程师,还是医生、护士、教师、推销员,沟通技能都非常重要。整体护理活动的实践表明,护士需要将70%的时间用于与患者沟通,剩下30%的时间用于分析问题和处理相关事务。

2. 社会活动需要沟通

人们在社会生活中相互依存,居家、出行、学习、工作、社交,每时每刻都离不开与他人沟通。但是,沟通本身也并非是件容易的事。例如,要向他人表达一个意思,但可能说不清楚;要为他人办一件好事,但有可能弄巧成拙;本来想与他人消除隔阂,但因方法不妥,可能使关系变得更僵。所以,现实中的社会实践活动需要有一定的沟通能力。

3. 沟通是个人身心健康的保证

与家人沟通,能使你享受家庭之乐;与恋人沟通,能使你品尝到爱情的甘甜;孤独时与朋友沟通,会使你得到安慰;忧愁时沟通,会使你得到快乐。

总之,沟通是人们分享信息、思想和情感的过程。这种过程不但包括口头语言和书面语言,而且也包括形体语言、个人习惯和方式、物质环境,即赋予信息含义的任何东西。

> 💡 **小贴士**
>
> 英国著名文学家、哲学家培根有句名言：如果把快乐告诉朋友，你将获得两个快乐，如果把忧愁向一个朋友倾诉，你将被分掉一半忧愁。

二、人际沟通的特点

人际沟通作为个人或群体之间在共同活动中彼此交流思想、情感和知识的过程，具有以下特点。

1. 目的性

在人际沟通中，沟通双方都有各自的动机、目的和立场，都设想和判定自己发出的信息会得到什么样的回答。因此，沟通的双方都处于积极主动的状态，在沟通过程中发生的不是简单的信息交换，而是信息的积极交流和理解。

沟通的目的主要包括以下两点。

（1）说明事实。通过陈述某些事实，引起别人的思考，影响别人的观点或见解。

（2）表达情感。日常生活中很多沟通都是在表达情感、培养情感。平时多关心他人，培养好感情，沟通起来才会比较顺畅。

2. 借助沟通符号

沟通是信息的传递，需要借助语言和非语言的符号，而且这两类符号经常被同时使用。有效的人际沟通需要沟通的双方具有统一的或近似的"编码系统"和"译码系统"。也就是说，沟通双方应有相同的词汇和语法体系，而且要对语义有相同的理解。语义在很大程度上依赖于沟通情境和社会背景。沟通场合以及沟通者的社会地位、政治背景、宗教信仰、职业状况等差异都会对语义的理解产生影响。

3. 双向互动性

人际沟通往往是双向的、互动的，是反馈和理解反复过渡的过程。这一点与沟通参与者的双重角色密切相关。在一个完整的沟通过程中，沟通双方几乎同时充当着信息的发送者和接收者的角色。沟通的意义不在于达成一致的意见，而在于对于沟通信息的准确理解。

4. 动态调整性

沟通的情境具有动态性并需要沟通双方的相同理解。人际沟通是在一定场合中的信息沟通，特定的时间、地点、参与者、话题等因素构成了沟通的情境。人际沟通要受到情境的制约，人们往往根据时间、空间、双方关系等不同的情境选择不同的话题，进行适当的沟通。

三、人际沟通与人际关系的关系

（一）内容不同

人际沟通研究的是人与人之间联系的形式和程序；人际关系则主要研究人与人在沟通

基础上形成的社会和心理关系。

（二）相互制约

人际沟通是人际交往的起点，是人际关系建立和发展的前提与基础，是建立人际关系的根本途径；人际关系是在人际沟通的过程中形成和发展起来的，离开了人际间的沟通行为，人际关系就不能建立和发展，所以人际关系又是人际沟通发展的结果。

（三）相互影响

人际关系的状况是由人际沟通的状况决定的。如果人们在思想感情上存在着广泛而持久的沟通联系，就标志着他们之间已经建立起了较为密切的人际关系。如果两个人在感情上对立，行为上疏远，平时缺乏沟通，则表明他们之间心理不相容，彼此间的关系紧张或一般。人际关系一旦确立，又会影响和制约人际沟通的频率、发展和沟通态度。所以，人际沟通又是人际关系在行为上的反映。

四、影响人际沟通的主要障碍

（一）心理障碍

人际关系是一种建立在理性思维的指引下形成的社会关系。所以在影响人际关系的因素中，首先是心理因素，尤其是心理障碍的影响更大，更为直接。当然这里所说的心理是更广泛意义上的心理，而不是病态心理学所指的变态心理或病态心理问题。更广泛意义上的心理障碍是指人们在生活和工作中出现的不正常的心理问题，这种心理可能是环境使然，也可能是经历使然，也可能是观念使然，但都不利于良好人际关系的建立与维护。

1. 忌妒心理障碍

忌妒是对人际关系危害最大的心理障碍。具有忌妒心理的人，往往看到他人强于自己，受到称赞和表扬就气愤、难过，甚至暗中拆台，散布谣言，诋毁他人的成绩。

其实，忌妒不仅不能帮助忌妒者超越他人，反而会因心中的抑郁而无端地消耗自己的身心能量，使其越发不能超越他人，还会使自身的发展受到更大的制约。严重时还会带来人际冲突，甚至导致犯罪。因而应积极调节，使自己的心胸开阔，从而打开自身发展的新局面。

2. 羞怯心理障碍

> **小贴士**
>
> 羞怯是人际交往中最大的障碍之一，它普遍存在，只不过各自的程度不同。

羞怯是人们交往中一种常见的心理障碍。这里的羞怯是指人们在沟通过程中常感到紧张、脸红、语无伦次或过多地约束自己的言行，以致无法充分表达自己的思想感情，阻碍了人际关系的正常发展。

要克服羞怯心理，首先要树立自信心。树立自信才能使害羞者鼓起勇气，迈出勇敢的第一步。要能理性地对待他人的批评。不必太在意自己的表现，往往是越在意，就越觉得拘谨。试着将注意力转移到对方，聆听对方讲话的内容。应学会训练自己放松，当放松的反应强度超过害羞引起的焦虑时，害羞的色彩便淡化了。

3. 自卑心理障碍

自卑是人们对自己的能力做出过低估计的心理感受，是一种消极的自我评价。如果一个人总是处于自卑的心理状态，就会影响学习、生活和工作，束缚自己的创造才能和聪明才智。自卑的人往往是因为自己的出身、社会地位或者有某种缺陷等客观因素，而感到自己不如别人，于是就将自己封闭起来。

自卑感是阻碍一个人成功的不良因素，它会使人失去信心，自我意识过强，产生不安和恐惧心理，最终会促使一个人在发展的道路上走下坡路。自卑的人也会不愿见人，少有朋友。因此，自卑感是一种不利于人际交往的病态心理，应该加以调节和克服。

4. 恐惧心理障碍

恐惧心理是个人在面临困境并试图摆脱但又无能为力时产生的情感体验。人际恐惧是指在与人交往时心理上出现的带有恐惧色彩的情感反应，如紧张、手足无措、出冷汗、声音颤抖、身体发抖等。这些反应体现在交往情境中，表现为情不自禁地紧张、不安与恐惧，明显阻碍正常交往。具有恐惧心理的人，会竭力避免参加公共活动，回避与他人的交往，严重的会与他人隔离，与外界隔离，把自己封闭起来。

要正常地参与人际交往，建立良好的人际关系网络，具有恐惧心理的人应努力分析产生恐惧心理的原因，也可以借助他人的分析，鼓足勇气正视自己的恐惧感，这是进行心理调节的第一步。之后积极参加一些交往活动，从交往中进一步了解自己，了解他人，增长才智，培养出适应社会的能力。当然如果恐惧感过于严重者应咨询心理医生，通过更为专业的方法对恐惧心理进行调节。

5. 猜疑心理障碍

尽管人与人之间的真情历来被全社会称颂，但欺骗蒙蔽、虚情假意等现象依然存在，人与人之间的提防戒备似在情理之中。但这不应视为对人际猜疑的辩护，因为我们更容易看到，有些人防备心理过重，或疑虑重重，或无中生有，甚至怀疑一切，以为人人不可信，人人不可交，这就成了心理障碍。

要克服猜疑之心，首先要学会用理智战胜冲动，学会全面而具体地看问题，用经验巩固自己的理智，而不是让猜疑占据自己。要学会节制、驾驭并最终战胜痛苦，摆脱挫折的阴影。培养自信，看到自己的长处，相信自己会与周围人友好相处。认识他人，信任他人。信任会抵制猜疑的蔓延和加重，并克服猜疑。

6. 孤僻心理障碍

正常人都有交往的需要，有合群的需要，但在我们周围却总有一些超俗者，他们不愿与人交往，常常无话可说，厌恶与人交谈，他们不随和、不合群，将自己与外界隔绝，很少或根本没有社交活动，如独往独来，这即是孤僻。孤僻者排遣自己内心寂寞的方式是完全个人化、与他人无关的，他们更像是真正的孤家寡人。

要克服孤僻心理,首先要正确认识自我,优化性格。这是矫正孤僻心理的基本前提和突破口。孤僻者对于自我有扭曲的认识。所以应着重培养他们乐观开朗、乐于交往、善于听取他人意见的性格特征,而性格特征的塑造必须在正当、良好的交往活动中进行,在社会活动中、在与他人的相互接触中体验人际情谊,感受人际温暖,产生与他人成为朋友的愿望,树立甩掉孤僻的信心。

(二) 语言障碍

语言是重要的沟通工具,但语言有时也是一种极复杂的工具,使用不恰当会给沟通带来误会和麻烦。

案例1-5

行政部文员小李负责打印合同,偶尔会有错误发生。有一次打印一份合同时,又出现了两个错字,客户发现后提醒公司要求改正,主管觉得非常没有面子,便对她批评一通,"小李,这么重要的文件都打错字,你眼睛长到哪里去啦,一点责任心都没有!简直是没救了!"小李很生气地说:"我的眼睛就是这么不好,要是你觉得不合格,你把我炒了算了。"主管的本意是提醒小李以后一定要注意,但并没有达到预期的效果,二人的关系从此变得较僵。

资料来源:http://www.hrloo.com/rz/13524472.html,2019-03-11.

1. 语音差异造成隔阂

不同国家和民族通常有自己的语言,即使在同一民族内部,由于地域的差异,语言的发音以及某些词汇所表达的特定意义也不尽相同,这些都给口语沟通增添了障碍。

2. 语义不明造成歧义

语义不明则不能正确表达思想,不能有效沟通。因为沟通主体在表达能力上有欠缺,语法表达欠妥和用词不当,不能清晰地表达自己的思想。例如,这份报告我写不好。停顿不同,表达出的意思就不同:一种是表示不赞成自己写这份报告;另一种是表示自己没把握写好这份报告。

3. 专业术语引起理解障碍

沟通主体的行业环境及专业背景也是造成沟通障碍的主要原因之一。不同行业有不同的专业术语和专有名词,但这种专业术语通常只限于在行业内部及专业人员之间沟通时使用,如果沟通对象发生了变化,则应相应转换为通俗用语,以便沟通对象理解。

4. 不良说话习惯引起反感

如果没有养成良好的说话习惯,也会对沟通造成不利的影响。例如,习惯用鼻音说话,声调过高或过低,语音、语速生硬,缺少应有的变化,动作过多,不恰当的肢体语言,说话啰唆,过多使用口头禅等。

(三) 习俗障碍

不同的国家、民族和地域由于历史的沉淀形成了各具特色的风俗习惯,从而为沟通设置了一道无形的屏障。要想在沟通中打破这些屏障,就要求在沟通前对沟通对象的风俗习惯有所了解,从而在沟通中避免触犯对方的禁忌。

习俗,即风俗习惯,是在一定文化历史背景下形成的具有固定特点的调整人际关系的社会因素,如道德习惯、礼节、审美传统等。习俗世代相传,是经过长期重复出现而约定俗成的习惯法,虽然不具有法律一般的强制力,但通过家庭、邻里、亲朋的舆论监督,往往促使人们入乡随俗,忽视习俗因素而导致沟通失败的事例也是屡见不鲜。

1. 不同礼节习俗带来的误解

不同国家和地区的礼节习俗不同,不了解当地礼节习俗会造成沟通中的误解。例如,一位德国企业家到日本磋商合同事宜。在谈判期间,他受到对方的热情款待。当他提出自己的意见时,对方微笑着频频点头。德国企业家高兴地回国了,可是,等他满怀希望地期待了三个星期后,却得到完全出乎意料的回信——他所提的意见,有半数以上没得到采纳。这位德国企业家实在摸不着头脑,因为日本人的微笑和点头,有时只是一种礼貌,而不是表示同意。

2. 不同时空习俗带来的麻烦

社交距离在不同国家代表不同含义,不了解对方的时空习俗,也会给沟通造成不必要的麻烦。例如,北美人与拉丁美洲人在交谈时就有不同的空间要求。在北美地区,如果是业务联系,那么双方之间的合适距离大约是60厘米。这种距离在类似鸡尾酒会的社交场合会缩短,如果近到20~25厘米,就会使北美人感觉不舒服。而对拉丁美洲人来说,60厘米的距离显得太冷淡、太不友好。于是,他会主动接近谈话对象,甚至无视北美人设置的"禁区",拉丁美洲人如果把身子探过桌子与北美人交谈,这样的空间处理方式常常会引起对方紧张。

再如,北美人与拉丁美洲人对交谈的时间也有不同要求。拉丁美洲人不习惯于太严格的准时赴约,如果因为某种原因让对方久等了,他们一般不认为有认真解释的必要,只表示一下歉意就可以了。而北美人则把迟到看作靠不住的表现。

3. 不同审美习俗带来的冲突

审美习俗是文化的表现之一,文化差异会导致审美意识的差异。听朋友讲过一个故事:她和美国女孩一起去购物,女孩甚是尴尬地偷偷告诉她:"嘿!我现在正在使用晒黑乳液!"我的朋友大眼睛盯着她,"真的吗?你的肤色看起来很棒啊!"女孩很高兴,有点羡慕地看着我的朋友说:"你真幸运,天生就有这么健康的肤色,你看我每天都去海滩晒太阳,但还是不够。我必须使用人造阳光,否则我就不敢这样露出腿!"当东方女性追求美白效果时,西方却是"黑色产品"的市场。

(四) 人为障碍

1. 高高在上

在人际沟通中,一些社会地位、工作职位、收入、学历层次等方面较高者,在与下层群体沟通的时候,最容易出现的问题就是高高在上。本来上级和下级之间就存在地位、身份上的不平等,有些上级还有意无意地扩大这种不平等的效应,导致下级在上级面前唯唯诺诺,有话不敢讲,影响了上下级的顺畅沟通。

例如,有一个老板,办公室将近200平方米,老板桌是最大的,老板椅也是最高的,可是在他的办公桌前放着一个小小座椅,下属每次来汇报工作或请示问题,都要毕恭毕敬端坐在小椅子上,这种俨然"审问"的环境很明显会影响沟通效果。也有的上级在与下级的沟通过程中,心不在焉、摆架子等,这些都是高高在上的表现。

2. 自以为是

对待一个问题自己已经有了一定的想法和见解,这时候就很容易关上自己的心门,不愿意甚至拒绝接受别人的建议。要知道正确与错误都是相对的,当我们以宽阔的胸怀、谦虚的心态对待他人的建议时,肯定会有意想不到的收获。

3. 先入为主

先入为主是偏见思维模式造成的。沟通的一方如果对另一方有成见,就无法实现有效沟通。例如,你对一个人的能力产生怀疑,即使这个人有一个很不错的想法,你可能也不会接受。

4. 不善于倾听

倾听是沟通过程中最重要的环节之一,良好的倾听是高效沟通的开始。倾听不仅需要具有真诚的同理心的心态,还应该具备一定的倾听技巧。好为人师,自以为是;抓耳挠腮,急不可耐;左顾右盼,虚应故事;环境干扰,无心倾听;打断对方,变听为说;刨根问底,打探隐私;虚情假意,施舍恩赐等都是影响倾听的不良习惯,应该注意避免。

5. 缺乏反馈

反馈是沟通过程中或沟通结束时的一个关键环节,不少人在沟通过程中不注意、不重视或者忽略反馈,结果沟通效果大打折扣。不少人在沟通过程中都以为对方理解了自己的意思,可是在实际操作时却与自己想表达的意思大相径庭。其实,在双方沟通时,多问一句"您说的是不是这个意思……""请您再说一下,好吗",问题自然就解决了。

6. 沟通的位差损耗效应

研究表明,沟通关系受到人们地位差别的影响很大,这种影响被称为"位差损耗效应"。美国加利福尼亚州立大学研究发现,来自领导层的信息只有20%～30%被下级知道并正确理解;从下至上反馈的信息不超过10%被知道和正确理解;而平行交流的效率则可以达到90%以上。

第三节 人际交往与社交礼仪

案例1-6

建设好现代礼仪文化

我们应遵循"取其精华,去其糟粕"的原则,将礼仪文化的精髓放进现代文化的框架下,以社会主义核心价值观的构建为契机,促使礼仪意识变为礼仪行为,形成社会氛围,真正收到实效。

其一,立信仰。坚持以社会主义核心价值观为指导,深入挖掘中国传统礼仪文化的精华,紧密结合社会实际,宣传推广善良、和谐、秩序的礼仪文化理念,使礼仪文化融入每个社会成员的意识之中,变为大众习惯、成为共同追求。

其二,明规范。根据社会不同行业、不同群体、不同年龄阶段的特点,按照弘扬社会主义核心价值观的要求,制定礼仪规则和公约守则。制定完善市民礼仪、村民礼仪、学生礼仪、家庭礼仪规范和商务社交礼仪规范。如在广泛开展城市精神征集宣传、大力开展文明城市创建评选的活动中,建立体现现代文明特征的礼仪规范,通过规范推动礼仪文化活动有序开展。

其三,重教育。切实把礼仪文化教育纳入国民教育体系,作为公民教育的重要内容,融入家庭、学校和社会教育之中。用心用力搞好家庭教育,从娃娃抓起,从点滴养成,从自身做起,养成礼仪习惯;抓实学校教育,学习基本礼仪,了解文明常识,掌握做人准则;齐抓共管加强社会教育,学习职业道德,熟悉社交礼仪,掌握从业规则。通过多种渠道,形成大抓礼仪教育、培养礼仪文明的浓厚氛围,帮助人们了解把握做人做事的礼仪和规则,真正让礼仪文化回归传统,让明荣拒耻成为风气,让知规懂礼变成风尚。

其四,善创新。创新礼仪文化建设考评规范,建立细化量化的指标体系,更加全面合理的量化评价,增强传承弘扬礼仪文化的动力活力。改造传统仪式,如改变婚丧嫁娶的繁文缛节,弘扬文明节俭新风。挖掘节庆礼仪资源,利用重大节日,举办群众性庆祝和纪念活动,彰显和传播正能量,宣扬传播主流价值,形成弘扬优良传统的生活情境和社会氛围,增强礼仪文化传承、发扬和培塑的时代感实效性。

资料来源:http://theory.gmw.cn/2017-02/26/content_23825136.htm,2019-03-15。

一、礼仪的概念

> **小贴士**
>
> 子曰:"不知命,无以为君子也。不知礼,无以立也。不知言,无以知人也。"
> ——《论语·季氏篇第十六·第十三章》

礼,在汉语中本意为敬神,后引申为敬人。仪,《说文解字》解释为:"仪,度也。"本意为法度、准则、典范,后引申为礼节、仪式和仪表。

礼仪属于道德范畴,是人类社会活动的行为规范,是人们在社交活动中应该遵守的行为准则。礼仪具体表现为礼貌、礼节、仪表、仪式等。

礼貌是指人们在相互交往过程中表示尊重、友好等谦虚恭敬的规范行为。按东汉经学家赵岐的解释:"礼者,接之以礼也;貌者,颜色和顺,有乐贤之容。"司马光则进一步要求:"凡待人无贵贱贤愚,礼貌当一。"

礼节是人们在日常生活中,特别是在交际场合中,相互表示尊敬、祝颂、问候、致意、哀悼、慰问以及给予必要的协助与照料的惯用形式。礼节是待人处世的规矩,是人类在长期的社会生活中自然产生、约定俗成的行为规则。它虽然不像法律那样至高无上,但是,要得到别人的理解、社会的承认,必须遵守人与人之间交往的规则和方式,即遵守礼节。

仪表是指人的外表,包括容貌、姿态、风度、服饰及个人卫生等,是礼仪的重要组成部分。

在政务、商务、事务及社交场合,一个人的仪表不仅可以体现他的文化修养,也可以反映他的审美趣味。

仪式是指特定场合举行的专门化、规范化的活动。

总之,礼貌、礼节、仪表、仪式等都是礼仪的具体表现形式,它们是互相联系的。

在现代公共关系中,十分重视社交礼仪。社交礼仪作为一种文化,是人们在社会生活中处理人际关系,用来对他人表达友谊和好感的符号。社交礼仪是在社会交往中使用频率较高的日常礼节。一个人生活在社会上,要想让别人尊重自己,首先要学会尊重别人。掌握规范的社交礼仪,能为交往创造出和谐融洽的气氛,建立、保持、改善人际关系。

二、礼仪的分类

在古代,礼深入社会的每一个层面,因而礼的名目也极为繁冗,《中庸》有"礼仪三百,威仪三千"之说。为了使用与研究的方便,需要提纲挈领,对纷繁的礼仪进行归类。《尚书·尧典》说"尧东巡守,到达岱宗"时,曾经"修五礼",《尚书·皋陶谟》也有"天秩有礼,自我五礼有庸哉"之说,但都没有说是哪五礼。

《周礼·春官·大宗伯》将五礼记为吉礼、凶礼、军礼、宾礼、嘉礼。由于《周礼》在汉代已经取得权威地位,所以其五礼分类法为社会所普遍接受。

后世修订礼典大体都依吉、凶、军、宾、嘉为纲,如北宋礼典就称《政和五礼新仪》。实际上,《明会典》和《大清会典》也是如此,只是没有冠以五礼的名称。受此影响,朝鲜王朝的礼典也称为"国朝五礼仪"。

现代社会普遍使用的礼仪,按应用范围一般分为政务礼仪、商务礼仪、服务礼仪、社交礼仪、涉外礼仪五大类。

(一) 政务礼仪

政务礼仪是国家公务人员在行使国家权力和管理职能时所必须遵循的礼仪规范。

(二) 商务礼仪

商务礼仪是在商务活动中体现相互尊重的行为准则。商务礼仪的核心是一种行为的准则,用来约束日常商务活动的方方面面。商务礼仪的核心作用是体现人与人之间的相互尊重。所以,学习商务礼仪就显得更为重要。

(三) 服务礼仪

服务礼仪是指服务行业的从业人员应具备的基本素质和应遵守的行为规范。主要适用于服务行业的从业人员、经营管理人员,商界人士,职场人士,企业白领等从事服务工作的人士。

(四) 社交礼仪

社交礼仪是指人们在人际交往过程中所具备的基本素质和交际能力等。社交在当今社会人际交往中发挥的作用愈显重要。

（五）涉外礼仪

涉外礼仪是指在长期的国际往来中，逐步形成的外事礼仪规范，也就是人们参与国际交往所要遵守的惯例，是约定俗成的做法。它强调交往中的规范性、对象性、技巧性。

三、礼仪的基本原则

《中庸》说："礼仪三百，威仪三千。"虽然有些言过其实，但也说明了古代礼仪名目之多。今天的礼仪细则也很纷繁，加上世界各国的礼仪习俗，更是五彩缤纷。因而，除了人类共同遵守交往的基本礼仪准则以外，还应注意以下7个方面的原则。

（一）系统整体原则

礼仪是一个完整体系，几千年来已经无所不包，因而在对外交往和公关交往中，我们一定不能忽视它的整体性，并注意采集信息的完整性。因为来宾或合作对象的性别、年龄、国籍、民族、宗教信仰、职业等决定了他适应并喜好什么样的礼仪接待，搞错一个环节都可能带来负面影响。

（二）公平对等原则

礼仪的核心在于尊重交往对象，以礼相待。社会交往中每个人都希望得到尊重，体现自我价值。因而，对任何交往对象都必须给予同等程度的礼遇。如果因为交往对象彼此之间存在年龄、性别、种族、文化、职业、身份、地位、财富等方面的差异，而有亲有疏，厚此薄彼，或傲慢冷落，或曲意逢迎，都会被视为不礼貌。故交往时应公平大方，不卑不亢，主动、友好、热情，又有所节制。

（三）遵时守约原则

中国传统文化讲人际交往要以信义为本，提倡"一诺千金"。在交际应酬中，每一位参与者都必须自觉遵守礼仪，用礼仪去规范自己的言行举止。现代社会节奏加快，遵时守约就更为重要了。

任何人，不论职位高低、财富多寡，都有自觉遵守、应用礼仪的义务，守法循礼，守约重诺，即便有正当的理由，失约后也应道歉，无故失约将会受到公众的指责。

（四）和谐适度原则

"君子之交淡如水，小人之交甘如醴。"在人际交往中，沟通和理解是建立良好人际关系的重要条件，但如果不善于把握沟通时的感情尺度，即人际交往中缺乏适度的距离感，结果会适得其反。

（五）尊重习俗和风俗禁忌原则

"十里不同风，百里不同俗""进门见礼，出门问忌"，这些俗语都说明尊重各地不同风俗与禁忌的重要性。特别是在交往中,不懂外国禁忌,不懂民族禁忌可能会造成不愉快的后果。因此,必须坚持入乡随俗,充分了解与交往对象相关的习俗、禁忌,才能真正做到尊重交往对象。

(六) 外事礼宾顺序原则

外事礼宾顺序原则是指在外事活动中,根据礼宾需要列出的排名顺序规范。这一原则几乎渗透一切外事交往中,迎来送往、衣食住行、会见、升旗等,谁先谁后都要符合礼仪规范,稍有差错就会被认为对一个国家的不尊重。因而国际上已有《维也纳外交关系公约》对此做出明文规定,所有从事涉外公关工作的人员都应掌握这一原则。

(七) 女士优先原则

"女士优先"是国际社会公认的一条重要的礼仪原则。"女士优先"的含义是在一切社交场合,每一名成年男子,都有义务主动自觉地、一视同仁地去尊重、照顾、体谅、关心、保护女性成员。

四、社交礼仪的基本内容

现代社会是信息社会,是开放的社会。随着社会的发展,人与人之间的交往日趋频繁、密切。怎样才能步入社交圈,在社交活动中得心应手,广交朋友,开拓一片新天地?这就需要了解社交场合的基本礼仪。

在现代的社交场合中,所涉及的礼仪范畴与规范主要包括仪容仪表礼仪、交往礼仪、通联礼仪、聚会礼仪、餐饮礼仪、涉外礼仪等。

(一) 仪容仪表礼仪

仪容仪表礼仪主要包括着装礼仪、服饰礼仪。通过了解着装及服饰礼仪规范,使人们参与社交活动时着装更得体,更能凸显个人魅力。在与人初识时,给人留下一个良好的第一印象。

(二) 交往礼仪

交往礼仪主要包括称呼礼仪、介绍礼仪、握手礼仪、名片礼仪、交谈礼仪等。通过了解这些礼仪规范,使人们在与人交往时能够恰如其分地运用称呼、握手、语言等沟通形式打开局面。

(三) 通联礼仪

通联礼仪主要包括电话礼仪、网络通信礼仪、馈赠礼仪、送花礼仪等,是人们在进行通信、联络时应遵循的基本行为规范,是维持良好人际关系,进而使其有所发展的重要前提。

（四）聚会礼仪

聚会礼仪主要包括集会礼仪、拜访礼仪、接待礼仪以及晚会、舞会、赛会等应遵循的礼仪规范。在社交场合，聚会是人们参与最多的一种集体活动。遵守聚会礼仪直接关系到每个人的社交效果。

（五）餐饮礼仪

餐饮礼仪主要包括中餐礼仪、西餐礼仪、酒水礼仪等。餐饮礼仪要求人们在参加餐饮活动时吃好、喝好、表现好，进而为沟通情感、加深了解、扩展社交范围提供良好的平台。

（六）涉外礼仪

涉外礼仪是指对外交往中应遵循的礼仪规范，主要包括见面礼仪、服饰礼仪、涉外体态礼仪、对外餐饮礼仪等。

五、社交礼仪与人际关系的构建

在人际交往中，礼仪往往是衡量一个人文明程度的准绳。它不仅仅反映一个人的交际技巧与应变能力，而且还反映一个人的气质风度、阅历见识、精神面貌。学习礼仪，运用礼仪，将有利于人们更规范地设计、维护自己的形象，更充分地展示自己的良好教养与优雅风度，一个有良好教养的人更容易构建自己稳定的人际关系网。

（一）懂礼提升魅力

在人际交往中，每一个人都在不断扩大自己的社交圈，交往的最初印象好坏，对今后能够怎样交往，有着十分重要的意义。研究表明，人们常常通过对他人的第一印象，来对他的学识、涵养、性格等进行评价，进而对此人以后的行为进行推测。第一印象一旦形成，要想改变很难。一个成功人士往往都特别注意在他人面前塑造良好的第一印象。社交礼仪是塑造良好第一印象的重要工具。

（二）懂礼赢得朋友

在社交场合彬彬有礼的人会给人留下良好的印象，往往更容易赢得新的朋友。相应地，在与朋友交往中，你的一次失礼，如一次谎言、一个拳头、一句刺耳的话、一种蔑视的表情、一个失礼的动作等，就可能导致友谊的中断。对人亲切、温和、风趣、优雅肯定会得到朋友的信赖和尊重。

（三）懂礼提高竞争力

在现代市场经济中，人与人之间的竞争不仅是学历、能力的竞争，更是素养的竞争，文明举止的竞争。在任何一个国家、企业、社区，讲究礼仪的人会有更多的发展机会。

案例1-7

一家公司的复试题

一家公司要招聘一位高级主管,对一批应聘者进行复试。尽管应聘者都很自信地回答了考官们的简单提问,可结果都未被录用。最后一位应聘者走进房间,在向考官问好后,考官让他坐下,这时他看到干净的地毯上有一个纸团,与整个环境很不协调。

于是他没有马上坐下,而是弯腰捡起了纸团,准备将其扔到纸篓里。这时考官说道:"您好!您不要把它扔掉,请您打开看看。"这位应聘者迟疑地打开纸团,只见上面写道:"欢迎您到我公司来任职。"

资料来源:http://qinqinqi.com/429.html,2019-03-18.

本章实训课堂

一、沟通能力测试题

请在符合你的做法前的□内画"√"。

1. 与人初次会面,经过一番交流,你能对他的举止谈吐、知识能力等方面作出积极、准确的评价吗?

□不能   □很难说   □我想可以

2. 在别人告别时,下次相约地点:

□对方提出的   □谁也没有提这事   □我提议的

3. 当第一次见到某个人,你的表情:

□热情诚恳,自然大方   □心不在焉,漫不经心

□紧张局促,羞怯不安

4. 你是否在寒暄之后,很快就能找到双方共同感兴趣的话题?

□是的,对此我很敏锐   □我觉得这很难

□必须经过较长一段时间才能找到

5. 你与人谈话时,通常坐姿:

□两腿靠拢   □两腿叉开   □跷起二郎腿

6. 你与人谈话时,眼睛望着何处?

□直视对方的眼睛   □看着其他的东西或人

□盯着自己的纽扣,不停玩弄

7. 你选择的交谈话题:

□两人都喜欢的   □对方所感兴趣的   □自己所热衷的

8. 第一次交谈,你们分别占用的时间:

□差不多   □他多我少   □我多他少

9. 会面时,你说话的音量:

□很低,以至于别人听得较困难   □柔和而低沉   □声音高亢热情

10. 你说话时姿态是否丰富?

□偶尔做些手势   □从不指手画脚

☐我常用姿势补充语言表达

11. 你讲话的速度怎么样？

☐节奏较快　　　　　　　　☐十分缓慢　　　　　　　　☐节奏适中

12. 假如别人谈到了你兴趣索然的话题,你将如何？

☐打断别人,另起一题　　　　☐显得沉闷,忍耐

☐仍然认真听,从中寻找乐趣

评分标准,按表 1-1 中的标准进行自我计分,再进行汇总。

表 1-1　评分标准

题目	选项(1) 得分	选项(2) 得分	选项(3) 得分
1	1	3	5
2	3	1	5
3	5	1	3
4	5	1	3
5	5	1	3
6	5	1	3
7	3	5	1
8	3	5	1
9	3	5	1
10	3	5	1
11	1	3	5
12	1	3	5
	合计:	合计:	合计:
总计:			

注：0~22 分首次效应较差；23~46 分首次效应一般；47~60 分首次效应较好。

二、案例分析题

修养是第一课

有一批应届毕业生共 22 个人,实习时被导师带到国家某部委实验室里参观。全体学生坐在会议室里等待部长的到来。这时有秘书为大家倒水,同学们表情木然地看着对方忙活,其中一位同学还问了句:"有绿茶吗？天太热了。"秘书回答说:"抱歉,刚刚用完了。"林然看着有点别扭,心里嘀咕:"人家给你水还挑三拣四。"轮到他时,他轻声地说:"谢谢,大热天的,辛苦了。"秘书抬头看了他一眼,满含惊奇,虽然这是很普通的客气话,却是她今天唯一听到的一句。

门开了,部长走进来和大家打招呼,不知怎么回事,静悄悄的,没有一个人回应。林然左右看了看,犹犹豫豫地鼓了几下掌,同学们这才稀稀落落地跟着拍手。部长挥了挥手:"欢

迎同学们到这里来参观。平时这些事一般都是由办公室负责接待,因为我和你们的导师是老同学,关系非常好,所以这次我亲自来为大家做介绍。我看同学们好像都没有带笔记本,这样吧,王秘书,请你去拿一些我们部里的纪念手册,送给同学们留作纪念。"

接下来,更尴尬的事情发生了。大家都坐在那里,很随意地用一只手接过部长双手递来的手册。部长脸色越来越难看,来到林然面前时,已经快要没有耐心了。就在这时,林然礼貌地站起来,身体微倾,双手握住手册,恭敬地说了一声:"谢谢您!"部长闻听此言,不觉眼前一亮,伸手拍了拍林然的肩膀:"你叫什么名字?"林然照实作答,部长微笑点头,回到自己的座位上。早已汗颜的导师看到此景,才微微松了一口气。

两个月后,同学们各奔东西,林然的"去向"栏里赫然写着国家某部委实验室。有几位颇感不满的同学找到导师:"林然的学习成绩最多算是中等,凭什么推荐他而没有推荐我们?"导师看了看这几张尚属稚嫩的脸,笑道:"是人家点名来要的。其实你们的机会是完全一样的,你们的成绩甚至比林然还要好,但是除了学习之外,你们需要学的东西太多了,修养是第一课。"

请分析:为什么最终林然同学获得了推荐,其成功的主要原因是什么。

实践课堂

训练一 自我介绍

1. 时间把握:第一节课。

2. 方法:教师示范,学生登台,面对大家简要介绍自己。

3. 要求:在短时间内以简洁、形象的语言介绍自己,给大家留下深刻印象。

4. 目的:培养学生的沟通意识,训练如何有效地向别人介绍自己。

训练二 撕纸

1. 目的:体验不同沟通方式的沟通效果。

2. 程序与规则如下。

第一阶段

(1) 给每位同学发一张空白 A4 纸。

(2) 教师发出单向指令。

① 大家闭上眼睛(避免相互借鉴)。

② 全过程不许提问,按照指令操作即可。

③ 把纸对折。

④ 再对折。

⑤ 再对折。

⑥ 把右上角撕下来,旋转 180°,再把左上角撕下来。

⑦ 睁开眼睛,把纸打开。

(3) 教师会发现有各种各样的答案。

第二阶段

(1) 重复上述指令,唯一不同的是,这次学员可以提问。

(2) 讨论。

① 我们只有靠听觉交流时,是否会感到困惑?为什么?

② 为什么单向交流很难进行?

③ 即使双向交流也不能保证彻底的理解,这种情况下我们可以采用哪些方法使交流更为有效?

训练三　中西方礼仪分组实训

1. 准备阶段

将学生分成交际语言组、餐饮礼仪组、服饰礼仪组,并填写《小组成员及分工情况表》。

2. 实施阶段

在教师指导、协助下,各小组根据活动计划,分组进行调查采访、对比分析、研究讨论、收集整理信息,然后写出研究心得或总结,制作手抄报。

3. 展示阶段

交流分享,各组展示成果。交际语言组用小品表演的形式,展示中西方交际语言的差异;餐饮礼仪组用导游解说的形式,介绍中西方餐饮礼仪文化的差异;服饰礼仪组用T型秀的形式,展示中西方服饰文化的差异。

4. 总结阶段

让学生进行自评和互评,最后教师进行总结评价。

拓展阅读

尊重别人就等于尊重自己

在美国,流传着这样一个故事。一天下午,一位穿得很时髦的中年女人带着一个小男孩走进美国著名企业亚联集团总部大厦楼下的花园,他们坐在一张长椅上,女人不停地跟男孩说着什么,一脸生气的样子。不远处有一位白发苍苍的老人正在打扫垃圾。

小男孩终于不能承受女人的大声责骂,伤心地哭了起来。女人从随身挎包里揪出一团白花花的卫生纸,为男孩擦干眼泪,随手把纸丢在地上。老人瞅了中年女人一眼,她也满不在乎地看了老人一眼,老人什么话也没有说,走过来捡起那团纸扔进一旁的垃圾桶内。

女人不停地责骂,男孩一直都没停止哭泣。过了一会儿,女人又把擦眼泪的纸扔在地上。老人再次走过来把那团纸捡走,然后回到原处继续工作。老人刚刚弯下腰准备清扫时,女人又丢下了第三团卫生纸……就这样,女人最后扔了六七团纸,老人也不厌其烦地捡了六七次。女人突然指着老人对小男孩说:"你都看见了吧!如果你现在不好好上学,将来就会跟他一样没出息,做这些既卑贱又肮脏的工作。"

老人依旧没有动怒,他平静地对中年女人说:"夫人,这个花园是亚联集团的私家花园,按规定只有集团员工才能进来。"女人理直气壮地说道:"那是当然,我是亚联集团所属一家公司的部门经理,就在这座大厦里上班!"边说边拿出一张名片丢在老人的身上。老人从地上捡起名片,扔进了垃圾桶,并且从口袋里掏出手机拨了一个电话。女人十分生气,正要理论时,发现有一名男子匆匆走过来,恭恭敬敬地站在老人面前。老人对男子说:"我现在提议免去这位女士在亚联集团的职务!""是,我立刻按您的指示去办!"那人连声应道。老人说完后径直朝小男孩走去,温和地对他说:"人不仅要懂得好好学习,更重要的是要懂得尊重每一个人。"说完后就朝大厦走去。

中年女人由生气变成了惊呆,她认识这个男子,他是亚联集团所有分公司的总监。"你怎么会对一个清洁工毕恭毕敬呢?"她惊奇地问道。男子用同情的眼光看着女人说道:"他不是清洁工,而是亚联集团的总裁。"中年女人一下子瘫坐在长椅上。

在这个故事中,中年女人从始至终都没有正眼看过老人一眼,她除了不尊重老人的劳动外,更重要的是不尊重老人的人格,结果就可想而知了。

资料来源:http://blog.sina.com.cn/s/blog_627a6abc0102virm.html,2019-03-15.

第二章　语言沟通及礼仪

学习要求与目标

（1）掌握有效的语言表达技巧。

（2）掌握电话礼仪、信函礼仪、网络礼仪基本内容。

引导案例

良言一句三冬暖

有一位顾客，拿着一只酒瓶请营业员盛黄酒，在营业员接酒瓶时，酒瓶忽然掉在地上摔碎了。那位营业员马上道歉说："同志，对不起！是我没有接好，这是我的过失。"说完，他立即掏出钱来要赔偿。顾客见营业员连声赔礼，不但没有发火，反而自责说："不要紧，是我没有递好！我回去重新拿一只来就是了。"就这样，一件很容易引发争吵的事被圆满地解决了。

资料来源：公羽.听南怀瑾谈人生哲学[M].北京：时事出版社，2016.

案例点评："正所谓："语言有风险，说话需谨慎。"语言就像一把双刃剑，一句话能把人说恼，也能把人说笑，就看如何把握这个度。话说得合适，不仅能体现自身修养，还能让人很容易接受你的观点或意见，使对方愿意接近你。

第一节　语言沟通的类型及特点

一、语言沟通类型

根据沟通所使用的不同媒介，沟通可划分为语言沟通与非语言沟通。语言沟通是指以语词符号为载体实现的沟通。语言沟通主要包括口头沟通、书面沟通、电子邮件沟通等。

（一）口头沟通

1. 口头沟通的含义

口头沟通是指借助语言进行的信息传递与交流。口头沟通的形式很多，如面对面交谈、电话、会议、广播、对话、讨论等。

2. 口头沟通的特点

口头沟通最大的优点是快速、简便和即时反馈。在这种沟通方式下,信息可以直接传递并当场得到对方的反馈,若有疑问或曲解,当即澄清;口头沟通可以附以表情、手势等体态语言或声调、语气等副语言,加强沟通的效果。

案例2-1

口头沟通的作用

第二次世界大战结束后,日本许多商店人手短缺,为减少送货任务,有的商店就将问话顺序进行了调整,将"是您自己拿回去,还是给您送回去"改为"是给您送回去呢,还是您自己带回去",结果顾客听到后一种问法,大多都说:"我自己拿回去吧。"

又如,有一家咖啡店卖的可可饮料中可以加鸡蛋。售货员就常问顾客:"要加鸡蛋吗?"后来在一位人际关系专家的建议下改为:"要加一个鸡蛋,还是加两个鸡蛋?"结果,销售额大增。

资料来源:https://wenku.baidu.com/view/6d34d284dd88d0d233d46af5.html,2019-03-20.

案例点评:商务活动中的语言沟通具有强烈的目的性,在服务性强的领域,要使用易于服务对象所接受和适合服务情境的语言,同时在沟通中要有一定的语言技巧,通过语言指令影响他人行为。在上述两个事例中商家通过把握顾客心理,运用恰当的语言技巧,取得了很好的效果。

(二) 书面沟通

1. 书面沟通的含义

书面沟通是指借助文字进行的信息传递与交流。书面沟通是比较正规的沟通方式,包括备忘录、协议书、信函、布告、通知、报刊、文件等以书面文字或符号进行信息传递的形式。

2. 书面沟通的特点

书面沟通的优点是有形有据、可保存、可核对。书面语言在正式发表之前,可以反复推敲修改,因此,可以比较完整地表达作者所要发表的信息。

书面沟通也有自己的缺陷,主要是耗费较多的时间和不能即时反馈;在相同的时间内,口头要比书面所传达的信息多得多。口头沟通可以当场核实对方对信息的理解是否符合发信者的原意,但书面沟通做不到这一点。

3. 书面沟通的基本准则

书面沟通要遵守"7C"准则,即完整(completeness)、准确(correctness)、清晰(clearness)、简洁(conciseness)、具体(concrete)、礼貌(courtesy)、体谅(consideration)。因其英文单词的首字母都是C,所以称为"7C"准则。

(三) 电子邮件沟通

1. 电子邮件沟通的特点

(1) 非即时性。电子邮件沟通不像口头沟通那样能够得到及时回馈。

(2) 契约性。电子邮件虽然与传统纸质文件的载体不同,但仍然属于书面形式,具有法律效力。

(3) 广泛传播性。互联网是快速传播信息的平台,电子邮件里面的内容可以在很短的时间内让更多人看到。

2. 电子邮件沟通要注意的问题

(1) 主题应当精确和适当。不要发送无主题和无意义主题的电子邮件;在病毒泛滥的今天,除非附件是必需的,否则应该避免文档、演示文稿,可以多使用 PDF 文件。在正文中应当包含附件的简要介绍。

(2) 不要随意转发电子邮件。尤其是不要随意转发带附件的电子邮件,除非此邮件对别人的确有价值;在给不认识的人发送邮件时,请介绍一下自己的详细信息,要么在签名中注明自己的身份,没有人愿意和自己不明底细的人讨论问题;如果对方公布了自己的工作邮箱,那么工作上的联系请不要发送到对方的私人邮箱,没有人愿意在和朋友们联系的邮箱中看到工作上的问题。

总而言之,口头沟通、书面沟通、电子邮件沟通的形式、优缺点的比较如表 2-1 所示。

表 2-1　口头沟通、书面沟通、电子邮件沟通的形式、优缺点的比较

沟通方式	形　式	优　点	缺　点
口头沟通	交谈、讲座、讨论会、电话	快速传递、快速反馈、信息量大	传递中经过层次越多信息失真越严重、核实越困难
书面沟通	报告、备忘录、信件、内部期刊、布告	持久、有形、可以核实	效率低、缺乏反馈
电子邮件沟通	电子邮件	信息容量大、可同时传递给多人、廉价	看不见表情

二、选择正确的沟通方式

(一) 个体沟通

1. 当面沟通

当面沟通是一种自然、亲近的沟通方式,这种沟通方式往往能加深彼此之间的友谊、加速问题的解决。以下 4 种情境宜采用当面沟通的方式。

(1) 彼此之间的办公距离较近时(如两人在同一个办公室)。

(2) 彼此之间存有误会。

(3) 对对方工作不太满意,需要指出其不足。

(4) 彼此之间已采用电子邮件方式沟通过,但问题尚未解决。

2. 电话沟通

电话沟通是一种比较经济的沟通方式。以下 3 种情境宜采用电话沟通的方式。

(1) 彼此之间的办公距离较远,但问题比较简单。
(2) 彼此之间的距离很远,很难或无法当面沟通。
(3) 彼此之间已采用电子邮件方式沟通过,但问题尚未解决。

3. 电子邮件沟通

电子邮件沟通是一种最经济的沟通方式。这种方式一般在解决较简单的问题或互相知会一些信息时采用。以下3种情境宜采用电子邮件沟通的方式。

(1) 小问题沟通。
(2) 复杂问题需要借助"书面"才能表达清楚(这类问题往往需要采用书面表达和口头表达相结合的方式)。
(3) 需要对方先思考、斟酌,短时间不需要或很难有结果,如请教对方一个技术问题时,可以先将问题告知对方等。

在电子邮件来回多次而问题尚未得到解决,甚至引起误解时,一定要及时终止电子邮件这种沟通方式,改用电话沟通或当面沟通的方式。

个体之间沟通时,尽量多采用当面沟通的方式。"能当面沟通的,就不要采用电话沟通;能电话沟通的,就不要采用电子邮件沟通",这是个体沟通方式的基本选用原则。

(二) 团体沟通

1. 会议沟通

会议沟通是一种成本较高的沟通方式,沟通的时间一般比较长,因此常用于解决较重大的、较复杂的问题。以下5种情境宜采用会议沟通的方式。

(1) 需要统一思想或行动时,如项目建设思路的讨论、项目计划的讨论等。
(2) 需要当事人清楚、认可和接受时,如项目考核制度发布前的讨论、项目考勤制度发布前的讨论等。
(3) 传达重要信息时,如项目总结活动等。
(4) 澄清一些谣传信息,而这些谣传信息将对团队产生较大影响。
(5) 讨论复杂问题的解决方案时,如针对复杂的技术问题,讨论已收集到的解决方案等。

2. 电子邮件沟通

团体沟通时,以下4种情境宜采用电子邮件沟通的方式。

(1) 简单问题小范围沟通时,如需要3~5个人沟通得出结论。
(2) 需要大家先思考、斟酌,短时间不需要或很难有结果,如项目组团队活动的讨论、提前知会大家思考复杂技术问题等。
(3) 传达非重要信息,如分发周项目状态报告等。
(4) 澄清一些谣传信息,而这些谣传信息可能会对团队带来不良影响。

团体沟通中,要根据时间的紧急状况、沟通内容的复杂程度等情况的不同而合理选择沟通方式。

第二节 有效的语言表达技巧

一、语言表达原则

（一）学会信任

要想被人信任，应首先信任别人。主动敞开心扉，接纳、肯定、喜欢对方，保持在人际关系中的主动性，这样别人才会接纳、肯定、支持、喜欢自己。

（二）学会帮助

帮助别人，是做好沟通的前提和基础。对别人的帮助，能使自己在最短的时间里获得对方的信任，拉近彼此的距离。

案例 2-2

帮助别人就是帮助自己

在一场激烈的战斗中，上尉忽然发现一架敌机向阵地俯冲下来。按照常理，发现敌机俯冲时要毫不犹豫地卧倒，但是上尉并没有立刻卧倒，他发现离他十几米处有一个小战士还站在那里，上尉顾不上多想，一个鱼跃将小战士紧紧地压在了身下。一声巨响，飞溅的尘土纷纷落在他们身上。上尉拍拍身上的尘土，回头一看，顿时惊呆了：刚才自己所在的那个位置被炸成了一个大坑。

资料来源：http://www.360doc.com/content/13/1028/00/2036792_324704545.shtml. 2019-04-10.

案例点评：故事中的小战士是幸运的，但更加幸运的是故事中的上尉，因为他在帮助别人的同时也帮助了自己。帮助别人就是帮助自己，一方面可以使自己得到益处；另一方面，也是沟通的有效途径。

（三）学会倾听

1. 倾听要有"三心"

（1）耐心。即使对方所讲的内容自己已经知道，为尊重对方，仍然要耐心听下去。特别是别人的辩解，切不可粗暴地随意打断，即使对方发火，也要让他尽情发泄。发泄完，他自然会冷静下来。

（2）虚心。对于不同观点（看法），不要中途打断或妄下判断，即使对方错了，也要在不伤害对方自尊的情况下以商讨的口气说出自己的看法。

（3）会心。首先是善听弦外之音，不被虚假的表面信息所迷惑，善于捕捉语言背后的真实意图。特别要注意对方的体态，有时可能传达出言辞背后更为真实的信息。其次是要会心的呼应，可以简单地重复对方话语，发问或表示赞同，更多是用注视、点头、微笑等态势语。

案例2-3

倾听误区

美国知名主持人林克莱特一天在电视节目中访问一名小朋友,问他说:"你长大后想要做什么呀?"

小朋友天真地回答:"我要当飞机的驾驶员!"林克莱特接着问:"如果有一天,你的飞机飞到太平洋上空,所有引擎都熄火了,你会怎么办?"

小朋友想了想说:"我会先告诉坐在飞机上的人系好安全带,然后我挂上降落伞跳出去。"

当现场的观众笑得东倒西歪时,没想到,小朋友的两行热泪夺眶而出,其悲悯之情远非笔墨所能形容。

于是,林克莱特问他说:"为什么要这么做呢?"

小朋友的答案透露出一个孩子真挚的想法:"我要去拿燃料,我还要回来!"

全场没有人再笑了,顿时静默下来。

资料来源:https://wenku.baidu.com/view/0a287c5a804d2b160b4ec003.html. 2019-04-10.

案例点评:当别人说话时,你真的听懂他说的意思了吗?如果不懂,就请先听他说完吧!并且,不要把自己的意念,投射到别人的身上。

2. 倾听的礼仪规范

(1)聆听时,注视说话人。对方如果值得你聆听,你就应该注视他,用你虔诚的目光让他感知你的虔诚,赢得他的赞许,获得他的信任。注视对方的技巧,是用目光看着对方的双眉间。这样,可以避免不好意思。

(2)靠近说话者,身体前倾,专心致志地听。一定要让人感觉到你对他所说内容的渴求,且不愿漏掉任何一个字。让说话者觉得你在聚精会神、专心致志地听,在与人交谈时,千万不要摆出一副无所谓的样子。

(3)不要打断说话者的话题。无论多么渴望一个新的话题,多么想发表自己的见解,都不要去打断说话者的话题,要默默地将想说的话记在心中,直到他结束为止,再发表自己的见解。

(4)巧妙、恰如其分地提问。提问一定要巧妙,恰到好处,切忌盲目或过多地提问。在情况允许的情况下,精练、简短的提问会使说话者知道你在认真地倾听。如"后来怎么样呢?""您的结论是什么"。请记住,提问题也是一种较高形式的奉承。

注意,这些建议不仅仅是谦恭的行为,谦恭永远不会使你获得聆听所能带给你的巨大回报。

(四)学会赞同

1. 学会赞同和认可

在自己的头脑中一定要形成一种态度,一个思维框架,即一种赞同的态度,培养一种赞同的性格,成为一个自然而然地赞同别人和认可别人的人。

2. 善于表达你的赞同

赞同别人时，一定要说出来。如果你仅仅用暗示让人知道你在赞同他是远远不够的。要让他知道你赞同和认可他，不妨试着这样去做，点头说"是的"，或注视着对方的眼睛说"我同意您的说法"或"您说得很对，我完全赞同""我认为您的看法很好"，等等。

（五）学会让别人觉得自己重要

人类一个最普遍的特性，就是渴望被承认、被理解。

如果想在人际交往关系中应付自如，就要尽量使别人意识到自身的重要性。越让别人觉得自己重要，别人对你的回报就越多，你在对方心目中也会变得重要。

让别人觉得自己重要，这是成功的人际关系的基石之一。

二、语言表达的礼仪与技巧

（一）了解听话者的需求

了解听话者的需求情况。人们有各种各样的需求，听话者的需求情况决定着他们的兴趣和爱好。要了解对方的性格特征、社会地位、职业特点、年龄状况、智力水平、气质风格、经济条件等内容。

（二）选择适当的话题

双方都感兴趣的话题，才是沟通得以顺畅进行的关键。如果与听话者谈论的话题不适当，那么就不会达到有效沟通的效果。如面对一个基督教徒，那就没有必要和他谈佛法。

选择恰当话题的前提是寻找共同点。我们可以利用一些常见的话题，与对方亲近，打开沟通的局面。

（三）注意恰当的表达

格拉西安说过："说得恰当要比说得漂亮更好。"在说话技巧中，表达则是更为重要的一步。如何恰当的表达呢？

1. 注意说话的具体场合

说话时，无论是话题的选择、内容的安排，还是语言形式的采用，都应该根据特定场合的需要来决定。要注意场合的庄重与否、亲密与否、正式与否、喜庆与否。

案例2-4

正式场合的错误玩笑

美国前总统里根有一次在国会开会前，为了试试麦克风是否好使，开口便说："先生们请注意，5分钟之后，我将对苏联进行轰炸。"一语既出，众皆哗然。里根在错误的场合、错误的时间里,开了一个错误的玩笑。为此,苏联政府提出了强烈抗议。

资料来源:http://cache.baiducontent.com/c? m,2019-04-02.

案例点评:工作时间不能开玩笑,在公共场合和大庭广众之下,也尽量不要开玩笑。由于在不适宜的时机或场合开了不适宜的玩笑,结果惹了麻烦。

2. 注意说话的具体对象

说话必须考虑听话者的性别、年龄、文化背景等因素,根据这些因素的差异来选择恰当的语言,才能让对方真正理解。

要重视说话的内容,说话者不能只照着自己的思路讲,要考虑对方对自己的话题是否感兴趣,要考虑对方的立场,以及自己的观点能够被接受的程度。

案例2-5

对不同服务对象的接待语言

优秀服务员李淑贞的接待语言就是说话看对象的一个范例。

知识分子进店,李淑贞这样说:"同志,您要用餐,请这边坐。来个拌鸡丝或滑溜里脊,清淡利口,好不好?"

工人同志进店,李淑贞这样讲:"师傅,刚下班,您想吃过油肉,还是汆丸子?"

乡下老大娘进店,李淑贞这样欢迎:"大娘,您进城里来了,趁身子骨还硬朗,隔一段就来转转,改善改善生活,您想尝点儿啥?"

案例来源:http://blog.sina.com.cn/s/blog_2018.3,2019-04-15.

案例点评:对知识分子,用语文雅、委婉;对工人同志,用语直接、爽快;对乡下老大娘,用语则通俗、朴实。这就恰到好处地顺应了不同对象的不同爱好和文化修养。

3. 说话时要情理相融

说话时要情理相融,具体来说应注意以下3点。

(1)要真诚。说话者应该具有真诚的态度,说话要坦率真诚,但这并不等于可以百无禁忌,对别人不愿谈及的事情,应该尽量避免提及。

(2)要尊重。尊重是人的一种精神需要。尊重对方能启发对方产生自尊自爱的感情。如果一个人平易近人,使对方感到是他的知己或良师益友,那么彼此之间的心理距离将会大大缩短。

(3)要理解。强烈的同情心及满怀深情的言语,将使对方不由自主地敞开心扉。理解可以激起心灵的火花,产生善良和容忍,产生信任和动力。

第三节 电 话 礼 仪

一、打电话的礼仪

在现代人际交往中,电话日益成为人们沟通的桥梁。运用得体,它会带来成功;运用不当,它又会成为人们交往中的绊脚石。

（一）选择时间

不论与他人多么熟悉，也不要在他人休息时打电话；如果对方是单位，力求避免在对方的通话高峰和业务繁忙的时段打电话。即使是公事，也尽量不要占用他人的休息时间，尤其是节假日；为避免影响他人的休息，在打电话前应力求搞清各地区时差以及各国工作时间的差异，尽力不要在休息日打电话谈工作。即使对方已将家中的电话号码告诉你，也尽量不要往对方家里打电话。

（二）规范内容

打电话时要力求遵守"3 分钟原则"。所谓"3 分钟原则"，是指打电话时，拨打者应自觉地、有意地将每次通话时间控制在 3 分钟内，尽量不要超出这个时间。在通话前，最好把对方的姓名、电话号码、通话要点等内容列出一张清单。这样做可以避免通话者在谈话时出现现想现说、缺少条理的问题。如果电话接通后，除了首先问候对方外，还要记得自报单位、职务和姓名。如果请人转接电话时，则一定要向对方致谢。

（三）语言文明

接通对方电话时，首先要热情地说"您好"，然后再谈其他，不能一上来就"喂"，或是直奔主题，这样会让对方感到莫名其妙。在问候对方后，要自报家门，如"我是×××"，或者"我是××公司的×××"，以便让接电话的人知道是谁打来的电话。终止通话前，要和对方说"再见"。如果少了这句礼貌用语会感觉通话终止得有些突然，让人难以接受。

二、接电话的礼仪

（一）及时接听

电话铃声响起，应立即放下手头的事接听。接听不及时，就会反映出一个人的散漫态度。应该尽量亲自接听电话，轻易不要让他人代劳。正常情况下，不允许不接听来电，特别是"应约而来"的电话。

（二）确认对方，介绍自己

一般情况下，对方打来电话后都会主动介绍自己。如果对方没有主动介绍自己或者没有听清楚，就应该主动问："请问您是哪位？我能为您做什么？您找哪位？"如果拿起电话后向对方盘问："喂，哪位？"这让对方会感到陌生而且感情疏远，缺少人情味。接听电话也应首先自我介绍："您好，我是×××。"

（三）非常规电话的处理

如果接到打错的电话，应简短向对方说明情况后挂断。有时候接起电话，问候多声却听不见对方说话，这时绝对不可以不问青红皂白，认为是骚扰电话而破口大骂。如果问题严重,可以考虑报警解决。

(四) 分清主次

如果在会晤贵宾或会议期间接到电话,可向其歉意地说明不能立即通话的原因,并承诺稍后再联系。接听电话时如果有别的电话打进来,可请求正在通话的一方稍等片刻,并对其说明原因,然后立即接听另一个电话,问清情况后先请对方稍候,或晚一会儿再打进来,之后再继续和前者通话。除特殊情况外,不能因为图清净随便拔下电话线或者关掉手机。

案例 2-6

铃声终于激怒了总经理

"开会了,开会了!"大家都来到了会议室。总经理召集各部门经理开会,布置下一个季度的营销任务。总经理刚清了清嗓子准备说话,一阵刺耳的电话铃声响了起来,李经理忙不迭地站起来跑出去接电话。总经理脸上显出了愠色。会议继续进行,可是,不是这里在低头小声接电话,就是那里突然响起电话铃声。总经理突然一拍桌子,把大家吓得一哆嗦。"把手机关了,我不相信关一会儿手机会死人!"

资料来源:http://www.doc88.com/p-9972769510179.html,2019-04-20.

案例点评:谁都知道开会不能交头接耳,不能说话,其实开会接打电话比说话更招人烦。但是很多人认为开会说话不应该,接电话却特别理直气壮,这是一种错误的认知。有一定身份的人对社会有示范作用,如果他们在会议中打电话,就会带来更不好的后果。在特殊场合,拨打、接听电话者要学会体会其他人的感受:如果"我"这么做,别人是高兴还是不高兴?不断反思自己的行为,并修正自己的行为,今后进入任何一种场合,就会有自然得体的举动。

(五) 代接电话的礼仪规范

代别人接电话时,要特别注意说话顺序,不要询问对方和所找人的关系。尊重别人隐私,代接电话时,忌远远地大声召唤对方要找的人。不要随意扩散对方托你转达的事情。

准确记忆要点,如果对方要找的人不在,应先询问对方是否需要代为转达。如对方有此意愿,应照办。最好用笔记下对方要求转达的具体内容,及时转达。代接电话时,要先弄清对方要找谁,如果对方不愿回答就不要勉强。如果对方要找的人不在,要如实相告,然后再询问对方还有什么事情。这二者不能颠倒先后次序。之后要在第一时间把对方想要转达的内容转达到位。不管什么原因,都不能把自己代人转达的内容,托他人转告。

案例 2-7

接电话技巧

某公司的毛先生是杭州某三星级酒店的商务客人,他每次到杭州肯定会住这家三星级酒店,并且每次都会提出一些意见和建议。可以说,毛先生是一位既忠实友好又苛刻挑剔的客人。

某天8点再次入住的毛先生打电话到总机,询问同公司的王总住在几号房。总机李小姐接到电话后,请毛先生"稍等",然后在计算机上进行查询。查到王总住在901房间,而且并未要求电话免打扰服务,便对毛先生说"我帮您转过去",说完就把电话转到了901房间。此时901房间的王总因昨晚旅途劳累还在休息,接到电话就抱怨下属毛先生不该这么早吵醒他,并为此很生气。

总机李小姐的做法是否妥当?

资料来源:http://www.doc88.com/p-9972769510179.html,2019-04-06。

案例点评:李小姐应该考虑到8点是否会影响客人休息,分析客人询问房间号码的动机,此时,毛先生的本意也许并不是要立即与王总通话,而只是想知道王总的房间号码,便于事后联系。在不能确定客人动机的前提下,可以先回答客人的问话,同时征询客人意见"王总住在901房间,请问先生需要我马上帮您转接吗?",必要时还可委婉地提醒客人,现在时间尚早,如要通话是否1个小时之后再打。这样做既满足了客人的需求,又让客人感受到了服务的主动性、超前性、周到性。

三、手机礼仪

当手机铃声响起时,要及时接听。因故未能接听电话或阅读短信,发现信息后要尽快回电话或短信。要使用礼貌语言通话,使用文明话语发短信。要遵守公共秩序,在教室、图书馆、会议室、音乐厅、电影院等公共场合自觉关机或将手机调至静音状态。在电梯、火车、公共汽车上使用手机通话时,应轻声细语,而不要大喊大叫,要尊重他人,在别人家做客时,尊重主人,没有特殊情况,不要不停地打电话。

案例2-8

手机放哪儿有讲究

前不久,我和同事一起去给客户汇报产品方案,汇报的地点选在对方的会议室,当天参加会议的人很多,还有不少领导,会议室里非常拥挤。同事可能觉得有些热,就把外衣放在了一边,没想到却出了问题。正在我们汇报到一半儿的时候,手机突然响了,同事意识到这是自己的手机。但屋里人太多,他的外衣却放在门口,手机一直响个不停,中间还隔着很多人,如果同事过去拿手机大家都得起身,会场秩序一时间搞得很乱,也让对方的领导感到有些不满,弄得我们都很尴尬。

资料来源:https://wenku.baidu.com/,2019-05-13。

案例点评:作为职场人员,这位同事显然没有考虑过公共场合手机应该放在哪里合适。很多人习惯把手机随意摆放,但在公共场合手机的摆放是很有讲究的。手机在不使用的时候,可以放在口袋里,也可以放在书包里,但要保证随时可以拿出来,免得像那位同事那样。在与别人面对面时,最好不要把手机放在手里,也不要对着别人,这都会让对方感觉不舒服。而对于职场人士来说,最好也不要把手机挂在脖子上,这会让人觉得很不专业。

现在使用微信的用户越来越多,微信已经取代短信、电话成为工作中最常用的沟通方式。但是,微信毕竟是新生事物,在工作方式比较严谨和传统的机关、事业单位,使用不当会出现很多问题。很多时候自己并没有意识到,却已用微信给别人留下负面印象。所以,我们需要了解微信社交礼仪。

发送微信时,应注意以下3个方面。

(1) 原则上不发语音。无论对方是领导、下属,还是同事,都应优先选择文字。

(2) 工作微信要注意排版。

(3) 工作微信最后应指明你要做什么。

收到微信时,应注意以下3个方面。

(1) 及时回复。

(2) 对于重要的微信最好置顶。通过置顶功能可以把重要的微信群和好友设置在最上端,这样不容易遗漏重要信息。

(3) 如果是接收到语音类的工作微信,不方便接听时,可以回复对方"现在不方便接听语音,如有急事,可以发送文字"。

案例 2-9

微 信 骚 扰

李女士最近经常受到微信骚扰,很是苦恼。一种是群发微信消息,另一种是微商发布产品信息。

(1) "微信清人"骚扰。所谓微信清人,就是通过群发消息的方式看一看有哪些人把自己删除了微信好友,而且一发就不少于 2 条。如果一天接收很多这种信息,会让人心生烦恼。

(2) "微商消息"骚扰。微商们会经常隔一段时间,群发一条消息,刷一下存在感,特别是搞活动的时候,"担心"好友在朋友圈看不到他们的活动,就会有接连两三条的微信消息出现。

资料来源:http://www.wxqun.com/wxyx/11275.html,2019-05-10。

第四节　信 函 礼 仪

小贴士

中国古代最早的书信

中国古代书信文化距今已有 2000 多年的历史了,现存最早的书信是战国末期时的木牍(简)书信。

信函,是书信的正式称呼。本节就公务信函的内容与格式、回复与管理等方面需要严格遵守的规范要求进行具体阐述。

一、内容与格式

公务信函的格式,可分为笺文格式和封文格式两种。

（一）笺文格式

笺文，即写于信笺上的书信内容。笺文一般由抬头、启词、正文、祝词、落款以及附言等部分组成。

1. 抬头

抬头是对收件人的称呼，于信笺首行顶格书写，并且单独成行。在书写公务信函的抬头时，通常适用的称呼有以下 3 类。

（1）以姓氏加上称谓词作为称呼，如"黄先生""耿同志"等，这类称呼显得较为自然。

（2）以姓氏加上职衔作为称呼，如"赵科长""林主任"等，这类称呼多用于关系一般的交往双方之间。

（3）以字号相称，文人雅士多有字号，平辈之间采用字号称呼是较为正规、讲究的做法。

称呼之前，可加一些适当的形容词，如"尊敬的""敬爱的"等；称呼之后也可加一些适当的提称词。提称词多用于以书面语言写成的信函中。使用提称词应注意使之与称谓配合使用。例如，对尊长应用"尊鉴"，对平辈应用"惠鉴"，对晚辈应用"青鉴"，对女性应用"涉鉴"等。

2. 启词

启词是正文之前的开场白。既可表示客气寒暄，也可提示写信原因。启词应于抬头之下另行空两格书写，一般应单独成段。

公务信函的启词应力求篇幅简短，不可过于啰唆。采用"您好"一类的简略启词可使之成为正文首句，而不必单独成段。

3. 正文

正文是书信的主体部分，是写信者叙述的正事所在。为了方便阅读，正文可酌情分段，每段句首空两格，转行后顶格书写。

正文虽是公务信函的"主心骨"，但也应力求简明扼要，用简练的语言说全、说清来信的主旨。切忌拖沓冗长，甚至词不达意、文不对题。

正文的语言要求平实朴素但不失礼貌优雅。语言朴实是内在要求；语言优雅则不但体现着一个人的修养，而且也体现着对交往对象的尊重。如果语言过于粗俗、枯燥，不但会使自己在交往对象眼中的形象受损，而且还会被怀疑不尊重对方。

4. 祝词

祝词，即写信者在笺文结尾向收信者所表达的祝愿、钦敬、勉慰之语。祝词一般包括应酬语和问候祝福语两部分。

（1）应酬语，即笺文结尾特以一两句话结束正文的语句。应酬语应当简洁自然。有时也可同时再用一些敬语，以示谦恭，如"草此""肃此""敬此"等。

（2）问候祝福语，即出于礼貌对收信人所作的不可缺少的祝颂或问候。如"敬颂春安""即颂大安""祝您成功"等。书写时应字斟句酌，具体对象具体对待。

祝词的书写格式要求较严。如果祝词较多，可单独成行，空两格后书写。也可将祝词分成两部分书写，其法有二。

(1) 将"敬颂""敬请"一类词单独成行,前空4格,而将"春祺""大安"一类词另行顶格书写。

(2) 将"敬颂""敬请"一类词置于正文末句之后,不另行书写,则将"春祺""大安"一类词另起一行顶格书写。

5. 落款

落款包括署名和日期两部分。署名应位于祝词之后另起一行的右方。若有写信者领导或同事的附问或写信者对收信者领导或同事的致意,则应另起一行书写,或直接写于署名之后。一般而言,日期应具体到年、月、日,有时可只写月和日。日期可写于署名之后,只空一格;也可另起一行,写于署名的正下方。

6. 附言

附言是写信者对正文的补充。附言往往以"又""另"一类词引出,或不写引出词,而以"又及""再及"一类词结束。

附言应在署名与日期之后另起一行空两格书写,且不必分段。附言力求简洁,无须另用信笺。切勿在信笺的上下左右空白处乱写附言,令人眼花缭乱而不知所云。

(二) 封文格式

封文,即写在信封上的书信内容。国内邮寄信函、国际邮寄信函与托人代转的信函,其封文有着不同的具体格式和内容。

1. 国内邮寄信函

在交付邮寄的国内信函信封上,应先在左上角写清收信者所在地的邮政编码。然后另起一行书写收信者的详细地址。收信者姓名应以稍大字体书写于信封的正中央。信封的右下方,应写清寄信者的地址、姓名(有时可只写姓氏)以及邮政编码。

2. 国际邮寄信函

在交付邮寄的国际信函信封上,收信者的姓名、地址和邮政编码应写在信封正面的中央偏右下方;寄信者的姓名、地址和邮政编码则应写在信封正面的左上方或信封背面的上半部。书写的具体顺序应是姓名、地址、邮政编码、国名。书写地址时应自小而大,与国内书写顺序刚好相反。书写时应尽量使各行文字左右对齐。

3. 托带信函

在托人带交的信封上,内容一般较为简洁。信封左上角可视具体情况写上"专送""面交"等字样。收信者地址、姓名写法不变。如托带人知道收信者地址,可以不写地址而只写姓名。信封右下角一般只注明写信者姓名,不必写其地址。收信者和写信者的邮政编码均不必写。

不同的信函封文除了上述不同的格式要求外,还有许多普遍的规范和要求,应当严格遵守。例如,信封款式、封文字体、封文称呼、邮政编码邮票都有具体的要求。

(1) 信封款式。信封有直式和横式两种。直式信封以中间印有红色长方框的最为适宜;横式信封则以纯白色为佳。吊唁用的信函,当使用素色信封。

(2) 封文字体。封文字体的书写,可用钢笔、圆珠笔、毛笔等,但切勿使用铅笔。颜色则以深蓝色或黑色为佳,忌用红色、绿色等彩色笔书写。写给长辈的信,应字体端正,以表尊敬。

（3）封文称呼。封文上的称呼是供邮递员或捎信人对收信者称呼之用,因此必须采用邮递员或捎信人所能接受的称呼。"先生""同志"或其他以职衔所作的称呼是普遍适用的,但切勿采用表示辈分关系的称呼,如"姥爷""四叔"等。

（4）邮政编码和邮票。为便于邮局作业,寄信人务必要使用带有邮政编码的标准信封。书写要清晰工整,一字一格。

直式信封的邮票应贴于信封的左上角,横式信封的邮票则应贴在右上角。邮票应贴得端正,给人以尊重、踏实之感。寄航空、挂号等信函时,需加贴标签。标签应粘贴端正。

二、回复与管理

对于公务信函的发送者而言,重要的是信函的撰写;而对于公务信函的接收者而言,重要的则在于信函的回复与管理。

（一）回复信函

公务信函在发出后能否及时无误地送到预定对象手中,是发信者最牵挂的事。因此,在收到公务信函后,应当以适当的方式予以及时回复,以示对对方的尊重。回复信函应注意以下两点。

（1）回复及时。在收到公务信函后应尽快回复,不可拖拖拉拉,甚至不予理睬和回复。

（2）回复方式。公务信函的回复应遵循"照旧"原则,即以函复函。如果因故改变回复方式,应向对方说明原因。为尽早消除对方的担忧,可在收到重要信函后先电话告知对方信函已收到,然后再及时复函。

复函时除了对对方的提议、要求作翔实答复外,还应告知所收到的是何时所发的信函,我方又是何时收到的,解释延误。在收到公函后,如果当时确实无法及时回复,则必须先电话告知对方,并致以歉意,向对方解释原因,然后再抽时间予以回复。

如果在回函时遇到困难,例如对方所提要求超出了本人力所能及的范围,切不可不予理睬、束之高阁,甚至在日后与对方见面时表示"并未收到"。即使帮不了忙,也应尽早答复,并致以歉意。要表现出坦诚的态度,以便早让对方另做安排。

（二）妥善管理

每一封公务信函都是各级行政机关开展公务的重要文件或资料,即使在回函之后也有一定的参考价值和保留价值。因此,必须加强对公务信函的管理。对公务信函管理要做到以下两点。

（1）严格保管。按照规定,未经允许或批准,不得将公务信函进行公开传阅或发表。涉及党和国家机密的信函,更应严格保管,不得随意进行口头扩散或书面引用。

（2）定期销毁。对于那些没有保存价值的信函,可予以定期销毁。根据有关规定,销毁信函应经过鉴别和主管领导批准,并应登记在册。销毁时应有专人在场监督,保证不丢失、不漏销。销毁应当完全、彻底,不遗漏。

小贴士

"鸿雁"的来历

汉朝时,苏武奉命出使匈奴,因汉匈关系恶化,苏武被单于流放至北海牧羊。10 年后汉朝与匈奴和亲,但匈奴人仍不让苏武回汉。苏武被匈奴人扣留达 19 年之久。

昭帝即位后派出新的汉使,与苏武一起出使匈奴的常惠把苏武的情况密告新汉使,并设下计策让汉使对匈奴单于讲:汉朝皇帝猎到一只北方来的大雁,雁腿上系着一封信,写着苏武正在北海牧羊。单于听后大为惊奇,却又无法抵赖,只好把苏武放回。后来人们就用"鸿雁"比喻书信和传递书信的人。

三、特殊的公务信函

(一)祝贺函

祝贺函,简称贺信,即在对方取得重大成绩,有了喜庆之事时向对方表示祝贺的信函。

1. 祝贺函格式要求

祝贺函一般由标题、称谓、正文、落款 4 部分构成。标题,即在首行正中位置书写的"贺信"两字。称谓,即被祝贺的单位或个人的名称。落款,即发函者的署名及发函日期。

祝贺函的正文由 3 部分构成。

(1)以简要的篇幅向对方表示热烈祝贺,写清向谁祝贺、为何事祝贺等。

(2)祝贺的内容,即所贺之事的重大意义。

(3)发函者的希望和祝愿,上级写给下级的可用"希望、要求",写给会议的则可用"祝大会圆满成功"等话语。

2. 注意事项

祝贺函的语言要充满热情、喜悦之意和温暖、愉快之感,并给人以鼓励和希望。颂扬与赞美之词要恰如其分,不能过分夸大或拔高。祝贺函的发送要及时,要确保在有关活动开始之前送到。

(二)慰问函

慰问函是机关单位或个人对某人、某集体表示慰问而写的信件。在对方取得突出成绩时,或在对方遇到困难、遭到不幸时,均可以写慰问函表示慰勉、鼓励、安慰和同情。

1. 慰问函的格式要求

慰问函的构成同祝贺函基本相同,在格式上也很相似,只是正文内容有所区别。

慰问函的正文由两部分构成。

(1)慰问的背景和原因,并致以诚恳亲切、充满关怀之情的慰问语。

(2)对对方辛劳的工作或所受的遭遇表示深切的同情和慰勉,或对对方所取得的重大贡献和所具有的某种精神表示褒扬与嘉奖。

2. 注意事项

要根据不同对象使用不同的写作素材及慰勉用语。感情要真挚热情,充满亲切之情。文字简练,篇幅须短小。

(三) 邀请函

邀请函,又称为请柬、请帖,是单位、团体或个人邀请有关人员出席隆重的会议、典礼,参加某些重大活动时发出的礼仪性书信。它不仅表示礼貌庄重,也有凭证作用。

1. 邀请函的格式要求

邀请函,一般由标题、称谓、正文、落款 4 部分组成。标题,即用大字书写的"请柬""邀请函"几个字,在第一行中间,或者占用一页,当作封面。称谓,即被邀请者的单位名称或个人姓名,另起一行或一页顶格书写,姓名之后写上职务、职称等,如"同志""先生""教授""经理""主任"等。正文应写清活动的时间、地点、内容、要求,并使用"敬请参加""敬候光临""敬请届时光临"等作为结束语。落款,即发函者的署名与发函日期。

2. 注意事项

请柬的形式要美观大方,不可用书信纸或单位的信函纸草草了事,而应用红纸或特制的请柬填写。所用语言应恳切、热诚,文字须准确、简练、文雅。

(四) 条据

条据,即人们在工作与生活中为证明或说明某种事由而留给他人的便条。条据即是便条的正式称谓。日常接触的条据根据用途和目的的不同可划分为凭据性条据和说明性条据两大类。各类条据既有各自不同的具体规则,也有许多大致相同,需要共同遵守的基本要求。

1. 条据的基本要求

1) 立据态度

按照公事公办的原则,务必要认真立据。各类条据的组成部分须齐全,不可有所疏漏。在署名时应由立据者亲笔签上自己的真实姓名,必要时应在签名之后加盖私章或手印,以示负责。条据最后还要写明立据的详细日期。

2) 条据语言

条据语言应简单、准确。

(1) 简单。条据实质是对书信的简化。一般情况下,一张条据只能说明一件事,切勿一据多事。相应地,条据的语言也应简洁明了。

(2) 准确。条据语言应当准确无误,不可在条据上涂改、乱增乱删。尤其是涉及关键内容的文字和数字,务必要保持整洁,不能有任何涂改。若发现遗漏或错误,应另立一据。在书写金额数量时,应采用大写数字,如"壹""叁""仟"等,而非"一""三""千"等小写数字,更不能使用阿拉伯数字。

3) 立据用具

在立据时为确保条据的有效性,应选择整洁耐用的工具。

条据的用纸应当整洁、干净、耐折、耐存,立据时最好选用钢笔或毛笔,配以黑色、蓝黑色墨水或墨汁书写。

4) 条据保管

应当对自己经办的所有条据统一处理、妥善保管。要将各类条据分门别类保管,存放条据之处要固定而安全,以便日后查阅。事情办完之后需要销毁条据的,应当及时当面予以销毁。

2. 条据的分类及规范

凭据性条据和说明性条据又可根据功能的不同再细分为各类条据。

1) 凭据性条据

凭据性条据是指为证明某一事实或契约而出具的条据。凭据性条据一般要求出具者在某一事实或契约发生前书写完毕,并交由接收者作为一种信誉的保证和凭据加以保存。凭据性条据通常由标题、正文和落款3部分组成,其种类大致有借条、欠条、收条、领条和发条等几类。

(1) 借条。借条,又称为借据,是指在借到个人或公家的钱物时所写的条据。借条是一种非正式契约,通常在归还钱物后,由立据者收回或当场销毁。

若是向个人借钱借物时所写的条据,借方可只写一张借条;若是向公家借钱借物,借方须写两张借条,借方和公家各保留一份。借条上应标明"借条"二字。正文中应明确写清借了什么、借了多少、归还期限等内容。向公家借钱借物还应写明其用途。最后须在借条下面签名盖章、标注日期。

(2) 欠条。欠条实质是借条的一种特殊形式。如果借方在归还所借钱物时,只能归还其中一部分,则应立下欠条。有时,在借用了钱物之后补写的用作凭证的条据也可称为欠条。欠条的格式、份数、处理方法与借条大致相仿。

(3) 收条。收条,有时也称收据,是指在收他人或单位的钱物后,专门立下的凭据,并交给对方。收条可写一份,也可采用两联单或三联单的形式以便日后核实之用。其中第一联是存根,第二联或第三联在加盖公章后交由付方,作为其回单位的报销凭证。

归还钱物时,如果出借方不在场,而由他人出面代为收下时,代收者应出具收条。此类收条也被称为"代收条"。若出借方在场,则只需交还给借方借条,而不必出具收条。

(4) 领条。领条,即个人或某一机关单位向另一机关单位领取钱物时,领取时给发放者用于存档备案的条据。如果是代替他人领取钱物,则应注明"代领"二字,并写上代领者与被代领者的姓名。

(5) 发条。发条,即机关单位在发放钱物时写给领取者的条据。发条不同于发票,发条往往限于零散的小额货款或单位内部发放钱物,仅是一种收付钱物的简单凭证。而发票则是由国家税务部门统一印制的,有严格的规范样式。

2) 说明性条据

说明性条据,又称函件式条据,通常是指用来传递信息、说明原委的条据。其作用主要是向他人解释、说明某一事情,或向他人发出请求。因此,说明性条据具有更高的礼仪规范,要求在措辞用语甚至使用上都要表现得谦恭、礼貌。

说明性条据一般不写标题,但请假条除外。条据开头都有称谓,随后的正文、致敬语和落款一应俱全,与一般书信相同。

说明性条据主要有请假条、留言条、托事条、便函4类。

(1) 请假条。请假条是指因病、因事而不能上班或不能按时上班,或者不能参加某项预定活动时撰写的用以说明原因的条据。请假条应由本人亲自撰写,若因故由他人代写的,应加以说明。机关单位应将基层公务员的请假条妥善保存,作为考勤依据,以便日后核查。

请假条除应写上标题外,其余格式与书信相似。正文中应详细说清请假原因和请假的起止时间。正文结束时应礼貌地写上"望予以批准""恳请准假"之类的话语。

(2) 留言条。留言条是指在专程拜访他人时因故未能与其见面,或是不能久候他人而先行离去时撰写的,向对方说明并说清事由的条据。留言条可委托他人代交,也可置于交往对象易见之处。

书写留言条时不必加标题,正文中应当多用礼貌用语,不可因未见到对方而有所抱怨。留言中应说清事由,或留下再次联络的方式。尤其是当双方从未打过交道时,更应翔实告诉对方自己的姓名、身份及联络方式。

(3) 托事条。即委托他人帮忙办理某事时写的条据。由于托事条的目的往往是有求于人,因此在撰写时务必要委婉用语、礼貌用语。托事条虽无须标题,但仍应翔实说明所托之人、所托之事、具体要求及本人身份等。托事条往往由他人代为转交。

(4) 便函。便函是指为向他人传递某一信息而书写的条据,内容和形式都较为简单。便函一般仅言一事,字数较少,且可不用封文。便函格式较为正规,与书信大致相同。

第五节　网 络 礼 仪

在互联网虚拟世界中,也同样有一套不成文的规定及礼仪,即网络礼仪。

一、网络活动的原则

(一) 网络交谈相互尊重

要记住"人的存在",要防止粗劣和无礼,当着人家面不能说、不会说的话在网络上也不要说。

(二) 线上线下行为一致

现实生活中大多数人都遵纪守法,在网络上也应如此。网络上的道德和法律与现实生活是相同的,不要以为在网络上与计算机交流就可以降低道德标准。

(三) 尊重别人的时间

在提问题之前,首先自己花时间去搜索和研究。很有可能同样问题已经有网友问过多次,成熟的答案唾手可及。不要以自我为中心,别人为你寻找答案需要消耗时间和资源。

(四) 网上留个好印象

因为网络的匿名性质,一言一语是他人对你印象的唯一判断。对于不熟悉的话题,不要随便发表言论,发帖以前仔细检查语法和用词,不要故意挑衅和使用不文明用语。

(五) 分享知识

当你提了一个有意思的问题而得到很多回答,特别是通过电子邮件得到的回答,应该写份总结与大家分享。

(六) 争论要平和

争论在网络中是正常的现象,但争论要以理服人,不要人身攻击。

(七) 尊重他人的隐私

与别人用电子邮件沟通或私聊(QQ)的记录应该是隐私的一部分。未经同意不要将他人的真实姓名或秘密到处传播。

(八) 不要滥用权限

管理员、版主比其他用户有更高的权限,应谨慎使用这些权限。

(九) 包容别人的小错误

看到别人写错字,用错词提出一个低级问题或者写了一篇没必要长篇大论的文章时,不要在意。如果真的想给他提建议,最好能私下提出。

二、网络礼仪

(一) 电子邮件

1. 撰写和发送电子邮件

(1) 主题。工作时,只发与工作有关的电子邮件,秘密邮件要通过特殊方式发送,注意保守工作秘密和个人隐私。在电子邮件的"主题"或"标题"栏,一定要写清楚邮件的主题或标题,写电子邮件时应遵循书信的内容和格式要求。首先要写上对收件人的称呼,并且称呼要使用得体。

(2) 内容。在撰写内容时,应按照普通邮件或公文所要求的格式和规则。电子邮件正文要简洁明了,在有限的空间写电子邮件的内容时注意:每一封电子邮件的内容在7~12句的范围内;超过20个字应换行;如果超过3行必须空行。这样是最容易阅读、理解、回复的邮件,也最能吸引对方的注意。如果在发送电子邮件时添加了"附件",一定要在邮件内容里加以说明,以免被对方忽略。

2. 接收和回复电子邮件

应当定期查看收件箱,以免遗漏或耽误重要邮件。收到要求回复的电子邮件,要及时给予答复。一般应在收到邮件后的当天予以回复。如果涉及较难处理的问题,要先告诉对方已收到邮件,来信处理后会及时给予正式回复。

3. 注意保存和删除电子邮件

因为邮箱空间有限,所以要定期整理收件箱,对于有价值的邮件,必须保存,或者在复制后进行专门保留。对于垃圾邮件,或者已无实际价值的邮件,要及时删除。

(二) 查阅信息

在查阅信息的时候应当遵守以下规则。

1. 目标明确

对于所需查找的内容和相关网址,应提前做好准备,有了明确的目标,查阅时便可直奔"主题"。

2. 用语规范

在网络上与对方交流时,应当用语规范,不得随便使用攻击性、侮辱性的语言。

3. 自我保护

为维护自身形象、单位形象,不要以单位或部门名义在网络上任意发表个人对时事的见解,尤其不能泄露商业机密、国家机密。不要随便在网络上留下单位电话、个人联系方式、个人消息,以免被骚扰。

(三) 网络聊天

1. 基本礼仪

网络聊天的基本礼仪如下。

(1) 注意语言文明。在聊天时,使用文明语言是网络交流的基本礼仪。例如,使用"您好""大家好"。

(2) 尊重对方。在网络上都是以普通网民(网友)的身份出现的。只有尊重对方,才能获得对方的尊重。

(3) 尊重对方隐私。一般不要追问涉及对方隐私的问题,如对方的姓名、工作单位、家庭住址、职务级别、经济状况等,尤其不要问女性的年龄、身高、体重、婚姻等。

(4) 保守个人秘密。聊天时,经常会遇到对方询问涉及个人隐私和秘密的情况,如果不想告诉对方,要会"婉言谢绝"。做到既不伤害对方,又能保守个人秘密。

(5) 慎用表情图片。恰到好处地使用表情、图片、动漫等,可以使聊天图文并茂、情景交融、妙趣横生。忌用带有侮辱性、低级下流的表情图片,容易造成误解的表情图片也尽量不要使用。

2. 注意的问题

网络聊天应注意以下问题。

(1) 慎重选择聊天场所。

(2) 忙时不要在线。如果你很忙,最好设置一个忙碌状态或隐身,避免让别人以为你在线而不理会。

(3) 不要打扰忙碌的人。如果对方是忙碌状态,不要和他闲聊。有重要的事,最好一句话说完。

(4) 尽量回复别人的信息。如果确实很忙无法照应,那就告诉对方并设置忙碌状态。

(5) 不要在聊天工具上设置自动回复。最令人讨厌的一种情形是,设置了自动回复还找别人说话,你这边看着是正常的,对方每条发出的消息都会收到一个无意义的回复。

(6) 发送网址的时候写上标题或简介。有的人常常一个网址发过来,不做任何解释和说明,让人莫名其妙。发网址或链接的时候,要写标题或说明。

(7) 不要发"连锁"消息。含有诅咒性质、欺诈性质、谣言性质、无脑性质的"连锁"信息,一条足以使自己人品降到最低。

(8) 保持安全意识。防止聊天工具中毒自动发消息干扰他人;防止网络账号被盗,给他人带来困扰和不必要的损失;不要随便传递内部文件和信息,以免造成泄密;公用账户、私人密码不要在公众场合使用;要防范黑客、病毒,不使用盗版软件,要谨慎对待来历不明的电子邮件;对于有关部门发布的信息预警,要及时采取措施防范。

(9) 不要刨根问底。不要问涉及对方隐私的问题,对于对方不愿回答的问题,不要无休止地追问。

(10) 保持聊天记录。同一个问题不要反复多次问别人。聊天工具上的聊天记录可以保存在服务器上,如果忘记,可以查阅。

(11) 退出屏蔽的群。如果对某个群没有兴趣,不妨退出,空占一个名额又从不发信息对谁都没有好处。

(12) 生活中要慎用网络语言。作为社会方言的网络语言尽管可以存在,但是它的应用范围就是特定的网络空间。进入大众语言环境,尤其是在书面表达的时候,应持谨慎态度。

(13) 不私用办公网络。使用网络办公要本着节省资源的原则,不能私用办公网络。

(14) 不传播虚假信息。在网络上发表个人意见、建议时,要把握好度,不能违反法律法规和有关规定,不能在网上侮辱、谩骂他人,不能传播谣言、散布虚假信息,不能制作、传播网络病毒和"流氓"软件。

(15) 不侵犯他人著作权。要尊重他人的网上著作权,避免网络抄袭、剽窃、盗版等侵权行为。

本章实训课堂

一、单项选择题

1. 个体之间沟通时,尽量采用(　　)沟通的方式进行。
    A. 书面　　　B. 当面　　　C. 口头　　　D. 电子

2. 恰当的表达,语言要简洁精练,做到(　　)和短小精悍。
    A. 抓住重点　　B. 突出重点　　C. 言之有序　　D. 以少胜多

3. 口头沟通最大的优点是快速、简便和（　　）。
　　A. 坦白　　　　B. 明确　　　　C. 多层次传递　　　D. 即时反馈

二、多项选择题

1. 书面沟通，要遵守"7C"准则，即（　　）。
　　A. 完整、准确　　　　　　　　B. 清晰
　　C. 简洁、具体　　　　　　　　D. 礼貌、体谅
2. 倾听要有"三心"，即（　　）。
　　A. 耐心　　　　B. 虚心　　　　C. 会心　　　　D. 诚心
3. 语言表达的原则有（　　）。
　　A. 学会信任、学会帮助　　　　B. 学会让别人觉得重要
　　C. 学会倾听　　　　　　　　　D. 学会赞赏
4. 笺文一般由（　　）组成。
　　A. 抬头、启词　　B. 落款以及附言　　C. 正文　　　　D. 祝词

三、案例分析题

请指出下面这封信存在的问题，并按书信礼仪的要求予以改写。

A厂财务科：

你们几次写来讨钱的信，我们早就收到。老实说，近一年来，厂里的货卖不掉，工人奖金也发不出，所以，没有钱还债。

B厂财务科
2018年5月20日

实践课堂

训练　电话接听

1. 时间把握：3分钟。
2. 方法：教师示范，学生自己选搭档，面对大家，一个人打电话，另一个人接电话。
3. 要求：在3分钟内以简洁、规范的语言接打电话，给大家留下深刻印象。
4. 目的：培养学生的语言沟通技巧，训练如何正确地接打电话。

拓展阅读

有一个秀才去买柴，他对卖柴的人说："荷薪者过来！"卖柴的人听不懂"荷薪者"（担柴的人）3个字，但是听得懂"过来"两个字，于是把柴担到秀才前面。

秀才问他："其价如何？"卖柴的人听不太懂这句话的意思，但是听得懂"价"这个字，于是就告诉秀才价钱。秀才接着说："外实而内虚，烟多而焰少，请损之。（你的木柴外表是干的，里头却是湿的，燃烧起来，会浓烟多而火焰少，请减些价钱吧。）"卖柴的人因为听不懂秀才的话，于是担着柴就走了。

资料来源：https://wenku.baidu.com/view/15a77bc4a21614791611286a.html,2019-04-20.

第三章　非语言沟通及礼仪

学习要求与目标

（1）了解非语言沟通的特征；理解非语言沟通的作用。
（2）了解各种非语言形式的含义；掌握非语言沟通分类。
（3）熟悉肢体语言沟通技巧。

引导案例

此时无声胜有声

郑先生是一家大型国有企业的总经理。有一次，他获悉德国一家著名企业的董事长正在本市进行访问，并有寻求合作伙伴的意向。于是，他想尽办法，请有关部门为双方牵线搭桥。让郑总经理欣喜若狂的是，对方也有兴趣同他的企业进行合作，而且希望尽快与他见面。到了双方会面的那一天，郑总经理对自己的形象刻意地进行一番修饰。他根据自己对时尚的理解，上穿夹克衫，下穿牛仔裤，头戴棒球帽，足蹬旅游鞋。无疑，他希望自己能给对方留下精明强干、时尚新潮的印象。然而事与愿违，郑总经理自我感觉良好的这一身时髦的"行头"，却偏偏坏了他的大事。郑总经理的错误在哪里？他的德方同行对此有何评价？

资料来源：http://www.sohu.com/a/206078619_100071030,2019-05-20.

案例点评：在社交场合，从某种意义上说，衣着就是一封无言的介绍信，向交往对象传递着各种信息，别人可以从衣着上看出你的品位、个性，甚至可以看出你的职业状况。郑总经理与德方同行的第一次见面属国际交往中的正式场合，应该穿正装，即西装或中山装，以示对德方的尊敬。但他没有这样穿，所以德方同行认为，此人着装随意，个人形象不合常规，给人的感觉是过于前卫，尚欠沉稳，与之合作之事当再作他议。

第一节　非语言沟通的特点与类型

非语言沟通是指以表情、手势、眼神、触摸、空间、时间等非自然语言载体所进行的信息传递，通过肢体动作、面部表情、空间距离、触摸行为等非语言符号表达思想、情感、态度和意向。

一、非语言沟通的特点

（一）普遍性

非语言沟通在语言符号产生之前就已经是一种最主要的沟通方式，与语言沟通相比，非语言沟通的信息共享更强。许多身体语言、情态语言为全世界大多数人所接受，具有普遍性。

（二）差异性

不同的文化背景和风俗习惯，决定了不同的民族具有不同的非语言沟通符号，从而形成了非语言沟通的民族文化差异。在人际沟通中，年龄、性别、文化程度、伦理道德、价值取向、生活环境、宗教信仰等社会文化因素都会对非语言沟通产生影响，从而形成了非语言沟通的社会文化差异性。

案例 3-1

非语言沟通的文化差异

我曾经效力的意大利公司计划在曼谷开设办事处，于是我有机会往返于泰国和新加坡之间。作为南亚和东南亚地区的主管，我的职责之一是帮助当地公司的管理者招募泰国职员。

在一个泰国人力资源顾问的帮助下，我们在曼谷的报纸上刊登了招聘广告，筛选了大约10位年轻人参加面试。男性应聘者的面试非常顺利，但女性应聘者的面试则不是很成功。由于在曼谷很难找到具有英语会话资格证书的办公室工作人员，也不容易找到受过培训的应聘者，所以现在的问题很严重，而且，出于某种原因，我们的面试似乎使一些很有潜力的应聘者失去了兴趣。

我向那个泰国顾问请教问题所在。她想了一会儿，然后开始斯文地、明显是尽量不伤害感情地解答了这个问题。（因为泰国人是比较关注人际关系且顾虑多，有等级观念的。她不想冒犯一个外籍客户，特别是一个受人尊敬的人。）

最终，我们的顾问设法逐渐传达了这样的信息：我说话声音太大，还使用太多的面部表情和手势。她解释说，许多说话温和的泰国女性一般把大声说话当作生气的表现，而我丰富的面部表情和手势则在向她们预示着头脑不太正常。于是，这儿有一个生气的、"精神有点儿问题"的外国人在尝试着面试未来的雇员。这让我对那些泰国的女性应聘者感到惊讶，但并没有成见。

这就是一个不适当表达的问题。我曾作为南欧和地中海地区的管理者在意大利工作了8年，我为了让那里的人理解我的意图而逐渐培养起丰富的表达方式。但在泰国这样一个保守的文化氛围中，这样的交流方式却造成了误会。

因此，在剩余的面试时间里，我努力调整自己的声音，保持一个平淡的面部表情（除了保持微笑外），而且将手静静放在那儿。这样果然奏效，结果招了几位聪明年轻的员工。

资料来源：[丹麦]盖斯特兰德·R.跨文化商业行为[M].李东，等，译.北京：企业管理出版社，2004.

案例点评：对于国际性的管理者和谈判者来说，超语言和非语言行为的复杂度引起了不可预知的问题。欧洲和地中海地区属于世界上最开放的文化区域，而泰国则相反，它是最保守的地区之一，这就是开放与保守的文化冲突和差异问题。

（三）情境性

与语言沟通一样，非语言沟通也展开于特定的情境中。因此，非语言沟通要与实际环境背景配合，才能使非语言符号运用得准确适当。相同的非语言符号，在不同的情境中，会有不同的意义。例如，拍桌子，可能是"拍案而起"，表示怒不可遏；也可能是"拍案叫绝"，表示赞赏至极。

（四）无意识性

在日常生活中，当我们与人谈话时，时而蹙额，时而摇头，时而摆动手臂，时而两腿交叉，但很多时候我们并不自知。一个人的非语言行为往往是对外界刺激的直接反应，以个人或群体的形体动作、表情、空间距离等外在表现作为信息发送的起点，通过一种可视的、直观的形式把所要表达的意思表达出来，基本都是无意识的反应。

（五）真实可信性

在日常生活中，如果某人说他毫不畏惧的时候，他的手却在发抖，那么我们更相信他是在害怕。所以，当语言符号与非语言符号所代表的意义不一样时，人们更相信的是非语言符号所代表的意义。由于语言受理性意识的控制，容易作假，非语言符号则不同，它在很大程度上是无意识的，发自内心深处，极难压抑和掩盖。因此，非语言沟通更具可信性。

案例 3-2

"空城计"中的非语言沟通

我国经典名著《三国演义》中有一个脍炙人口的故事——空城计，讲的是"武侯弹琴退仲达"。诸葛亮守着空城，在城楼上镇定自若，焚香弹琴。司马懿不战自退。

资料来源：http://www.doc88.com/p-3374688967715.html，2019-05-16.

案例点评：诸葛亮妙用非语言沟通的技巧给司马懿传递信息，吓退了司马懿的大军，从而转危为安。由此可见，在非语言信息的传播领域里，可以说是"眉来眼去传情意，举手投足皆语言"。

（六）个性化

非语言沟通受人的气质、个性等内在心理因素的支配和影响。一个人的肢体语言，同说话人的性格、气质紧密相关，爽朗敏捷的人和内向稳重的人的手势和表情是有明显差异的。

二、非语言沟通的类型

非语言沟通根据有无声音，可以分为无声沟通和有声沟通。无声沟通是指身体各部位的动作姿势和表情以及其他一些环境因素的非语言沟通方式,包括通过肢体语言、装饰语、时空环境等进行的沟通。有声沟通是指通过发音器官或身体的某部分所发出的非语言性声音进行的沟通方式,包括辅助性语言沟通和类语言沟通。

(一)无声沟通

1. 肢体语言沟通

肢体语言是指经由身体的各种动作代替语言进行沟通。狭义的肢体语言只包括身体与四肢所表达的意义。本书所研究的肢体语言,是广义的肢体语言,是以人的动作、姿态、表情进行信息交流的一种无声伴随的非语言符号,又可以称为体态语。肢体语言主要包括目光、手势、面部表情、体态等。

(1)目光。人们通过视觉的接触进行信息交流的方式称为目光语。目光接触是人与人之间最传神的非语言沟通。在各种器官对刺激的印象程度中,眼睛对刺激的反应最为强烈,且最为敏锐,占感觉领域的70%。"眼睛会说话""暗送秋波""横眉冷对""眉目传情"等词语形象地说明了目光在人们情感交流中的重要作用。

案例3-3

眼神的交流

跟手势一样,眼神交流也是一种重要的肢体语言,尤其在美国文化中,通常我们不会信任那些交谈时目光回避我们的人。

一位很有名望的医生,他看起来知识渊博,充满智慧。在回答问题时,他的目光在地板、屋顶、他的手等各处游移,就是不正眼看着我。他的医术可能十分高超,但是,他的表现令我难以接受,所以,我最终没有选择他。

当人们不看我们的时候,我们会对他们做出多种判断或假设,这很可能会招致冲突。我们可能会认为,这个人不尊重我们、不诚实或不值得信赖。但实际上,人们转移视线的原因有许多——比如,害羞、文化差异,甚至是并没有意识到他们的行为可能会导致问题。

当正在对话或聆听时,应该看着对方的眼睛。这是特别重要的,这是有礼、有力的行为。但是,也不要死盯着对方,因为这样会令对方局促不安,还会被认为具有侵犯性。可以偶尔转移视线,但不要太久。

资料来源:派崔特.正向沟通:非暴力人际沟通技巧[M].张琨,译.苏州:古吴轩出版社,2017.

案例点评:不能保持稳定的眼神交流,可能会被认为是消极的行为,或给人心不在焉的感觉。虽然在有些文化里,转移视线是一种尊重他人的标志,但是,在大部分国家,交谈双方眼神的交流还是至关重要的。

(2)手势。手势是指人们在信息交流中,通过手或手指的动作变化表达思想感情。手势语在日常沟通中使用频率很高,范围也较广泛,常揭示出我们的感情和态度,可以说,手是人的第二张面孔,可以传达多种信息。

(3)面部表情。面部表情是我们最常用的非语言沟通方式,表现在人体颈部以上各部位的情感体验反应,能够敏锐地传递感情、想法和目的,是人们思想感情的一种自然外露。高兴、害怕、悲伤、愤怒、厌恶、轻视等表情都能在人们的面部表情上表现出来。

案例 3-4

紧缩的嘴唇

一位麦肯锡的谈判专家曾说过自己的经历:在一次咨询服务中,对交谈对象嘴唇动作的研究给了她很大的帮助。

客户要与一家大型跨国公司洽谈一笔船舶交易,让专家在双方谈判过程中观察对方的状态。专家建议客户把合同的事项一条条列明,然后一项项向前推进,尽量把问题细化。这样可以近距离地观察对方公司的谈判人员,从而获得所有可能对雇主有帮助的非语言信息。

在谈判开始之后,专家将所有精力放在了观察双方在逐条审核合同内容的一举一动上。慢慢地,专家发现了一个重要的信息,就是当客户念出合同的某一条款——一项涉及价值几百万美元的建筑工程,这家跨国公司的首席谈判代表紧缩了他的嘴唇,很明显,这说明这一内容不合他的"胃口"。

此时,专家给了客户一张纸条,提示他们合同的这一条款有争议,需要现场仔细检查或进一步讨论。于是,双方就这一条款反复推敲,最终为客户节省了上千万美元。

资料来源:欧阳宇倩. 麦肯锡精英最重视的55个高效能沟通[M]. 北京:群言出版社,2016.

案例点评:一般来说,嘴唇是思维意识的延续,嘴唇突然紧缩代表不悦,说明遇到了某些问题,而故作没事,想掩盖什么。

(4)体态。体态是指肢体语言不断变化所呈现的状态,例如,坐姿、站姿以及点头、摇头、耸肩、前俯后仰和手脚摇摆的姿态等。优美的体态能反映出一个人良好的思想意境和情感世界,并能成为调动他人情绪的有力手段,也最能表现出不凡的风度。

2. 装饰语沟通

装饰语是指人们通过服饰、美容、饰物和其他用来装饰身体的东西,向人们传播信息。人的衣着可告知对方你的职业、社会地位、兴趣爱好、年龄、知识水平、文化修养、风度气质、信仰观念以及生活习惯,成为人自身的一种延伸。

案例 3-5

着装品位

一位女职员与她的主管沟通升职事宜。她穿着一件低胸上衣和一条超短而紧身的裙子——这令她看起来很像夜店女郎,而不是一位在实验室进行研究的研究人员。后来,她在服装的选择上做了很大的改变。随后,她获得了升职,并第一次感到了人们认真对待她的态度。

一家航空航天公司人力资源主管们,在公司的晋升会议之后,讨论一位工程师没有被获准晋升为管理员。因为他穿得像一个邋遢鬼——旧T恤,宽松又皱巴巴的裤子。所以,高级管理层担心他不能很好地展现公司的形象,因为这个新职位需要他与国际客户相互配合。

资料来源:派崔特. 正向沟通:非暴力人际沟通技巧[M]. 张琨,译. 苏州:古吴轩出版社,2017.

案例点评:想要提高自己的专业形象,服装搭配得当,人们才会接受,并愿意听你讲话。即便在今天这样更轻松的工作环境中,服装和举止仍然需要适合所处的职业环境。

3. 通过时空环境进行的沟通

时空环境包括时间、空间距离、颜色、气味、物体的摆放位置,学习、生活、工作环境的装饰、图画、音乐的衬托等。

(1)时间。时间能传递相关的信息和态度。有事预约被认为是认真和对别人尊重,按时赴约表示对人的尊重和诚意;反之,则等于告诉了对方你的态度。守时、准时便可无声无形地告诉人们你的修养和价值观,这种印象直接影响着与其他人的沟通活动。

(2)空间距离。人与人之间在面对面的情境中,常因彼此间情感的亲疏而保持不同的距离,这种距离称为空间距离,它是一个人在心理限定上的空间感觉所外化的物理距离。霍尔(Edward Hull)将人际空间距离分为亲密距离、个人距离、社会距离和公共距离4种,如图3-1所示。

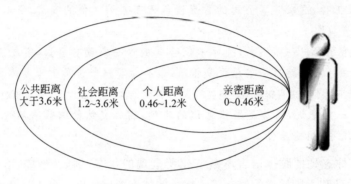

图 3-1　空间距离和人际关系

① 亲密距离。0~0.46米,属于亲爱的人、家庭成员、最好的朋友,在此区域中,可以有身体接触,如拥抱、爱抚、接吻等,话语富于情感,并排斥第三者加入。

② 个人距离。0.46~1.2米,同学、同事、朋友、邻居等在此区域内交往,由于距离有限,在此区域内说话一般避免高声。

③ 社会距离。1.2~3.6米,在此区域人们相识但不熟悉,人们交往自然,进退也比较容易,既可发展友谊,又可彼此寒暄。

④ 公共距离。3.6米到目光所及,也即与陌生人的距离,在此区域人们难以单独交往,主要是公共活动,如做报告、候机等。

(3)环境布置及安排。在整洁、优雅的环境中生活和工作,不仅让人感到舒适、愉悦,还会让人精神放松,有益于身心健康,因此要创造良好的生活、学习、工作环境。"知青饭店""老三届酒家"等装饰可以引发那一代人的怀旧感;吃饭时的座位安排,听报告时领导和嘉宾的位置,教室内课桌排列整齐等都能影响人的情绪和工作效果。

(4)色彩和音乐。色彩和音乐也可影响人们的情绪和思想感情。红色使人激动,绿色使人平静等。音乐能够影响人们的学习能力、想象力和创造力。色彩对心理的作用如表3-1所示。

表 3-1　色彩对心理的作用

色彩	作　用
绿色	是一种令人感到稳重和舒适的色彩,具有镇静神经、降低眼压、解除眼疲劳、改善肌肉运动能力等作用
蓝色	是一种令人产生遐想的色彩。另外,它也是相当严肃的色彩,具有调节神经、镇静安神的作用
黄色	是人出生最先看到的颜色,是一种象征健康的颜色,它的双重功能表现为对健康者的稳定情绪、增进食欲的作用;对情绪压抑、悲观失望者会加重这种不良情绪
橙色	能产生活力,诱发食欲,也是暖色系中的代表色彩,同样也是代表健康的色彩,它也含有成熟与幸福之意
白色	能反射全部的光线,具有洁净和膨胀感。空间较小时,白色对易动怒的人可起到调节作用,这样有助于保持血压正常。但患孤独症、精神忧郁症的患者则不宜在白色环境中久住
粉红色	是温柔的最佳诠释。实验证明,让发怒的人观看粉红色,情绪会很快冷静下来,因为粉红色能使人的肾上腺素分泌减少,从而使情绪趋于稳定。孤独症、精神压抑者不妨经常接触粉红色
红色	是一种较具刺激性的颜色,它给人以燃烧感和热情,但不宜接触过多,过久凝视大红颜色,不但会影响视力,而且易产生头晕目眩的感觉
黑色	具有清热、镇静、安定的作用,对激动、烦躁、失眠、惊恐的患者起恢复安定的作用
灰色	是一种极为随和的色彩,具有与任何颜色搭配的多样性。所以在色彩搭配不合适时,可以用灰色来调和,对健康没有影响

（二）有声沟通

1. 辅助性语言沟通

辅助性语言是指发声系统的各个要素,如音质、音调、音量、音色等。辅助性语言沟通主要表现在人们说话时对声调高低、强弱和抑扬顿挫的掌控上。

(1) 音质是声音的总体印象,且会形成第一印象。

(2) 在语义清晰传递的频率中,语速快是有能力的体现。

(3) 语气是态度的体现,能表现出友善或敌意等。

(4) 音调是指一组词的升降调,表示该句子是疑问句还是陈述句,说明说话者是否具有自信心,是否很郑重或含讽刺意味等。

(5) 音量要根据目的和场合调整,要使听众舒适。

(6) 语言的节奏中,停顿表示强调或提示。抑扬顿挫表明热情,突然停顿可以造成悬念。说话中的停顿、沉默会产生言外之意的效果,而使用不当会分散听众注意力。

案例 3-6

声调的魅力

有一次,意大利著名悲剧影星罗西应邀参加一个欢迎外宾的宴会。席间,许多客人要求他表演一段悲剧,于是,他用意大利语念了一段"台词",尽管客人没有听懂他的"台词"内容,然而他那动情的声调和表情,凄凉悲怆,不由得使大家流下同情的泪水。可一位意大利人却忍俊不禁,跑出会场大笑不止。原来,这位悲剧影星念的根本不是什么"台词",而是宴席上的菜单。

资料来源:https://wenku.baidu.com/view/4b04fe70f46527d3240ce0eb.html.2012.4,2019-05-10.

案例点评:恰当自然地运用声调,是成功交往的条件。一般情况下,柔和的声调表示坦率和友善,在激动时自然会有颤抖,表示同情时略为低沉。不管说什么话,阴阳怪气就显得冷嘲热讽;用鼻音哼声往往表示傲慢、冷漠、恼怒和鄙视,是缺乏诚意的表现,会引起人的不快。

2. 类语言沟通

类语言是一种伴随性语言,是指有声而无固定意义的语言外符号系统,是功能性发声,不分音节而发出的声音,诸如哭声、笑声、哼声、叹息声、咳嗽声、掌声、呻吟声以及各种叫声都属于类语言交际符号。在人际交往中,熟悉和掌握类语言的成分,将有助于通过声音来判断对方的情绪,了解他们的需求,以便能及时做出反应,实施有效沟通。

第二节　正确解读非语言沟通

人的非语言举止能表示各种态度,如果我们把对非语言沟通的正确解读应用于工作中,会有更利于人际沟通,更有助于我们信息的发送和控制,提升沟通效果。

一、正确解读肢体语言

人们可以通过身体的4个部位发送和接收肢体语言,按其表现力和可靠性排序,它们依次是面部表情及眼睛、双臂和双手、双腿和双脚、身体姿势及位置。

其中,四肢的形体动作无疑更容易反映内心的想法。而身体姿势是最难懂的,因其涉及个人习惯问题。提高理解和使用肢体语言的能力是提高谈判技能最有效的方式之一。正如美国学者迈克尔·C.唐纳德森所说:"肢体语言方面的知识能使谈判人员识别出影响谈判进度的抵制、厌烦或紧张等情绪,从而成为一个更加睿智的谈判者。"

人际互动时,从解读无声的肢体语言得来的信息,往往比语言更多。这些无声的线索包括表情、眼神、姿态、手势、声音、触摸,甚至衣着、距离等。

小贴士

部分肢体动作代表的意义

眯着眼——不同意、厌恶、发怒或不欣赏

走动——发脾气或受挫

扭绞双手——紧张、不安或害怕

向前倾——注意或感兴趣

懒散地坐在椅子上——无聊或轻松一下

抬头挺胸——自信、果断

坐在椅子边上——不安、厌烦或提高警觉

坐不安稳——不安、厌烦、紧张或提高警觉

正视对方——友善、诚恳、外向、有安全感、自信、笃定等

避免目光接触——冷漠、逃避、不关心、没有安全感、消极、恐惧或紧张等

点头——同意或表示明白、听懂

摇头——不同意、震惊或不相信

晃动拳头——愤怒或富有攻击性

鼓掌——赞成或高兴

打呵欠——厌烦

轻拍肩背——鼓励、恭喜或安慰

搔头——迷惑或不相信

笑——同意或满意

咬嘴唇——紧张、害怕或焦虑

抖脚——紧张

双手放在背后——愤怒、不欣赏、防御或攻击

环抱双臂——愤怒、不欣赏、防御或攻击

眉毛上扬——不相信或惊讶

（一）正确解读目光语

目光语是人们通过视觉接触进行信息交流的方式，人的眼睛在看到喜欢的人或事物时，瞳孔会增大；看到不喜欢的人或事物时，瞳孔会缩小。

 小贴士

不同的眼部动作传递出的信息

眼睛向上看。如果留心观察儿童的身体语言，你会发现，小孩子犯错被父母发现之后，经常会做出一种经典的认错姿势——站在大人面前，低下头的同时眼睛向上看着大人，仿佛在说"我知道错了，请不要骂我"。这种既可爱又无辜的眼部动作让父母顿时心生怜爱，舍不得再对孩子进行责罚。

眼皮低垂、眉毛抬起。这个动作备受女性青睐，几个世纪以来，女性常常用这个动作来表示自己的性感。

突然眯起眼睛。这是一种视觉阻断行为。视觉阻断是一种常见的眼部非语言行为。当人们看到自己不喜欢的东西时，或者感觉到自己受到威胁的时候，通常会下意识地眯起眼睛，通过这种避免看到不想看到的事物来保护自己的大脑。

眼球多方向快速转动。这是视线转移的一种，是很难伪装的动作。眼部出现这个动作的人，一定正处在恐怖或者高度警觉的状态。多方向快速转动眼球是一种本能反应，以此留意周围的异动，而一个人眼球转动的速度往往与内心的惶恐程度是成正比的。

目光总是不规则移动是不怀好意的表现。在和一个人交谈的时候，他的目光总是不规

则地移动,这会让人觉得这是一个不正经、不可信或心怀歹意的人。实际上,这不只是一种感觉,有这种眼部动作的人也许正准备设下圈套来陷害你。

翻白眼。翻白眼是一种常见的眼部动作,传达出的感情是轻蔑和看不起等。

从眼镜上方看人。从眼镜上方透出的眼神往往是冷冷的,带着拒绝交流的意味,是一种不太友好、心怀戒备的注视。一般来说,从眼镜上方看人往往不是正视,而是用斜上方的目光看人或是余光扫视,这样的人一般都是刻板、保守、斤斤计较、心存鄙视。从眼镜上方看人也是一种常常会出现在长者身上的眼部动作。

(二) 正确解读手势语

演员、政治家和演说家们会通过训练使自己有意识地利用一些手势来加强语气,而在一般的人际沟通过程中,许多手势都是无意识的。以下的手势常见于日常生活中,它们或者用来强调表述,或者用来代替说话,有其特定的含义,可以从手指、手部和手臂 3 个方面来说明。

1. 手指姿势含义

(1) 竖起拇指,表示称赞、夸耀。

(2) 伸出食指,表示指明方向、训示或命令。

(3) 伸出小指,表示轻视、挖苦。

(4) 多指并用,表示列举事物种类、说明先后次序。

(5) 指点某人或物,表示教训或威胁。

(6) 十指尖相触,表示自信或耐心。

(7) 搓手,表示急切期待或心理紧张。

(8) 握拳,表示挑战、决定,提出警告、愤怒或激动。

(9) 捋发,表示对某事感到棘手,或以此掩饰内心不安。

2. 手部姿势含义

(1) 手心向上,表示坦诚直率、善意礼貌、积极肯定。

(2) 手心向下,表示否定、抑制、贬低、反对、轻视。

(3) 抬手,表示请对方注意,自己要讲话了。

(4) 招手,表示友好、打招呼、欢迎你、请过来或示意靠近。

(5) 推手,表示对抗、矛盾、抗拒或观点对立。

(6) 单手挥动,表示告别、再会。

(7) 伸手,表示想要什么东西。

(8) 藏手,表示不想交出某种东西。

(9) 拍手,表示欢迎。

(10) 摆手,表示不同意、不欢迎或快走。

3. 手臂姿势含义

(1) 双臂展开,表示热情和友好。

(2) 双手插裤袋,表示冷淡或孤傲自居。

(3) 两臂交叉抱在胸前,表示戒备、敌意或无兴趣,表现了想保护自己免受对方攻击的心理,同时表示随时尊卑反击的心理,象征傲慢的心态。

(4) 双手合十,表示诚意。

(5) 双手叠加,表示互相配合、互相依赖、团结一致。

(6) 双手分开,表示分离、失散、消极。

(7) 双手挥动,表示呼吁、召唤、感情激昂、声势宏大。

当然,以上不能涵盖所有的手势含义。手势含义是多种多样、丰富而又复杂的,应结合相应的情境分析,才能知道它所要表达的意义。

(三) 正确解读面部表情

1. 面部表情传递的特定含义

人们可以有超过250000种不同表情,面部表情在脸部器官的共同作用下传递着特定的含义。

(1) 脸色变化。脸上泛红晕,一般表示羞涩或激动;脸色发青或发白,表示生气、愤怒或受了惊吓或异常紧张。

(2) 眉毛变化。皱眉,表示不同意、烦恼,甚至是盛怒;扬眉,表示兴奋、庄重等多种情感;眉毛闪动,表示欢迎或加强语气;眉毛扬起后短暂停留再降下,表示惊讶或悲伤。

(3) 嘴唇变化。嘴唇闭拢,表示和谐宁静、端庄自然;嘴唇半开,表示疑问、奇怪、有点惊讶;嘴唇全开,表示惊骇;嘴角向上,表示善意、礼貌、喜悦;嘴角向下,表示痛苦悲伤、无可奈何;嘴唇噘着,表示生气、不满意;嘴唇紧绷,表示愤怒、对抗或决心已定。

案例3-7

硕士落选记

某公司要招聘一位市场部经理,一位名校硕士的简历深深吸引了总经理的注意。他有相关理论著述,而且在两家单位任过职,有一定经验。于是通知他3天后来公司面试,但面试结果竟然没能通过。

那位总经理后来说,那次面试是他亲自主持的。

他发现那位应聘者有个特点,就是不管什么时候都是紧锁双眉,不会微笑,显示出很沉闷的样子。他说,这种表情的人是典型的不善于做沟通工作的,而作为市场部的负责人,沟通本来就是重要的工作内容……

资料来源:http://wenku.baidu.com/view/773d1e60f5335a8102d2201d.html,2019-04-20.

案例点评:一个人的表情在人际交往,特别是初次交往中非常重要,千万不可小看。心理学家珍·登不列说:"假如顾客的眼睛往下看,脸转向一边,就表示拒绝你了;假如他的嘴唇放松,笑容自然,下腭向前,可能会考虑你的建议;假如对你的眼睛注视几秒钟,嘴角到鼻翼部位都显出轻松、热情的笑意,这项买卖就做成了。"从这段话中可以得出,如果想有良好的人际关系,就要注意表情或神态礼仪;最传神表意的笑容,是决定面部表情礼仪的关键。

2. 不同情绪状态下面部表情的特征

一般来讲,人在不同的情绪状态下,面部表情特征不一样,具体而言有以下7种。

(1) 愤怒表情特征。眉头向下紧蹙;怒目瞪视;双唇紧抿。

(2) 轻蔑表情特征。嘴角抿紧,并仅在脸的一侧上扬。

(3) 厌恶表情特征。皱鼻子;上唇翻起。

(4) 害怕表情特征。眉毛抬升并紧蹙;上眼睑抬升;下眼睑紧绷;嘴唇稍许朝耳朵水平方向后拉。

(5) 快乐表情特征。产生鱼尾纹;两颊抬高;眼周肌肉变化。

(6) 悲伤表情特征。上眼睑下垂;两眼无神;嘴角微微下垂。

(7) 惊讶表情特征。双眉上抬;双眼圆睁;双唇微启。

(四) 正确解读体态语

1. 头部体态语

在人际交往过程中,头抬得笔直往往表现的是自信、严肃、正派、有风度。头部向上仰,表示希望、谦逊、内疚或沉思;头部向前,表示倾听、期望或同情、关心;头部向后,表示惊奇、恐惧、退让或迟疑;头部侧向一旁,表示注意,或者对谈话感兴趣;头一摆,表示催促某人紧跟着或快走之意;单手或双手抱头,表示沉思、沮丧或懊恼。

2. 坐姿体态语

在房间内对着门坐的人,权力意识强,同时又很小心;背对着门坐的人,在心理上处于劣势;坐在对面的人比坐在旁边的人更想让对方了解自己。一般来讲,当一个人放松或悠闲的时候,身体往往处于比较舒展的状态;而当一个人不舒服、紧张、害怕时,通常整个身体都绷得紧紧的,手臂和两腿紧靠在一起。

小贴士

不同坐姿的心理特征

心理卫生专家测定认为,坐时跷起一条腿的人一般相当自信,但个性懒散,不好幻想,任何私人问题或烦恼都不能使之困扰,信心形之于外;坐时双腿并拢,双脚平放地上的人则表现出坦率、开放和诚实的特征,具有洁癖和守时的习惯,喜欢有规律的生活。

坐时双腿前伸,双脚在踝部叉起,则反映出坐者希望成为中心人物,比较保守,凡事喜欢求稳;坐时一脚盘在另一脚下则显示出个性独特,凡事漠不关心,无责任感,喜欢受人注目,有创新力,作风不拘于传统;坐时双膝并拢,双脚分开约大半尺,则说明坐者对周围事物非常敏感,观察细致,深谙人情世故,能体贴别人,也能原谅别人,多愁善感;坐时双脚在膝部交叉,一脚勾在另一脚后,则显示出逗人喜爱,非常有人缘,个性好静,容易与别人相处,不善夸耀或掩饰。

坐下后摸嘴巴的人,往往情绪不安,猜疑心较重;摸膝盖者往往以为将有好事临身,自负之心颇高;摸下巴者,则是为某种事而烦恼;坐下来不断抓头发的人,性子较急,喜欢速战速

决,情意不一,容易见异思迁;坐下后喜欢由下而上摸额头的人,能言善辩,说服力强。

资料来源:http://www.wendangku.net/doc/d515586faef8941ea76e05ac.html,2019-05-20.

3. 站姿与走姿体态语

在站姿体态语中,双脚呈僵硬的姿势表示紧张、焦虑;脚和脚尖点地表示轻松或无拘束;坐着时腿来回摆动表示轻松或悠闲;跺脚表示气愤或兴奋。如果一个人叉腿站着,说明他不自信,紧张而不自然,人们在一个陌生而不舒适的场合多半会采取这种站姿。

在走姿体态语中,低头看脚尖表示心事重重,萎靡不振;拖脚走表示未老先衰,暮气沉沉;跳着走表示心浮气躁;走出内八字或外八字、摇头晃脑、晃臂扭腰、左顾右盼、瞻前顾后会被误解,特别是在公共场合很易招惹麻烦;走路时身体大部前倾时既不美观又有损健康;行走时与其他人相距过近或与他人发生身体碰撞,行走时尾随于其他人,甚至对其窥视围观或指指点点,会被视为"侵犯人权"或"人身侮辱";行走时速度过快或过慢,以至对周围人造成一定的不良影响。

4. 鞠躬体态语

盯着对方的眼睛鞠躬的人,对对方持有戒心,同时想处于优势;完全回避对方的目光深深鞠躬的人,多数是在对方面前感到自卑的人;鞠躬时有意保持距离的人,对对方表示戒心或表示客气。

二、正确解读其他无声沟通

(一) 正确解读服饰语

穿着打扮的式样、色彩受社会不同背景、特定的情境、审美习惯、文化发展以及职业特点的影响,既表明了人们思想的变化,也表现出了人们心中的思想。

1. 着装风格反映人的性格

在日常生活中,有人爱穿朴实无华的服装,其行为却缺乏主动性;有人虽然穿着朴实,但对某部分的佩戴非常讲究,这种人有一定的个性。有人重视某部分的打扮是为了掩饰某些缺点,表现出较明显的冲突与矛盾心理。

2. 对社会流行着装的追求反映人的心理状态

有人在穿着方面非常敏感,过分追求,表现出缺乏自信而要借助流行的样式掩饰自己的弱点。另外一些人则对流行漠不关心,表现出较强的个性,同时也怀有某种冲突与矛盾心理,往往缺乏协调性。

3. 对着装的嗜好反映人的情绪

有人喜欢穿戴比正常尺寸大的服装,表现出很强的自我显示欲望;有人喜欢穿着不同于社会习俗的服装,则是怀有强烈优越感的表现;如果有人突然改变服装的嗜好,那么,这种人的情绪很不稳定,逃避现实的愿望也很强烈。

（二）正确解读时空环境

时间是通过守时、迟到、早到传达信息的非语言符号。一般情况下应遵循守时的原则，或者宁可早到，也不迟到。从空间的角度来说，影响沟通中空间距离的主要因素如下。

1. 地位

当两人之间地位差距增大时，他们之间的沟通距离也会随之增大，地位低下的人好像意识到他们需要与地位高的人保持一定的距离。例如，权威人士更喜欢对办公室的桌子进行调整，以便将来访者与自己隔开。

2. 个性

与性格内向的人相比，性格外向的人在与他人交流时能够保持较近的沟通距离。与缺乏自信心的人相比，自信心强的人在与他人交流时，沟通距离也较近。

3. 人与人之间的熟知程度

通常，人们总希望与自己熟悉的同伴或好朋友保持较近的距离，而尽量远离陌生人。

4. 文化背景

来自不同文化背景的人们倾向于不同的人际距离。例如，在交流沟通中，北欧国家的人们彼此之间要比南欧国家的人们之间的距离站得远一些。

三、正确解读说话语气及音色

（一）音调

不同的音调给人不同的感受。音调高的人给人紧张、缺乏自信与情绪化的负面印象；而音调低的人则让人感觉稳重老练；鼻音重的音调给人温暾的印象。恰当地运用音调是顺利交往的条件。柔和的语调表示坦率和友善，在激动时自然会有颤抖，表示同情时略为低沉。

（二）音量

音量小被认为不够自信，而音量较大则更具权威性、更性感、更悦耳。说话者生气或激动时，音量往往会提升。音量原本就很高的女性应该努力降低声音，这样在向众人说话时就不至于声嘶力竭，不会让人有刺耳的感觉。

（三）重音

重音是句子中要强调的一个词或一组词。当句子中用重音强调不同部分时，其含义可能大相径庭。例如，在句子"为什么我今晚不能请你吃晚饭？"中，重音位置不同，表达的句子意思也不一样，如表3-2所示。

表 3-2 重音对句子意思的影响

重音位置	句子的意思
为什么<u>我</u>今晚不能请你吃晚饭	我只能请别人吃晚饭
为什么我<u>今晚</u>不能请你吃晚饭	你却和别人一起吃晚饭
为什么我今晚<u>不能</u>请你吃晚饭	我要找到一个理由说明为什么我不能请你吃晚饭
为什么我今晚不能<u>请</u>你吃晚饭	你有什么问题
为什么我今晚不能请你吃<u>晚饭</u>	而不是明天吃午饭
为什么我今晚不能请你吃<u>晚</u>饭	而不是明天晚上

（四）语速

说话时，把握适中的速度能够吸引听众的注意力。语速适当慢些可以给人认真、权威和思虑周密的良好印象，也给后面语句的恰当措辞赢得了时间；适时加快语速可以给人以充满热忱与活力的印象。

第三节 举止礼仪

一个人的行为举止与谈吐礼仪能反映和表现他的修养、能力及影响力，在谈判中对谈判人员要求举止得体，注意谈话的分寸。

人的心理状态会在不经意间通过行为举止反映出来。通过解读人的肢体语言，可以了解人的心理状态。世界著名的非语言传播专家伯德维斯泰尔指出，两个人之间一次普通的谈话，口头语言部分传播的信息量不到 35%，而肢体语言部分传播的信息量超过 65%。

案例 3-8

心理学家解读萨达姆的举止

据英国广播公司 2004 年 7 月 2 日报道，伊拉克前总统萨达姆 7 月 1 日在特别法庭上的露面尽管只有短短的 30 分钟，却足以让肢体语言专家通过其一举一动对他的心理状态进行评估。

美国亚特兰大心理学专家帕蒂·沃德在接受记者采访时说："1 日出庭的萨达姆显然充满判断力，这跟他被捕时神色茫然的状态截然不同，不过，他在内心已不再将自己当作一个拥有绝对权力的统治者，因为他的眼神中已经没有了以前那种可以像激光柱一样穿透你身体的力量，这种力量已经消失了。"

沃德称，在法庭传唤过程中，萨达姆的眼睛频频地朝下看，并且肩膀无力地耷拉着，这些都是失去自信的信号。"就好像全世界的力量都朝他的肩上压来似的，他的双肩显得难以承受；而以前的萨达姆，不管什么时候肩部从来都是挺得笔直的。"

沃德还向记者详解了萨达姆每一个"挑衅性"肢体动作的寓意。

（1）用手指向对方。沃德道："这是一种攻击性的姿态，有点类似用象征性的手枪向谈话者射击。萨达姆的意思显然在说:'你怎么敢挑战你的国家领袖?'他想要象征性地杀死敢于挑战他的人。"

(2) 将一支笔划向空中。沃德道:"这支笔在他眼里象征着一把剑,他想要让人感觉到,他仍是一个可以伤害别人的强人。"

(3) 两手指尖顶在一起呈尖塔状。沃德认为,这是一个拥有权力或曾经拥有权力的男人希望获得主动权和自我控制时的表现。

(4) 目不转睛瞪视对方。沃德道:"这是一种专心聆听的姿态,他既想听清对方说的一切,同时也想让对方感到极不舒服。他试图让对方从心里感到害怕。"

资料来源:谢东星,应述国,张颖.肢体语言披露内心秘密[J].成功,2004(9):62-63.

案例点评:萨达姆的举止证实他内心已被击败,尽管表面上他仍在挑衅和反抗。

谈判者的举止是指谈判者在谈判过程中的坐姿、站姿与走姿给人的感觉及其对谈判所产生的效果。在商务谈判中,对举止的总要求是举止适度。

所谓适度,是指坐姿、站姿、走姿等姿态既充满了自信,又不显得孤傲,令人难以接近;既热情友好,又不曲意逢迎;对有利于自己的事物和时机既不喜形于色,乐不可支,也不要对不利于自己的事物和时机垂头丧气,甘于屈服;举止动作既要落落大方,挥洒自如,又不能粗野放肆,违反规矩。适度者得体,即自己的举止要符合自己的地位、身份、教养,符合当时的环境气氛。

在谈判的场合,在举止方面要注意以下几点。

(一) 站姿

站立是人们日常生活、交往、工作中最基本的举止,正确、优美的站姿会给人以精力充沛、气质高雅、庄重大方、礼貌亲切的印象。

正确的站姿应该是身体重心自然垂直,腰背挺直,抬头挺胸,脖颈伸直,收下颌,两臂自然下垂。

双手不可叉在腰间,也不可抱在胸前,这是威胁性或拒绝的体态;不可弯腰驼背,不可眼睛左右斜视,这样显得猥琐,也会让人觉得你心不在焉;不可一肩高一肩低,不可双臂随意摆动,不可双腿不停地抖动。不宜将手插在衣裤袋里,也不要下意识地做小动作,如摆弄打火机、香烟盒、玩弄皮带、衣襟、发辫,咬手指甲等。这些动作显得拘谨,给人缺乏自信和经验的感觉,也有失庄重。

小贴士

站姿传递的信息

站立时总是背脊挺得笔直,说明充满信心、乐观豁达、积极向上。

站立时往往弯腰驼背,说明缺乏自信,消极悲观,甘居下游。

自觉的并肩站立是一种关系友好,有共同语言的表现。

双腿分开,一手叉腰,一手摸下巴或拿着什么是一种无所畏惧、不急于求成的态度。

双腿分开,一手叉腰,一手摸着下巴低头看对方脚则表现了一种深思、为难的姿态。

（二）坐姿

坐是一种静态姿势，端庄优美的坐姿会给人以文雅、自然大方的美感。

正确的坐姿应该是端坐于椅子中央，占据椅子2/3的面积，不可全部坐满，上身挺直，体现出形体的修长，双腿并拢，双肩放松，头端正，下颌微敛。

女士右手虎口在上交握双手置放胸前或面前桌沿；男士双手分开如肩宽，半握拳轻搭于前方桌沿。作为来宾，女士可正坐，或双腿并拢侧向一边坐，脚踝可以交叉，双手交握搭于腿根，男士可双手搭于扶手。

在正式场合，入座讲究动作的轻、缓、紧，即入座时要轻稳，走到座位前自然转身后退，轻稳地坐下，落座声音要轻，动作要协调柔和，腰部、腿部肌肉需有紧张感，女士穿裙装落座时，应将裙向前收拢一下再坐。起立时，右脚抽后收半步，而后站起。

起坐要端庄稳重，不可猛起猛坐，弄得桌椅乱响，造成尴尬气氛。与人交谈时，忌双腿不停地抖动，甚至鞋跟离开脚跟在空中晃动。

在谈判中，不能出现坐姿与环境要求不符的情况。如跷起二郎腿，上身前俯后仰，或将双腿搭在椅子、沙发和桌子上等均为不良坐姿。女士叠腿要慎重、规范，男士也不能出现这种坐姿。坐下后，双腿不可张开呈"八"字形，也不可把腿伸得过远。

 小贴士

坐姿传递的信息

挺着腰笔直的坐姿，表示对对方或对谈话感兴趣，同时也表示对人的尊敬。

弯腰驼背的坐姿，表示对谈话不感兴趣或感到厌烦。

斜着身体坐，表示心情愉快或自感优越。

双手放在跷起的腿上，表示一种等待、试探。

一边坐着一边双手在摆弄手中的东西，则表示一种漫不经心的心理状态。

（三）走姿

男性走路时应昂首、闭口、两眼平视前方，挺胸收腹、直腰。行走时，上身不动，两肩不摇，步态稳健，显示出男性刚强、雄健、豪迈的风度。

女性走路时，头部应端正，但不宜抬得过高，目光平和、目视前方。行走时，上身自然挺直，收腹，两手前后摆动幅度要小，步态自如、轻柔，表现出女性端庄、文静、典雅的气质。

行走时最忌内八字、外八字；也不可弯腰驼背、摇头晃肩、扭腰摆臀；重心交替要协调；不可双手插在裤袋里；左顾右盼；无精打采，身体松松垮垮；不可摆手过快，幅度过大或过小。

小贴士

常见的行走姿态及评价

步伐矫健、轻松、灵活、富有弹性，使人联想到健康、活力，令人精神振奋。

步伐稳健、端正、自然、大方，给人以沉重、庄重、斯文的感觉。

步伐轻盈、灵敏、行如风,给人以轻巧、欢悦、柔和之感。

摇头晃脑、歪歪斜斜、左右摇摆、随随便便,给人以庸俗、无知和轻薄的印象。

弯腰驼背、低头无神、步履蹒跚,给人以压抑、疲倦、老态龙钟的感觉。

摇着八字脚、晃着"鸭子"步,使人不愉快,给人一种不安的扭曲感。

(四) 递物和接物

递物的一方要使物品的正面对着接物的一方。递笔、刀剪之类尖利的物品,需将尖头朝向自己,握在手中,而不是指向对方。接物时除用双手外,还应同时点头示意或道谢。

以上就举止中的坐姿、站姿、走姿进行了介绍。此外,谈判者的态度,握手以及头部、背部、腿部的姿势,面部的表情等,都会影响整体仪表形象。

通过对肢体动作的分析,可以判断出对方的心理活动或心理状态,也可以借此把自己的意思传达给对方。谈判人员如果掌握肢体语言的有关知识,在谈判过程中留意观察谈判对手的肢体动作,就有可能通过其肢体语言窥视谈判对手的心理世界,把握谈判的局势,掌握谈判获胜的主动权。

文化的差异会导致不同国家或地区的谈判者在肢体运用上有着巨大的差异,甚至同样的肢体语言传递出截然相反的信息。例如,绝大多数的国家都是以点头方式来表示赞成。但在印度、尼泊尔等国则以摇头表示肯定,即一边摇头,一边微笑表示赞成、肯定之意。在与不同文化背景的谈判者交流时对此应有所认知,避免引起误解和麻烦。

需要指出的是,在正常情况下人们的行为、举止要得体,但在谈判这一特殊场合,有时也会有悖于常规、常理的举止,此时则可能是一种谈判策略或战术的运用。

第四节 改善肢体语言的技巧

肢体语言可以经由锻炼而显得完美。所以,平常要多观察现实中的情境,注意加强肢体语言的技巧训练,提高非语言沟通能力。

一、改善目光语的技巧

在非语言沟通中,会说话的眼睛所起的作用是非常强大的。因此,改善目光语可以从以下 3 方面进行训练。

(一) 目光接触

目光语体现的内涵是庄重、友善、亲和,其核心是注视行为,包括目光投射的时间、投射的部位、投射的方式、投射的角度。

1. 目光投射的时间

一般而言,和一个人谈话时,要维持 5~15 秒的目光接触。假如面对一个团体谈话,眼睛要轮流和每个人的目光接触,每一次约 5 秒,不要让眼睛转来转去,也不要刻意放缓速度地眨眼睛,总的目光相接应该在谈话时间的50%以上。

2．目光投射的部位

面部是目光最密集的部位,按注视部位可分为公务注视、社交注视和亲密注视3种。

（1）公务注视。即严肃的注视,一般是指眼睛看着对方双眼,上顶角到前额的额上三角区部位。

（2）社交注视。即眼睛要看着对方脸部,以双眼为上线,嘴为下顶角的倒三角地区。

（3）亲密注视。即眼睛看着对方双眼和胸部间的部位。

另外,还有一种瞥视,瞥视表达没兴趣或敌意,往往与眉毛或其他表情配合运用。注视的方式有扫视、斜视、直视等。

3．目光投射的方式

在人际交往中,眼睛应直视,但不要盯着注视。听人说话时应看着对方,表示关注;而说话者不宜再迎视对方的目光,可以将视线放在对方的眉宇间,这样不会太尴尬。说话者说完最后一句话时,才将目光移到对方的眼睛。这是在表示一种询问,即"你认为我说的对吗？"或者暗示对方"现在该轮到你说话了"。

4．目光投射的角度

在人们交往过程中,彼此之间的注视角度往往因人的地位和自信而异。一个充满自信的人大多能与他人目光接触,而被动、消极、无自信的人几乎不敢正视他人目光。一般而言,视线向下表示权威、支配和优越感。视线向上表示崇敬、期待、服从与任人摆布。视线水平表现平等、客观和理智。

（二）吸引对方的目光

在与人交流时,吸引对方目光的目的,除了是要告诉对方你对他尊重、很感兴趣等外,也是为了控制对方在交流中不走神。在交流时,一般可以借助实物、手势等吸引对方的注意力,也可以用盯视的方法控制对方目光。

（三）避免误用目光接触

在运用目光语时,还要避免使用错误的目光接触,以免产生相反效果。例如,直盯、怒视、盯住不放的目光具有攻击性,会让人产生被威胁的感觉;眼神四处游离,会导致倾听者注意力转移,产生不可信的印象;目光突然扫射会导致倾听者注意力转移;频繁眨眼是缺乏自信的表现,会导致倾听者注意力分散。

二、改善身体姿势的技巧

（一）改善手势的技巧

使用手势的目的是为了使话语和说话的人显得更加生动活泼,提升话语表达的效果、更加明确地表达意图。一般来说,手势运用需要注意以下4点。

1. 手势动作要自然得体

手势上不高出肩部 10 厘米，下不低于腰部 10 厘米，上臂不贴紧身体抱于胸前或小腹前，同时避免双臂或双脚的交叉动作，避免张牙舞爪、夸张、矫揉造作、单调和呆板的手势。

2. 手势的使用目的要明确

手势要与身体姿势、眼神、表情以及口头语言协调一致。遇到慷慨激昂的议论，配合有鼓动性的手势，可以激励起对方的情绪；在侃侃而谈的叙述时，加上富有感染力和说服力的手势，也可以起到渲染气氛，把对方带入角色的作用，使其有身临其境的感觉。

3. 手势不要过多

手势过多显得琐碎缭乱，给人轻浮的感觉，而且分散对方注意力。

4. 避免消极的手势

消极的手势主要是指抠鼻子、揉眼睛、挠痒痒、捋胡须、理头发、手插裤兜、玩弄衣扣等。

（二）改善站姿与走姿的技巧

女士站姿应该是全身直立、双腿并拢、双脚微分、双手搭在腹前；抬头、挺胸、收腹、平视前方。切忌双脚分开、双腿"分裂"、臀部撅起、双手下垂放在身体两侧。男士站姿应该是身体重心在双脚；头正、颈直、挺胸、收腹、平视；双脚微开；最多与肩同宽。

正确的走姿应该是步姿稳健、步速适中、步态沉静，应做到头正、目视前方、表情自然，肩平、勿摆摇、臂摆小幅度（30°～40°）、手自然弯曲，挺胸收腹、重心前倾；走线直、脚跟先着地；步幅适度，以一脚长度为宜；步速平稳，不要忽快忽慢。

（三）改善坐姿的技巧

女士端庄的坐姿应该是就座时的动作，应该不慌不忙、不声不响、大大方方，坐到椅子的 2/3，后腿能够碰到椅子，上身自然挺直，屈膝，膝盖并拢，双腿偏向一侧，双手自然放在双膝上。男士坐姿应该人体重心垂直向上，腰部挺起，上身垂直，大小腿成直角，双膝并拢或微微分开，双脚平放地面，双脚间距与肩同宽，双手自然放在双膝或椅子扶手上，头平稳，目平视。

（四）改善身体姿势的整体形象

由于身体姿势会影响自己在人们心目中的印象，从而导致不同的沟通结果。一般可以通过以下 4 点改善身体姿势的整体形象。

1. 模仿他人的良好姿势

要注意观察他人的良好姿势，进行适当模仿，从中掌握一定规律。如头部的正确姿势、面部表情的变化、手势的正确运用、四肢动作的协调等。

2. 进行标准姿势的练习

身体语言中有很多是约定俗成的，所以一定要符合标准。如点头的次数最好是 3 的倍数，倾听时身体略微向前倾斜，说话时挺起胸，保持抬头的姿势等。当然，还要注意所在环境对身体姿势的特殊要求。

3. 注意"三适"原则

注意身体姿势的整体效应取决于该姿态是否适人、适时、适地,也就是要合适的人员、在合适的时间、合适的场合运用合适的身体语言。

4. 避免身体语言的"三忌"

忌杂乱、不能表情达意的身体动作,如摸鼻子、随便搓手、摸桌边等都是多余且消极的身体动作;忌空泛、重复、缺少信息价值的身体动作,如双手不停地比画、双腿机械地抖动等;忌卑俗的身体姿势,如像街边的乞丐在乞讨等。

本章实训课堂

一、不定项选择题

1. 以下( )不是非语言沟通技巧。
   A. 倾听　　　　　　　　B. 提问　　　　　　　　C. 沉默
   D. 面部表情　　　　　　E. 触摸
2. 非语言沟通的具体作用是( )。
   A. 代替语言信息　　　　B. 强调说的内容
   C. 控制对方行为　　　　D. 调整语言沟通
3. 关于语言沟通和非语言沟通,下列说法错误的是( )。
   A. 语言沟通和非语言沟通是相互联系的
   B. 非语言沟通可以强化语言沟通的含义
   C. 语言沟通可以澄清非语言沟通的含义
   D. 语言信息比非语言信息更能准确地表达一个人的思想
   E. 语言信息往往比非语言信息更可靠
4. 非语言沟通的功能不包括( )。
   A. 提供信息　　　　　　B. 调节交流　　　　　　C. 表达亲和力
   D. 表达社会地位　　　　E. 交换物品
5. 要突出某人的身份地位,与此人保持的距离称为( )空间。
   A. 私人　　　　　　　　B. 社交　　　　　　　　C. 公共
6. 提高倾听效果的要点有( )。
   A. 保持目光交流　　　　B. 捕捉内容要点　　　　C. 沉默无声地倾听
   D. 揣摩词语,体味言外之意　　E. 注意对方的表情、动作

二、案例分析题

(1) 一位应届大学毕业生,参加应聘的时候身着红色连衣裙,脚穿网球鞋,短袜,涂着浅紫色的口红,戴着戒指、项链和耳环,头发染成了红色。结果用人单位没有录用这位毕业生。

请分析:该生在衣着方面存在什么问题?该生在修饰方面犯了哪些错误?结合所学知识,请设计学生形象、应聘形象等。

(2) 小王是新上任的经理助理,平时工作主动积极,且效率高,很受上司的器重。今天早晨,小王刚上班,电话铃就响了。为了抓紧时间,她边接电话,边整理有关文件。这时,老李来找小王。他看见小王正忙着,就站在桌前等待。只见小王一个电话接着一个电话。最后,他终于等到可以与她说话了。小王一脸严肃,头也不抬地问他有什么事。当他正要回答时,小王又突然想到什么事,与小张交代了几句……这时的老李已是忍无可忍了,他发怒道:"难道你们这些领导就是这样对待下属的吗?!"说完,他愤然离去……

请分析:是谁造成了这种结果?为什么?如何改进其非语言沟通技巧?假如你是小王,你会怎么做?

实践课堂

1. 分别请男女学生练习非语言沟通的各种姿态,并请其他同学进行解释,然后进行课堂讨论与交流。

2. 分别请两名男女学生,练习握手的类型,并请握手者和被握手者交流感受,以掌握正确的握手方法。

3. 两个学生为一组。一方先通过非语言的方式介绍自己,3分钟后双方互换。在向对方做自我介绍时,要求双方都不准说话,整个介绍必须全部用动作完成,大家可以通过图片、标识、手势、目光、表情等非语言手段沟通。然后再请大家通过口头沟通的方式,说明肢体语言所表达的意思,与对方的理解进行对照。

4. 两个人为一组,一人作为客户,另一人作为销售经理,按照上面的实例,练习初次相识时的非语言沟通,充分体现微笑、眼神、形象、手势、距离以及整个体态。

5. 没有肢体语言的帮助,一个人说话会变得很拘谨,但是过多或不合适的肢体语言也会让人望而生厌,自然、自信的身体语言会让沟通更加自如。游戏规则和程序如下。

(1) 将学生分为2人小组,让他们进行2~3分钟的交流,交谈的内容不限。

(2) 当大家停下以后,请学生彼此说一下对方的非语言表现,包括肢体语言及表情,比如有人爱眨眼睛,有人会不时地撩一下头发。问这些做出无意识动作的人是否注意到了。

(3) 让大家继续讨论2~3分钟,但这次注意不要有任何肢体语言,看看与上一次有什么不同。

思考:

(1) 在第一次交谈中,有多少人注意到了自己的肢体语言?

(2) 对方有没有什么动作或表情让你觉得不舒服,你是否会告诉他这种情绪?

(3) 当你不能用动作或表情辅助谈话的时候,有什么样的感觉?是否会觉得很不舒服?

拓展阅读

一口痰吐掉一项合作

某医疗器械厂与外商达成了引进"大输液管"生产线的协议,第二天就要签字了。可当厂长陪同外商参观车间的时候,习惯性地向墙角吐了一口痰,然后用鞋底擦去。这一幕让外商彻夜难眠,他让翻译给这位厂长送去一封信:"恕我直言,一个厂长的卫生习惯可以反映一个工厂的管理素质。况且,我们今后要生产用来治疗疾病的输液皮管。贵国有句谚语:人命关天!请原谅我的不辞而别。"一项已基本谈成的项目,就这样被"吐"掉了。

一个人的举止风度不仅仅代表自己的形象,体现自己的教养,在一定的场合,个人的行为代表组织的行为,个人的形象代表组织的形象。所以,必须养成良好习惯,提高个人修养,从小处做好,商机才不会溜走。

资料来源:https://wenku.baidu.com/view/7958278679563c1ec4da7175.html,2019-05-25.

第四章 人际沟通中的服饰礼仪

学习要求与目标

(1) 掌握着装的基本原则。
(2) 理解并掌握女士和男士服饰的礼仪规范。

引导案例

自尊心被自己重重地伤了一回

张小姐是一名刚进杂志社不久的记者,领导安排她采访某民营企业的女性老板。听说这是一位既能干又极有魅力的女性,对自己的衣着及其礼仪要求极高。张小姐事先做了大量的准备工作,采访纲要修改了多次,内心被莫名的激动驱使着。采访那天,张小姐穿了一条紧身裤,打了个在家乡极其流行的发髻,兴冲冲地直奔采访地点。当张小姐站在该公司前台说明自己的身份和来意时,前台小姐露出不屑的眼神。张小姐再三说明身份,并拿出工作证来,前台小姐才勉强地带张小姐走进老板办公室。

眼前的这位女性,高挑的身材,优雅的举止,得体的穿着,让张小姐怎么看怎么舒服。在这样的场合,面对这样的对象,张小姐突然感觉自己的穿着就像个小丑,来时的兴奋和自信全没了。还好,因为采访纲要准备得还算充分,整个采访过程还比较顺利。采访一结束,张小姐逃跑似地奔离了她的办公室。

资料来源:https://wenku.baidu.com/view/84694ac74028915f804dc25c.html,2019-05-25.

案例点评:这个故事告诉我们,着装是否得体,反映出一个人的品位与素养。在很多时候决定着事业能否成功。着装也能显示出你是否是一个值得信任的人。得体的着装给人以权威、有教养、值得信任的感觉。得体的着装也反映出对交往对象的尊重程度,对所谈事项的重视程度。

第一节 形象及服饰的重要性及原则

小贴士

俗话说:"人靠衣服,马靠鞍。"

在人际交往中,第一印象首先来自人的外部特征,除了相貌和举止外,就是着装了。一般情况下,人们会根据衣着来判断一个人的身份和人品。

一、形象及服饰的重要性

(一)表现能力和成就

心理学家研究发现,第一印象的93%是由服装、外表修饰和非语言的信息组成。优秀的着装能够增加着装人的成就感,让人表现得自豪、沉着、优雅、出众。对于衣衫不整的人,人们会低估他们的能力和品位。

(二)表示身份和地位

服装能够在视觉上传递出所属的社会阶层信息,也能帮助人们建立自己的社会地位。在大部分场合,如果要看起来就属于某个阶层,就必须穿得像这个阶层的人。正因为如此,一些国际品牌虽然价格昂贵,却不乏消费者。人们把优质的服装与优秀的人、不菲的收入、高贵的社会身份、一定的权威、高雅的文化品位等相关联。穿着出色、昂贵、高质地的服装,就意味着事业上有卓越的成就。

(三)决定竞争胜负

在美国的一次形象设计调查中,76%的人会根据外表判断人,60%的人认为外表和服装反映了一个人的能力与社会地位。服装在事业上的作用不可忽视。某投资银行总经理曾说:"当我要解聘人员时,先从穿着最差的人开始。"服装是一种语言,它不仅能反映出一个人的社会地位、文化修养、审美情趣,也能反映出一个人对自己、对他人以及对生活的态度,得体和谐的服装会使人有一种无形的魅力。

案例 4-1

潘石屹的着装

调查结果显示,当两个人初次见面的时候,第一印象中的55%是来自外表,包括衣着、发型等;第一印象中的38%来自一个人的仪态,包括举手投足之间传达出来的气质,说话的声音、语调等,而只有7%的内容来源于简单的交谈。也就是说,第一印象中的93%都是关于外表形象的。

潘石屹,SOHO中国有限公司董事长兼联席总裁,总是穿着黑衣服,戴着黑框眼镜,而且是多家跨国公司的形象代言人。他说这种着装并不是什么特意的设计,只是觉得其他颜色驾驭不住,怕穿了不合适,而黑色很简单,在正式、非正式的场合都适合,尤其是当他一天当中参加很多活动时,黑色可以以不变应万变。

资料来源:https://wenku.baidu.com/view/ba191404a0116c175e0e4849.html,2019-05-28.

案例点评:着装能够影响事业成败的问题越来越受到管理者的重视。员工良好的职业形象不仅使人们感到心旷神怡,更能决定竞争的胜负。

二、形象及服饰的原则

（一）TPO 原则

T、P、O 分别是 3 个英文单词的首字母。T 指时间，泛指早晚、季节、时代等；P 代表地点、场所、位置、职位；O 代指目的、目标、对象。

TPO 原则是目前国际上公认的着装标准。只有着装遵循了这个原则，它才是合乎礼仪的，才能给交往对象可敬、可信的感觉。

1. 着装的时间原则

"只要风度不要温度"并不可取。着装要体现时间的协调性。一年有春、夏、秋、冬四季的交替，一天有 24 小时的变化，显而易见，在不同的时间里，着装的类别、式样、造型也应有所变化。例如，冬天要穿保暖、御寒的冬装，夏天要穿透气、吸汗、凉爽的夏装。

时间原则还强调早、中、晚着装应是不同的。跨国公司的职员要求上下午着装要有区别，不换装被认为是不礼貌的。

2. 着装的地点原则

地点原则强调的是着装应考虑所处的位置，驻足于闹市或乡村，停留在国内或国外，身处于单位或家中，在这些不同的地点，着装的款式应当有所不同。

着装还要考虑国家、地区的风格与习俗。在我国，女生随时可以穿背心、短裙，但如果以这身行头出现在着装保守的阿拉伯国家，就显得有些不尊重当地人了。

现实中我们遇到的场合主要有 3 种。

（1）公务场合。上班时候的着装宜庄重保守。可以选择制服，它具有企业识别功能，关系企业形象；套装，男士选择西装套装，女士选择西装套裙；夏天男士选择长裤配长袖衬衫，女士可选择长裙配其他服装。

（2）社交场合。社交场合主要包括宴会、舞会、聚会、拜访。社交场合的着装应时尚、新颖、轻松。

（3）休闲场合。所谓休闲场合就是人们在公务、工作外，置身于闲暇地点进行休闲活动的时间与空间。如居家、散步健身、娱乐、逛街、旅游、健身运动等都属于休闲活动。休闲服装一般有家居装、牛仔装、运动装、沙滩装、夹克衫、T 恤衫等。

3. 着装的目的原则

着装必须考虑所要达到的目的。例如，为了表达悲伤的心情，可以穿着深色或灰色的衣服；一个人身着款式庄重的服装前去应聘新职、洽谈生意，说明他郑重其事、渴望成功。

（二）整体性原则

正确的着装能起到修饰整体、容貌等的作用，形成一种整体的和谐美。服饰整体美的构成因素是多方面的，包括人的形体、气质、服饰的款式、色彩、质地、工艺及着装环境等，服饰美就是从这些因素的和谐统一中显现出来的。

（三）个性化原则

着装的个性化原则主要是指根据个人的性格、年龄、身材、气质、爱好、职业等要素，力求在外表上反映一个人的个性特征。

年长者或身份地位高的人，选择服装款式不宜太新潮，款式简单且面料质地应讲究一些，才与身份年龄相吻合；青少年着装应着重体现青春气息，朴素、整洁为宜，清新、活泼最好，如果过分的服饰破坏了青春朝气，实在得不偿失。形体条件对服装款式的选择也有很大影响。身材矮胖、颈粗圆脸形者，宜穿深色低V字形领或大U字形领套装，而浅色、高领服装则不适合；身材瘦长、颈细长、长脸形者，宜穿浅色、高领或圆形领服装；方脸形者，则宜穿小圆形领或双翻领服装。

第二节　女士的服饰礼仪

一、女士职业套装的穿着礼仪

国际上一般认为着装应男女有别，尤其是在正式场合，一般礼仪认为裤装属于便装和休闲装，难登大雅之堂。因此，女士在正式场合的着装以裙装为佳。各种裤装都是不宜选择的。

在所有的裙装中，女士在正式场合应穿套裙。套裙是西装套裙的简称。上衣是西装，下身是西式裙子，如图4-1所示。

（一）穿着西装套裙应注意的问题

1. 面料选择

西装套裙的面料最好纯天然，质地比较上乘，柔软、悬垂，不起球，不起皱。上衣、裙子、背心等应选用同一种面料。

2. 色彩选择

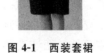

图4-1　西装套裙

基本要求以冷色调为主，借以体现着装者的典雅、端庄与稳重气质。不应选择太鲜亮抢眼的色彩。一套套裙的全部色彩不要超过两种，否则会显得杂乱。选择套裙色彩时还要考虑肤色、形体、年龄和性格，还要与环境相协调。裙装并不一定是深色，也可以不受单一色彩的限制。如上衣与裙子可以是一种色彩，也可上深下浅或上浅下深，也可是不相同的颜色，以强化它给人留下的印象，但色彩组合要庄重，要适合自己的条件与气质特征。

3. 图案选择

按照国际惯例，正式场合所穿的西装套裙可以不带任何图案，素朴简洁。如果本人喜欢，可选择带格子或圆点的图案，但不宜有花卉、宠物、人物、文字等图案。

4. 点缀选择

正式场合所穿的西装套裙,点缀不宜过多,因为多则杂乱、低俗和小气,也有失稳重。

5. 大小适度

穿西装套裙的尺寸要求上衣不宜过长,下裙不宜过短。裙子下摆恰好在小腿最丰满处,是最为标准、最为理想的裙长。紧身式的上衣,显得较为正统,松身式上衣,看起来更加时髦一些。

6. 套裙款式

套裙款式的变化主要体现在上衣和裙子方面。上衣的变化主要体现在衣领方面。除常见的平驳领、驳领、一字领、圆形领之外,青果领、披肩领、燕翼领也并不罕见。裙子的式样主要有两类:一类是西装裙、一步裙、筒式裙等,款式端庄、线条优美;另一类是百褶裙、旗袍裙、A字裙等,飘逸洒脱、高雅漂亮。

(二) 西装套裙穿着礼仪

1. 穿套裙时衬衫的搭配

衬衫面料轻薄柔软,基本色是白色,其他颜色只要搭配合理即可,不过不能过于鲜艳,最好不要有很多花或图案等。衬衫的款式很多,与套裙配套穿的衬衫不必过于精美,领型不必过于夸张新奇。

2. 穿套裙时的鞋袜搭配

鞋宜选择黑色高跟或半高跟船形皮鞋,以牛皮或羊皮制品为上品。系带式皮鞋、丁字皮鞋、皮靴、皮凉鞋等,都不宜与西装套裙搭配。

袜子为尼龙袜或羊毛袜。袜子可以是肉色、黑色、浅灰色、浅棕色,均要单色。与套裙配套的皮鞋以黑色最为正统。此外,与套裙色彩一致的皮鞋也可选择。但是鲜红色、明黄色、艳绿色、浅紫色的鞋子,最好不要穿。

穿套裙时要有意识地注意鞋、袜、裙三者之间的色彩是否协调。一般认为,鞋、裙的色彩必须深于或略同于袜子的色彩。穿袜子要注意大小相宜,要完好无损,鞋袜不可当众脱下,袜口不宜暴露于外。西装套裙与鞋袜的搭配,如图 4-2 所示。

3. 套裙应当协调妆饰

穿套裙时要有整体性原则,将其与化妆、配饰一道考虑。

(1) 化妆。穿西装套裙时不可以不化妆,但又不可以化浓妆。

(2) 配饰。穿西装套裙时可以没有配饰,如果有也以少为宜,合乎身份。佩戴首饰,最多不应超过3种,每种也不能多于两件。

4. 注意适当场合

西装套裙与任何服装一样,也有适用的场合。着装礼仪规定:女士在正式的交际场合中,一般以穿西装套裙为最好。比如,在会议、商务谈判、演讲、涉外商务活动中,务必要穿西装套裙。

图 4-2 西装套裙与鞋袜的搭配

女士在出席宴会、舞会、音乐会时,可选择与此类场合相适应的礼服、时装或民族服装。

二、服装的色彩搭配

(一) 彩色的视觉效果

浓淡不同的色彩给人的感觉是不一样的,浅淡的色彩给人以轻快的感觉,而深暗的色彩则使人感到凝重、沉稳。因而应该根据礼仪场合的需要和自己的性格特征,选择适合自己的服装色彩。

明暗不同的色彩能造成视觉上扩张或收缩的感觉。明亮的色彩会造成扩张感,深暗的色彩会造成收缩感。因此体形较胖者一般宜选冷色系的服装。

色彩的明暗还能造成质朴或华丽的感觉。明亮的色彩给人以华丽感,深暗的色彩给人以质朴感。因此应根据场合的需要选择适合自己的服装的色彩。

(二) 服装色彩的搭配

在进行色彩的搭配时,既要考虑身材、肤色等因素,也要考虑与服装本身色彩的和谐。

1. 认识色彩

自然界有很多色彩,如图 4-3 所示。

其中黑、白、灰是"万能色",它们可以与任何颜色搭配,尤其是黑色与白色的搭配永远都不会落伍。有些色彩的组合对大多数人来说,都是非常实用而且别致的。如红色与黑色、白色、深蓝色的搭配;黄色与黑色、绿色的搭配;蓝色与白色、黄色的搭配等。

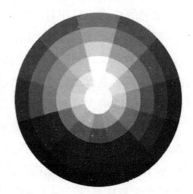

图 4-3　十二色轮

不同的颜色在不同的国家和民族所代表的意义也不同,对不同颜色的喜好从整体上可以反映一个民族或国家的审美情趣与好恶倾向。例如,在中国文化里,红色代表着幸运、财富和吉祥喜庆;在西方人的观念里,红色是血的颜色,表示冲动、挑衅和动乱,所以我们看到西班牙斗牛士拿着红布向牛挑战,红色可以激怒斗牛。所以,中国人在喜庆的节日里喜欢穿红色的衣服,而西方人一般选择蓝色,因为他们认为蓝色代表冷静和沉着。法国人讨厌墨绿色而喜欢蓝色。阿拉伯国家的人喜欢绿色,他们认为绿色代表吉祥。

色彩的选择还要注意职业特征和场合的要求。从事教育、医疗卫生工作,以及在国家机关等部门工作的人,服装色彩的选择往往偏重于素雅、端庄。而从事娱乐、文体、休闲等工作的人,色彩选择更倾向于鲜艳、活泼,富有动感。

2. 色彩搭配的基本方法

(1) 统一法。即使用同一色系,根据同明暗深浅的不同搭配色彩,形成一种程度美感。如黄色与咖啡色的搭配就属于此类。

(2) 对比法。即用对比色进行搭配。如黑与白、红与黑、黄与蓝等。

(3) 调和法。即用相近的颜色搭配。如红与橙、绿与蓝,配色的明度和纯度有所差别,会给人以特殊的美感。

3. 色彩搭配的技巧

(1) 根据肤色确定服装颜色。人的肤色有白色、黑色、黄色、小麦色等。

白皙肤色选择服装色彩的范围比较广,穿淡黄、淡蓝、粉红、粉绿等淡色系列的服装,都会显得格外青春,柔和甜美;穿大红、深蓝、深灰等深色系列的服装,会使皮肤显得更为白净、鲜明、楚楚动人。

黝黑肤色的人,宜穿暖色调的弱饱和色服装,也可穿纯黑色服装,以绿色、红色和紫罗兰色作为补充色。可以选择 3 种颜色作为调和色,即白色、灰色和黑色。主色可以选择浅棕色。此外,略带浅蓝、深灰二色,配上鲜红色、白色、灰色,也是相宜的。此外,穿上黄棕色或黄灰色的服装会让脸色显得明亮一些,若穿上绿灰色的服装,脸色就会显得红润一些。

黄色肤色有一种忧郁的美感。因此,面色偏黄的女性,适合穿蓝色或浅蓝色的上装,它能衬托出皮肤的洁白娇嫩,也适合穿粉色、橘色等暖色调服装。

小麦色肤色适宜穿黑白二色的强烈对比服装。深蓝色、炭灰色等沉实的色彩,以及深红色、翠绿色等色彩也能很好地突出开朗的个性。

(2) 根据人的性格特征选择服装颜色。色彩会带给人不同的感觉,例如,蓝色有高雅、理性、稳重的意义,能让人产生信服感、权威感;灰色由于属性比较中庸、平和,所以不易表现出威严感,但会显得很庄重;红色会使人感到热情奔放。所以,性格活泼的人宜选暖色、花色面料,性格沉着的人宜选深色、素色面料。

(3) 根据不同场合选择服装颜色。面见领导时最好穿深蓝色、灰色裙子或长裤,配白色上衣,这是一个商业式颜色组合;探病或让对方振作时应穿粉红色;出席宴会时要穿柔蓝色、桃红色、淡紫色或绿金色配搭服装;应聘时,一定要选择灰色、深蓝色或浅咖啡色服装,因为着装颜色也会影响留给别人的第一印象。

三、服装的"组合之美"

(一) 服装与服装之间的组合

服装与服装之间的组合主要是颜色和款式的搭配要合理。例如,红衣服配绿裙子会产生对比关系,有比较强烈的视觉效果,但有时就会显得过于热闹。

(二) 服装与配饰之间的组合

配饰是为服装服务的,因而不要让配饰喧宾夺主。精致的服装一定要配精致的配饰,隆重的服装配隆重的配饰。配饰不同于衣服,从理论上来说,不佩戴任何饰品,比胡乱搭配更容易给人好感。

(三) 特殊场合的服装组合

1. 喜庆欢乐的场合

喜庆欢乐的场合,如庆祝会、联欢会、生日、婚礼、聚会等,这时的穿着要与人们高兴、快乐、兴奋的情绪协调,女士可以穿得色彩鲜艳、丰富一些,款式也可以新颖一些,以烘托活跃欢快的气氛。太深沉的色彩或太古板的款式都不太适合。

2. 隆重庄严的场合

隆重庄严的场合,如开幕式或闭幕式、签字仪式、剪彩仪式、出席重要的或高层次的会议、重要的会见活动、新闻发布会等,这些场合要特别注意个人的公众形象和媒介形象,注意仪表,衬托隆重庄严的气氛,所以不能穿得太随便。女士可以穿上套装或较为端庄的连衣裙,体现职业女士的风范。

3. 华丽高雅的场合

华丽高雅的场合多半是在晚上举办的正式社交活动,如宴会、酒会、招待会、舞会、音乐会等,这时女士要把自己打扮得漂亮一些,显示出女士独有的美好气质和修养。可以穿连衣长裙、套裙,面料要华丽,质地要好,色彩应单纯,可以有花边装饰,或用胸针、项链、耳环加以点缀,式样简洁的裙装,更能体现一种超俗的美。但要记住,如果是参加与工作有关联的活动,太艳丽、过于袒胸露背的衣裙都不适合,因为这会完全淹没你的职业身份。

4. 悲伤肃穆的场合

悲伤肃穆的场合,如吊唁活动、葬礼等,出席这种场合的人应该怀着沉痛的心情、肃穆的情绪。所以,在着装上应该避免突出个性,而是将自我的个性揉进这种特殊场合的氛围中。可以穿黑色或深色套装,西装配白衬衣、黑领带;女士不抹口红、不戴装饰品、不用鲜艳的花手绢,全身衣装是深色或素色,让外表的肃穆和内心的沉痛一致起来。

四、服装饰品的佩戴礼仪与技巧

饰品的佩戴要注意与个人的风格、服装质地与整体形象等相一致,具体需要注意以下3个方面。

(一) 围巾

围巾是女士着装时常用的饰品。围巾质地有毛线、丝绒、真丝等。一条合适的围巾可以为服装增添色彩。围巾可以随意变化,或披在肩上,或围在脖子上,或绑在头上改变发型,都会产生意想不到的美感效果,如图4-4和图4-5所示。

图 4-4　长围巾的佩戴效果　　　　　　图 4-5　方围巾的佩戴效果

女士丝巾的系法

系法一

步骤1：双手握住丝巾的两端将丝巾拧成麻花状，两头稍微留一段不要拧，如图4-6(a)所示。

步骤2：将拧成麻花的丝巾围在脖子上，绕2～3圈，使两端位于同一侧面，两端交叉在一起，把放在上面的一端拉长，然后将长的一端从短的一端的下面向上过去，系成一个平结，如图4-6(b)所示。

步骤3：将打好的平结整理整齐即可，如图4-6(c)所示。

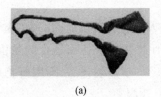

(a)　　　　　　　　　(b)　　　　　　　　　(c)

图 4-6　丝巾系法一

系法二

步骤1：将丝巾对折使两端重叠，然后拧成麻花状，如图4-7(a)所示。

步骤2：围在脖子上使丝巾两端稍微分开，如图4-7(b)所示。

步骤3：将丝巾两端分别打成结后穿过另一端的环内，如图4-7(c)所示。

步骤4：调整角度，将丝巾角展开成漂亮的形状，如图4-7(d)所示。

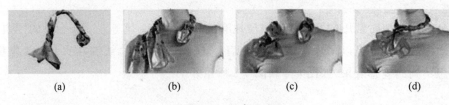

(a)　　　　　　(b)　　　　　　(c)　　　　　　(d)

图 4-7　丝巾系法二

系法三

步骤1：将大方巾对角往中心点对折，再对折，如图4-8(a)所示。

步骤2：最后折成长条状围在脖子上，长的一端压住短的一端，如图4-8(b)所示。

步骤3：短的一端从左至右，从下面绕过来包住长的一端，以形成一个结眼，如图4-8(c)所示。

步骤4：再将长的一端从下面绕过脖颈正面的环，穿出来，调整长度即可，如图4-8(d)所示。

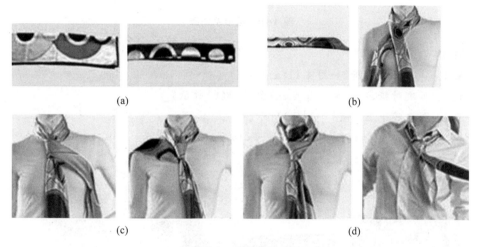

图4-8　丝巾系法三

系法四

步骤1：将方巾折成风琴状百褶长带围在颈上，如图4-9(a)所示。

步骤2：打两次活结，即成一个平结，或者也可以用别针把两端固定起来，如图4-9(b)所示。

步骤3：将平结调至适当位置，整理成花朵形状，如图4-9(c)所示。

图4-9　丝巾系法四

系法五

步骤1：将丝巾对角往中心点对折，如图4-10(a)所示。

步骤2：对折2次，呈3～5厘米宽度，如图4-10(b)所示。

步骤3：丝巾一长一短拉住，将长的一端从短的一端的下面向上穿过来，系活结，如图4-10(c)所示。

步骤4：将从下面穿过来的一端绕过较短的一端再系一个结。整理好形状，将结移至喜欢的位置，如图4-10(d)所示。

图4-10 丝巾系法五

系法六

步骤1：将长丝巾对折，如图4-11(a)所示。
步骤2：再次对折，约5厘米宽度，如图4-11(b)所示。
步骤3：围在脖子上，如图4-11(c)所示。
步骤4：在胸前V领处系成蝴蝶结即可，如图4-11(d)所示。

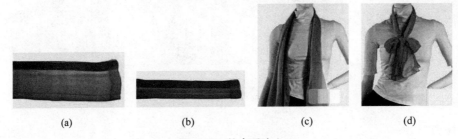

图4-11 丝巾系法六

系法七

步骤1：将长巾对折后再次对折成适当宽度，如图4-12(a)所示。
步骤2：系在脖子上打个活结，将短的一端向着反方向做成环状，如图4-12(b)所示。
步骤3：再将另一端绕过这个环，将这一端丝巾的中间部分从上面穿过去，系成蝴蝶结。将蝴蝶结的一端展开成花朵状，如图4-12(c)所示。
步骤4：另一端也整理成花朵状，将两花仔细整理成漂亮的形状，再将结移至颈侧，将长的丝巾一端搭到肩后去，如图4-12(d)所示。

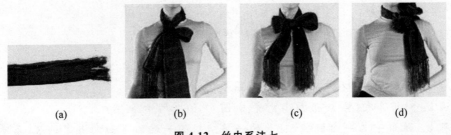

图4-12 丝巾系法七

（二）眼镜

关于眼镜,可能很多人认为它不是很重要,觉得它只是用来看东西的工具,但是在时尚界,它被设计师高频率使用,属于配饰的一种,因为它和发型完美搭配可以衬托出脸部的线条,同时也可以起到修饰脸形的作用。适合自己的眼镜可以给形象加分。

娱乐圈非常流行黑粗框眼镜,认为是时尚、潮流,而白领精英们则喜好精致细边的镜框,感觉最能体现睿智、儒雅的气质,但不是所有人戴黑框眼镜就时尚、潮流,戴精致细边的眼镜就睿智、儒雅,一定要选择适合自己脸部线条的镜框,在材质或形状上略带流行元素,把细节做好,才最能体现个人品位。

戴眼镜的最基本原则与技巧

（1）根据脸形:脸形宽的,太阳镜应该选择大一点的;脸形窄瘦的,应该选择镜框边细的或精巧一些的。胖胖的圆脸适合框架粗大的眼镜,若选择框架线条纤细柔和的太阳镜,会将脸形衬托得更大。镜片也应挑选深色的,有"收紧"脸庞的视觉效果。细长脸形的人应取上下(纵幅)较宽的圆形眼镜,以弥补长脸的"缺陷"。

长方形脸的选择方形的宽镜框是最恰当的,比较宽的眼镜可使脸部显小,女士发型最好采用不对称设计或几何修剪,通过刘海缩短脸形。

圆形脸应避免圆形或旁边有弧线的镜框,因为这会使脸形看起来更圆,女士宜选配扁略翘型的镜架,不宜选用太圆或直线式的镜架。男士则选择有些角度的镜框,上缘是直线的镜框可营造平衡感。

（2）根据眼睛:眼睛在镜片中的不同位置会给人不同的印象。一般来说,眼睛位置偏上,显得吊儿郎当,无精打采;偏下则感觉滑稽。想象着将眼镜横向一分为二,眼睛处于"分界线"稍稍偏上的位置为最佳。

小眼睛或眼睛靠近鼻子的人,可选择鼻梁架宽或有浅色鼻梁架的镜框,眼睛看起来距离比较宽一点。两眼距离远的人,戴有深色鼻梁架的眼镜,可以看起来比较平衡。长鼻子的人,可选择低鼻梁架的镜框。短鼻子的人,选高鼻梁架的镜框。

（三）首饰

首饰是指功能专一的装饰品,如戒指、耳环、项链、胸针等。佩戴首饰的作用不是为了显示珠光宝气,而是要对整体服装起到提示、浓缩或扩展的作用,以增强外在的节奏感和层次感。像服装一样,首饰也有它的季节走向,春夏季可戴轻巧精致的饰品,以配合衣裙和缤纷的季节;秋冬季佩戴庄重和典雅些的,可以衬托出毛绒衣物的温暖与精致。切忌不可一条项链戴过春、夏、秋、冬,没有可以不戴,否则会显得单调和缺乏韵律。

1. 佩戴首饰要注意场合

只有在交际应酬时,佩戴首饰才最合适;上班时间以不戴或少戴首饰为好。从事体育活动、劳动和出席会议时也不宜佩戴首饰。

首饰有"三不戴"原则：有碍于工作的不戴；炫耀其财力的不戴；突出性别特征的不戴。

2. 要与服装及本人外表相协调

佩戴首饰一定要和身份气质及服装相协调。胖脸形的不宜戴大耳环，戴眼镜的不宜戴耳环，圆形脸的戴项链应加一个挂件。切忌用首饰突出身体中不太漂亮的部位，如脖颈上有赘肉和褶皱的女士就不适合戴太有个性色彩的颈链，以免引起别人过多的关注；手指修长丰润的，不要戴镶有大宝石或珍珠的戒指。

案例 4-2

服装要与身份相配合

有位女秘书是财税方面的行家，有很好的学历背景，常能提出很好的建议，在公司里表现一直非常出色，但她到客户公司提供服务时，对方主管却不太注重她的建议。一位时装师发现端倪：这位女秘书看起来机敏可爱，像个16岁的女孩儿，外表实在缺乏说服力，时装师建议她着装要突出学者的气质，着深色套装，用对比色的上衣丝巾镶边帽子搭配，再配上黑色的眼镜。她接受了时装师的建议。结果，她的客户的态度有了较大的转变。

资料来源：https://wenku.baidu.com/view/b21a44c7d4d8d15abe234e5a.html，2019-05-23。

案例点评：衣着得体可以提升女士的魅力，要注意服装的合理搭配及与自身气质的协调。

3. 佩戴首饰要注意寓意和习惯

（1）戒指是爱情的信物，佩戴戒指可表明一个人的婚姻状况。戒指一般只戴一枚，而且戴在左手上。据说左手中指的爱情之脉直通心窝，可以使佩戴者永葆爱情的纯洁和忠贞不渝。

小贴士

戒指的戴法和含义

戒指的佩戴和含义大致如下。右手中指，名花有主；右手食指，单身贵族；左手小指，不婚族；左手无名指，已婚；左手中指，订婚；左手食指，未婚；大拇指都是代表权势的意思，也可以做自信的意思。

（2）耳环是女性的主要首饰之一，其使用率仅次于戒指。佩戴时应根据脸形特点选择。如圆形脸不宜佩戴圆形耳环，因为圆形耳环会强化"圆"的特征；方形脸也不宜佩戴圆形或方形耳环，因为圆形和方形同时呈现在脸部，对比之下，方形更方，圆形更圆。

（3）项链也是很受女性青睐的主要首饰之一。项链是平安、富有的象征，应根据身材和个性特点，选择适当的款式和色彩。项链的种类很多，大致可分为金属项链和珠宝项链两大系列。佩戴项链应和年龄及体形协调。如脖子细长的女士佩戴仿丝链，更显玲珑娇美；马鞭链粗实成熟，适合年龄较大的女士选用。佩戴项链也应和服装相呼应。例如，身着柔软、飘逸的丝绸衣裙时，宜佩戴精致、细巧的项链，显得妩媚动人；穿单色或素色服装时，宜佩戴色泽鲜明的项链。这样，在首饰的点缀下，服装色彩可显得丰富、活跃。

（4）手镯或手链，如果戴在左手腕或左右两腕全戴，表示佩戴者已婚；如果仅在右手腕上佩戴，则表明佩戴者是自由而不受约束的。另外，手镯或手链的戴法还考虑民族习惯。中国人习惯将手镯或手链戴在右手上，而一些西方人则习惯戴在左手上。一些女士戴手镯或手链就不戴手表。一般来说，手镯和手链不能同时戴。一只手腕不能同时戴两个手镯。

4. 佩戴首饰的原则

全身佩戴的首饰不能超过3件，且要同质、同色。常见到有些女士一次佩戴太多的首饰，项链、耳坠、戒指、手链，甚至再加上一枚胸针，整个人看起来既累赘又缺乏品位。

案例 4-3

首饰佩戴不当引起的误会

小李毕业被分配到某公司做文秘工作，一次在接待客户时，领导让她照顾一位华侨女士。临分别时，华侨对小李的热情和周到的服务非常满意，留下名片，并认真地说："谢谢！欢迎你到我公司来做客，请代我向你的先生问好。"小李愣住了，因为她根本没有男朋友。可是，那位华侨也没有错，她之所以这么说，是因为看见小李的左手无名指上戴有一枚戒指。

资料来源：https://wenku.baidu.com/，2019-05-29。

案例点评：首饰佩戴得体可以提升女士的魅力。但如果戴的过多，并且不注意与服装的合理搭配及与自身气质的协调，就无法起到提升着装效果的作用。而一些表示婚姻状况的首饰，如果戴错，或多戴，不仅会引起误会，还会让人感到炫耀、庸俗，没有品位。

第三节　男士的服饰礼仪

一、西装的产生与流行

西装产生于欧洲，于近代传入我国。改革开放以来，西装在我国逐渐普及、流行，并有成为标准礼服的趋势。

二、正装西装和休闲西装

从大的方面来说，西装主要有正装西装和休闲西装两大类。正装西装和休闲西装的区分主要有以下一些方法。

（一）颜色的区别

从色彩的角度讲，正装西装是单色或深色的，一般是蓝色和灰色居多，有时候也有咖啡色和黑色。但是黑色西装一般被当作礼服。而休闲西装，色彩上就会异彩纷呈，可以是单色，也可以是艳色，还可以是多色。正装西装一般没有格或图案。

（二）面料的区别

正装西装一般都是纯毛面料，或者是含毛比例比较高的混纺面料。这种面料悬垂、挺括、透气，显得外观比较高档、典雅。而休闲西装的面料就无奇不有了，有麻的、皮的、棉的，还有真丝的等。

（三）款式的区别

在款式上，正装西装是套装，两件套，或者三件套。而休闲西装则是单件。正装西装与休闲西装在款式的区别上，还有一个突出表现就是衣兜。休闲西装一般都是明兜，明兜就是没有兜盖的。而正装西装则属于暗兜，它是有兜盖的。

西装的式样较多，各类西装看似大同小异，其实细节处多有不同。从纽扣看，西装有单排扣和双排扣之分，如图 4-13 和图 4-14 所示。单排扣又有三粒扣、两粒扣之分；从领型看，有大翻领、小翻领、平翻领等不同式样。人们可依据自己的审美眼光，选择款式新颖、适身合体的西装。

图 4-13　单排扣正装西装

图 4-14　双排扣正装西装

三、穿西装的礼仪规范

西装的穿着要受交际场合的制约。穿着的方法，一般根据国外的礼节，按照正式、半正式和非正式等场合进行区分。正式场合，如宴会、招待会、重大会议、婚丧事以及特定的晚间社交活动等，应穿西装套装，即正装西装。颜色以深色为宜，以示严肃、庄重、礼貌。

半正式场合，如访问、较高级会议和白天举行的较隆重的活动，通常也应穿正装西装，选择浅色或明度较高的深色为好。在非正式场合，如外出旅游、购物、访亲问友等活动，可以穿休闲西装，宜选择款式活泼、轻便、色调明朗、华美。

西装是一种国际性服装。一套合体的西装，可以使着装者显得潇洒、精神、风度翩翩。人们常说："西装七分在做，三分在穿。"那么，怎样穿西装才算得体呢？

（一）三色原则

穿正装西装时，全身的颜色不能多于 3 种。看一位男士有没有品位，是什么社会地位，不用问他的头衔,只要数一下他服装的颜色就可以知道了。少于 3 种颜色是正式,多于 3 种,甚至五六种颜色就不合适了。

(二) 三一定律

所谓三一定律,就是男士在重要场合穿正装西装出现时,身上有 3 个要件应是同一种颜色和质地的。这 3 个要件就是皮鞋、腰带和公文包。它们应是同一种颜色,最好是黑色。男士全身上下没有太多装饰品,如果这 3 个要件选择不好,就会影响男士的魅力。

(三) 穿好衬衫

衬衫为单色,领子要挺括,不能有污垢、油渍。衬衫下摆要放在裤腰里,系好领扣和袖扣。衬衫衣袖要稍长于西装衣袖 0.5～1 厘米,领子要高出西装领子 1～1.5 厘米,以显示衣着的层次。

衬衫色彩的选择一般是白衬衫或浅蓝衬衫,这是比较庄重和固定的模式,但这个形式又有点太过保守了。可以在适当的场合选择条纹鲜艳的衬衫,当前充满欧普风格的条纹衬衫非常流行,当然,穿这种衬衫时领带就免了。

(四) 系好领带

西装驳领间的 V 字区最为显眼,领带应处在这个部位的中心,领带的领结要饱满,与衬衫的领口吻合要紧凑,领带的长度以系好后下端正好触及腰上皮带扣上端处为最标准。领带夹一般夹在衬衫第三粒与第四粒扣子之间为宜。西装系好纽扣后,不能使领带夹外露。

4 种打领带的方法

(1) 平结。平结是许多男士选用的领带打结法之一,几乎适用于各种材质的领带。要诀为领带下方所形成的凹洞需让两边均匀且对称,如图 4-15 所示。

图 4-15 平结打法

(2) 双环结。一条质地细致的领带再搭配上双环结颇能营造出时尚感,适合年轻的上班族选用。该领结完成的特色就是第一圈会稍露出于第二圈之外,不要刻意盖住,如图 4-16 所示。

(3) 温莎结。温莎结适用于宽领型的衬衫,该领结应多往横向发展。不适合材质过厚的领带,领结也勿打得过大,如图 4-17 所示。

图 4-16　双环结打法

图 4-17　温莎结打法

（4）交叉结。这是对于单色素雅质地且较薄领带而言的，对于喜欢展现流行感的男士不妨多多使用"交叉结"，如图 4-18 所示。

图 4-18　交叉结打法

资料来源：https://baijiahao.baidu.com/s?id=16013238386622705219&wfr=sp,2019-06-15。

（五）用好衣袋

西装上衣两侧的口袋只作装饰用，不可装物品，否则会使西装上衣变形。西装上衣左胸部的口袋只可放装饰手帕。有些物品，如票夹、名片盒可放在上衣内侧衣袋里，裤袋也不可装物品，以求臀位合适，裤形美观。

（六）系好纽扣

正装西装系纽扣的原则是系上不系下。单排两粒扣的，只扣上面一粒，三粒扣的则扣上面两粒。双排扣的西装要把纽扣全部系上，以示庄重。

（七）穿好皮鞋

穿西装一定要配皮鞋，而且裤脚应盖住皮鞋鞋面。不能穿旅游鞋、轻便鞋或布鞋或露脚趾的凉鞋，也不能穿白色袜子和色彩鲜艳的花袜子。男士宜穿深色线织中筒袜，切忌穿半透明的尼龙丝袜或涤纶丝袜。

四、男士着装与个性魅力的塑造

（一）注意着装的场合差异

虽然西装最能展现男士的魅力，但并不意味着在任何场合都可以穿。如果穿错了场合，不仅会影响个人魅力，还会闹出笑话。

案例 4-4

穿西装也会带来尴尬

小刘和几个外国朋友相约周末一起聚会，为了表示对朋友的尊重，星期天一大早，小刘就西装革履地打扮好，对着镜子摆正漂亮的领结前去赴约。北京的 8 月，天气酷热，他们来到一家酒店就餐，边吃边聊，大家好不开心快乐！可是不一会儿，小刘就汗流浃背，不住地用手帕擦汗。饭后，大家到娱乐厅打保龄球，在球场上，小刘不断为朋友鼓掌叫好，在朋友的强烈要求下，小刘勉强站起来整理好服装，拿起球做好投球准备，当他摆好姿势用力把球投出去时，只听到"嚓"的一声，上衣的袖子扯开了一个大口子，弄得小刘十分尴尬。

资料来源：https://wenku.baidu.com/view/0809a30b3186bceb18e8bbac.html，2019-05-11。

案例点评：西装的穿着要符合基本礼仪要求，也就是场合原则。西装仅适合于正式的公务场合。在公务场合中，通过西装表现出着装者严谨的工作作风，规范的工作状态。但在休闲场合，着装就应随便、轻松，不要过于死板，约束性不宜过强，应适合于运动。

（二）注意不同场合下的服装组合

喜庆欢乐的场合，如庆祝会、联欢会、生日、婚礼、聚会等，这时的着装要和人们高兴、快乐、兴奋的情绪协调。男士可以穿着像白色或其他浅色西装、花色漂亮醒目的领带，以表现出轻松愉快的心情。

隆重庄严的场合，如开闭幕式、签字仪式、剪彩仪式、重要或高层次会议、重要活动、新闻发布会等，男士要西装革履，正规、配套、整齐、洁净、一丝不苟。

华丽高雅的场合，这类场合多半是晚间举办的正式社交活动，如正式宴会、酒会、招待会、舞会、音乐会等，男士穿着深色西装就可以了。

悲伤肃穆的场合，如吊唁、葬礼等活动，男士可以穿黑色或深色套装（西装或中山装），西装配白衬衫、黑领带。

 小贴士

领带的搭配

常见搭配有黑色西装搭配银灰色、蓝色调或红白相间的斜条领带，显得庄重大方，沉着稳健；暗蓝色西装搭配蓝色、深玫瑰色、橙黄色、褐色领带，显得纯朴大方，素净高雅；乳白色西装搭配红色或褐色领带，显得十分文雅，光彩夺目；中灰色西装搭配砖红色、绿色、黄色调领带,别有一番情趣;米色西装搭配海蓝色、褐色领带,更显得风采动人,风度翩翩。

(三) 注意配饰的使用

男士着装所用的配饰较少,一般以少戴为佳。在男士的配饰中,手表是较为普遍的。根据着装的特点与风格,选择不同风格和档次的手表,可以提升男士的独特魅力。

(四) 男士着装选择技巧

1. 体形与服装选择

壮硕体形的男士修饰身材的重点在于让自己看起来瘦小一些,服装的颜色以深色调为宜,布料花色应该避免采用大格子及表面带有反光效果的布面(如丝缎)。还应该避免穿太过粗厚的布料,即使冬天也最好采用中等厚度或多层次穿搭法,以避免视觉上的膨胀效果,所以光滑、没有太多立体织纹的垂坠性布料是不错的选择。裤子的样式则以平坦无褶的款式为佳,尽量不在口袋里放皮夹或手机之类的物品,在裤脚的部分可以稍稍收窄。搭配的鞋款以样式简单为原则。

体形矮小的男士搭配衣服的一个原则就是不可给人"松垮"的感觉,西装外套的垫肩是必要的,并以呈现出方正为最优,外套长度以标准为宜,下摆正好盖住臀部为准,裤管宜稍收窄。冬天穿大衣时,大衣下摆切勿过长,略微超过膝盖即可。单色调的衣服原本能让人显得修长,身材矮小的男士应该多加善用这一点,外套的腰身略收、肩线清楚、衣领宽度保持在9厘米左右,这样会使其在穿上西装时显得更为得体。

2. 领带的选择

(1) 领带的长度。较好的领带一般都较长一些,标准长度是130~150厘米。

(2) 领带的宽度。对于西装,没有固定的精确计算方法能够用来确定领带的恰当宽度。尽管如此,领带的宽度基本上应当与西装翻领的宽度相当。目前,领带的标准宽度是最宽的一端为10~11.5厘米。

(3) 领带的面料。最好的领带面料是真丝,其次是仿真丝的化纤面料,或者是真丝与化纤的混纺,再次是纯毛面料,最后是纯棉面料。

(4) 领结。领结主要与礼服相配,像白领结只用于配穿燕尾服;小黑领结则用于配穿小礼服及礼服变种,但在商务场合戴领结就不合适了。

本章实训课堂

一、单项选择题

1. 女士穿西装套裙以( )色调为主。
   A. 冷色调　　　　B. 暖色调　　　　C. 冷暖色调　　　　D. 以上均可
2. 男士穿西装只能配( )。
   A. 皮鞋　　　　　B. 运动鞋　　　　C. 休闲鞋　　　　　D. 布鞋

二、多项选择题

1. 在正式场合男士穿西装要求（　　）。
   A. 要戴领带，穿浅色的袜子　　　　B. 不能露出衬衫袖口
   C. 穿西装背心，扣子都要扣上　　　D. 穿浅色的袜子
   E. 领带夹应夹在衬衫的第三、四粒扣子中间

2. 男士西装单排扣有两个，在正式场合站立时，应（　　）。
   A. 只扣上边一个　　　　　　　　　B. 只扣下边一个
   C. 两个都扣上　　　　　　　　　　D. 两个都不扣

三、案例分析题

一位女推销员在美国北部工作，一直都穿着深色套装，提着一个男性化的公文包。后来她调到阳光普照的加州，她仍然以同样的装束去推销商品，结果效果不够理想。后来她改穿色彩淡的套装和洋装，换一款女性化一点的皮包，使自己有亲切感，着装的这一变化，使她的业绩提高了25%。

资料来源：https://wenku.baidu.com/view/b21a44c7d4d8d15abe234e5a.html, 2019-05-12.

请分析：服饰与工作能力和工作业绩有没有直接关系？

实践课堂

训练　服饰搭配实训

1. 准备阶段：将3～5名学生编成一组，并填写《小组成员及分工情况表》。
2. 实施阶段：在教师指导、协助下，各小组根据活动计划，分组进行调查采访、对比分析、研究讨论、收集整理信息，然后写出总结。
3. 展示阶段：交流分享，各组展示成果。用T型秀的形式，展示中西方服饰文化的差异。
4. 总结阶段。让学生进行自评和互评，最后教师进行总结评价。

拓展阅读

中西文化中的颜色差异

尽管不同文化背景的人对颜色的认知有相似之处，但他们对各种颜色的感觉却大不相同，甚至截然相反，其原因在于国家所处的地理位置、历史文化和风俗习惯不同。例如，蓝色在英语国家有忧郁的含义，英语中的 Blue Monday 指心情不好的星期一。Blue Sky 在英语中意思是"没有价值"，所以，把"蓝天"牌台灯翻译成 Blue Sky Lamp，意思便是"没有用的台灯"，这样的台灯怎能销得出去呢？另外，埃及人和比利时人视蓝色为倒霉的颜色。

尽管如此，世界知名品牌"蓝鸟"汽车并不是"伤心的鸟"的汽车，否则怎么会用 Blue Bird 作为汽车商标呢？Blue Bird 是产于北美的蓝色鸣鸟，其文化含义是"幸福"。所以，英语国家人士驾驶 Blue Bird 牌的汽车，心中的文化取向是"幸福"。

英语国家视"红色"为残暴、不吉利，红色意味着流血。在中国，红色预示着喜庆，中国人结婚习惯穿红色衣服。经商时，商人希望开门"红"。经营赚钱了，大家都来分"红"利。员工工作出色，老板发给他"红"包；美国人一般不喜欢紫色；法国人不喜欢墨绿色却偏爱蓝色；在马来西亚，绿色被认为与疾病有关；巴西人忌讳棕黄色；西方人视白色为纯洁、美好的象征，而在中国白色有不吉祥的文化含义。在西方文化中，人们可能将绿色和"缺少经验"联系起来，而在中国，绿色代表春天，象征希望。

资料来源：https://wenku.baidu.com/view/c1468f0a76c66137ee0619bf.html,2019-05-13.

第五章　人际沟通中的接访礼仪

▶ **学习要求与目标**

(1) 掌握接待的基本礼仪规范。
(2) 掌握拜访礼仪的具体内容。
(3) 掌握馈赠礼仪和会议礼仪的具体要求。

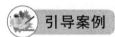

着装不当惹不快

某公司秘书小陈一向喜欢名牌服饰。有一次,领导让他陪同去接待一位重要的新客户。那天,他特意穿上精心挑选的名牌西装。结果见面时,被新客户误认为他是领导,与其寒暄了几句,这让一旁的领导十分尴尬与恼火。

资料来源:https://www.docin.com/p-1899840189.html,2019-05-14。

案例点评:在上述案例中小陈所犯的错误是他的穿着与客户和在场领导不协调,衣着过于"突出",颠倒了"主从关系",不符合秘书身份。

小陈的着装应遵循展示个性、简洁大方、整体和谐的要求。然而,在公共社交场合,秘书人员在展示个性中要把握好以下四点。

(1) 不要与同伴穿一模一样的衣服,以免让别人比较好坏。
(2) 不要与同伴穿的服饰反差太大。
(3) 在服饰款式、色调、质地上要尽量与客户和在场领导协调,切忌衣着太突出。
(4) 尽量避免穿戴与自己形体不协调的服饰。

第一节　接待礼仪

接待又称为迎访,即迎接客人来访,包括迎客、待客、送客 3 个环节。接待礼仪的具体内容如下。

一、接待准备

当有客人来访,接待前应该认真打扫室内外的卫生。如果有临时性访客上门,不要当着客人的面打扫。如果来不及打扫,应该把物品摆放得稍微整齐一点。接待客人前应洗澡、穿上干净整齐的服装,家庭布置要干净美观,孩子要妥善安排,水果、点心、饮料、烟酒、菜肴等要提前备好。如果是正式宴请,如婚礼、寿诞等,还要预先送请柬或电话邀请,确定宴请时间、场所,排好座次,遴选客人,落实宴请形式、规模、档次。

客人满怀欣喜和期待前来拜访,却发现主人满面倦容,一定会觉得主人是在勉强应对,同时自己心里也会有些歉疚;待客期间客人正热情高涨地发表见解,却看到主人疲倦的表情,客人的热情就会像遭遇冷水一样迅速减退。待客时主人露出倦容,无疑是在暗示客人"我累了,需要休息,你该走了"。

如果对方是慕名而来,因为没有联系方式,打听了很多人、走了很远的路才找到受访者,拒绝会让对方受到伤害;对方临时有急事,来不及联系受访者,拒绝也会让对方对受访者失去信任;对方是多年不见的校友或亲戚,路过受访者所在的城市特意专程拜访,拒绝会让对方觉得不近人情。即使受访者必须马上出门办事,也不应毫不留情地拒绝来访者。

二、迎接客人

客人在约定时间到达,主人应提前到门口迎接,不宜在房中静候。如果客人首次来访,提前迎接客人可以免去客人费力寻找之苦;如果客人身份高贵,即使不是初次来访,提前迎接也是客人应得的礼遇;如果客人不善长途跋涉,提前迎接客人有助于客人恢复精神和体力。反之,主人就会留给客人傲慢自大的印象,从而有碍主宾交往。

三、问候寒暄

如果客人到来,主人该看电视继续看电视,该浇花仍然浇花,顶多抬头向客人努努嘴,意思是说"坐",客人到来时不愿起立迎接,即使笑容再灿烂、话语再动人,也会使客人失望和误解。因此,客人到来时,主人应放下手中的事情,或停止与别人交谈,起身相迎。

当同时招待互不相识的多位客人时,作为主人不为他们相互介绍是很不礼貌的。因为彼此不知道对方的身份、性情、背景等各方面情况,某些客人很容易无意间说出令其他人反感的话。不为互不相识的客人做介绍,地位高的客人会觉得自己没有面子,身份低的客人会认为主人不屑于向别人介绍自己。

案例 5-1

正确的接待礼仪

秘书小董是某技工学校汽车文秘专业毕业的学生,参加工作后,他虚心好学,把老秘书接待来访的过程认真记在心里。在接待方面,特别注意迎客、待客、送客这3个环节,力求使来访者满意。

一天,办公室来了一位下级单位的工作人员。刚听到敲门声,小董就赶忙放下手中的工作,说"请进",同时起身相迎。来客进屋后,小董没有主动与对方握手,而是热情地招呼对方:"请坐,请坐,您有什么事需要我帮忙吗?"小董的热情接待给对方留下了深刻的印象。

资料来源:http://www.qcrx.cn/article/a/231917.htm,2019-05-13.

案例点评:客人来后,秘书应放下手中的工作,立即站起来迎接,将对方让进屋里。一个人在陌生的环境中容易紧张,对自己缺乏信心,总感到自己处在不利的地位,这时,秘书若简单地招呼一声"您好!""您有什么事需要我帮忙吗?",便能很快打消客人的顾虑。一般情况下,秘书人员不要主动与来访者握手,除非来访者非常重要或年事已高。如果对方主动伸出手来,秘书则应趋前握手,并问候对方"您好"。秘书实例中秘书小董的做法符合接待礼仪的要求。

四、请客人入座

主人待客时应将客人请到上座。如果客人是一群人,应请年长和辈分高的坐上座。如果客人的身份不好区分,可以按照进门的先后顺序请他们落座。

五、敬茶待客

按照中国人的待客习惯,要给客人敬茶,并遵守敬茶的礼仪。如果是年轻人,可以在征得个人同意的情况下,为其准备矿泉水和饮料。

六、陪客交谈

客人坐下,奉敬烟、茶、糖、果之后,应及时与之交谈,话题内容可根据实际而定。一般来说,应谈一些客人熟悉的事情,若无法陪客人交谈,可安排身份相当者代陪或提供报纸杂志、打开电视供客人消遣,切不可出现把客人晾在一旁的现象。

(一)不可在客人面前与家人争吵

待客时应与家人和睦相处。待客期间,不要故意与家人发生口角和争执,当着客人与家人发生争吵,甚至打骂,会制造出紧张、难堪的气氛,会让在场的客人感到自己"来得不是时候";主人当着客人与家人争吵,容易被客人认为是"指桑骂槐",误以为真正的矛头是针对自己。如果与家人产生矛盾,应待送走客人之后再解决。

(二)不可任由自家小孩打扰客人

招待客人时,应该首先安顿好自家小孩。当小孩哭闹时,主人应尽快好言抚慰,不应当着客人的面呵斥、打骂。如果自家小孩已经懂事,要事先教其礼貌地向客人问好,并嘱咐其不打扰客人。

（三）留宿客人要问客人的习惯

让客人留宿时，应事先询问客人对住宿环境的要求。不问客人的习惯，按自家习惯照顾对方是不礼貌的。应针对客人的年龄、性别、身份进行安排，尽量为客人营造整洁、安静的环境。

（四）待客应尽力方便客人

待客时，应该"主随客便"，讲究"宾至如归"才是上策。不要将自己的喜好强加给客人，不询问客人的需要就自作主张，是不尊重客人的表现，这样的主人在客人心目中是不懂礼仪的。应该主动体察客人的需要并进行照顾。

（五）不可冷落和嘲笑客人

如果主人有事不能照顾客人，应该让亲戚朋友代为照顾。同时招待多位客人时，主人要避免因为照顾不过来而冷落个别客人；如果客人身份较低受冷落，是对客人的不屑；如果客人地位较高，冷落他是对其挑衅；如果客人生性腼腆，冷落他是以强欺弱。待客时，不能嘲笑客人的身体缺陷或礼仪上的失误。不同国家、不同民族、不同地域的文化不同，容易引发一定的误会，因此要求大同存小异，要尊重客人。

（六）待客交谈时要避免冷场

待客时，如果主人不说话或说话很少，客人就会感到紧张和无聊，会认为主人是在故意制造难堪，暗示客人"你不受欢迎"；如果客人谈话热情不高，主人也停止发言，客人会认为主人是在赌气，这时主人应主动寻找话题；如果客人对某些话题很感兴趣，主人应主动顺应并配合客人。

（七）要照顾第一次远道而来的客人

客从远方来，而且是第一次，主人要关心客人是否习惯当地的饮食，询问客人的兴趣以及告知外出注意事项，提供当地交通路线和出行建议等。

（八）待客殷勤有度

待客过于殷勤并不是礼貌的表现，应该殷勤有度。客人喜欢安静，主人却热情地滔滔不绝，一定会让客人烦躁；客人不希望主人客套，主人却一口一个"您请"，时时保持鞠躬的姿态，对方一定会感到承受不了；客人饭量很小，主人却不依不饶地往客人碗里"堆"菜，并预先盛两三碗饭预备客人吃完第一碗后替换，对方一定会感到为难且"吃不消"。

七、送客

当客人散席或准备告辞时，主人应婉言相留。客人要走，应等其起身后，主人再起身相送，家人也应微笑起立，亲切告别。若客人来时带有礼物的，应再次提及对礼物的感谢或回赠礼物,并不忘提醒客人不要遗忘东西。

(一) 送客时走在客人后面

1. 走在客人后面

尊重客人的行为应该体现在待客的任何一个细节。送客时应走在客人后面。送客时走在客人前面,会让客人有"主人嫌我走得慢,他巴不得我早点离开"的误解。主人要主动搀扶年老体弱的客人。主人行走的速度不要太快,不要距离客人太远。

2. 适当告别

当客人带有较多或较重的物品,送客时应帮客人代提重物。与客人在门口、电梯口或汽车旁告别时,要与客人握手,目送客人上车或离开,要以恭敬真诚的态度,笑容可掬地送客,不要急于返回,应鞠躬挥手致意,待客人移出视线后,才可返回。

3. 发出邀请

如果是初次来客,主人应主动指路或安排车辆接送,远方来客则应送至火车站、机场或码头,并说祝愿的话或发出再来的邀请。

(二) 送客时要等客人的车离开后再返回

1. 目送客人离开视线

送初次见面的客人时,不等对方的车辆离开就返回,对方会认为你无心与其交往;送贵客时,不等对方的车辆离开就返回,对方会认为你不把他放在眼里;送久别重逢的朋友时,不等对方驶离就返回,对方会觉得自己受到了冷落和敷衍。

2. 客人走后要轻声关门

客人走后马上用力关门,给人的感觉是主人对客人很不耐烦,早就盼着客人离开,甚至还有厌恶和故意做给客人看的嫌疑。如果客人此次上门的目的是道歉,主人这样做显然是不接受客人的道歉;如果客人上门的目的是求助,主人这样做会让客人感到心灰意冷;如果来客是长者或上级,主人这样做无疑是搬起石头砸自己的脚。

3. 不可在客人刚走后就议论客人

客人没走远就议论客人很容易引起对方误解。客人没走远就议论对方最近发生了哪些事,对方和哪些人交往等,如果主人对客人的议论是好的评价,客人会觉得主人在作秀给他看;如果主人对客人的议论是负面的,客人会觉得主人招待自己是违心的。无论主人议论客人的哪些方面,都是在背后议论,都是不合理的。

4. 送客不必太远

送客要有分寸,除非客人对路线确实很不熟悉,否则不必送太远。送客一程又一程,并非热情的表现,反倒会让客人感到过意不去,觉得拖累了主人。遇到喜欢独行的客人,则会觉得主人太琐碎。如果待客时宾主已经尽兴,送客太远时难免会沉默,从而产生无话可说的尴尬。

5. 不可让客人深夜独自返回

如果客人年老体弱或者是年轻女性，令其深夜独自返回是对其安全的不负责任；如果客人住处很远，令其深夜独自返回会让客人受颠簸以及牺牲睡眠之苦；如果天气不好，让客人在深夜独自返回会让客人深受恶劣天气的侵扰。让客人深夜独自返回的主人，会给人以无情无义、铁石心肠的印象。无论如何，让客人深夜时分独自返回，从交通、安全、健康等各方面看，对客人都很不利。

6. 贵客走后要及时问候

全心全意地招待贵客，不等于已经尽心。贵客离开后主人从此不闻不问，会让客人感到自己接受的招待是出于客套、是虚伪的，显得主人做事虎头蛇尾，不懂得"善后"，而且对客人缺少发自内心的尊重和关心。如果客人往返都需要鞍马劳顿，客人走后没有后续问候，主人在客人心目中的形象和地位一定会一落千丈。

7. 下逐客令要讲究方式

下逐客令不讲究方式，任何人都不会坦然接受。觉得客人坐的时间过长了，主人不耐烦地对客人出言不逊、语气生硬、横眉竖目地向客人说"走吧，走吧"，这样，客人一定会很尴尬。一点不顾及别人感受的主人，一定很难有机会再接待被他驱赶过的客人。客人如果迟迟不走，主人应该委婉而礼貌地进行提示。主人可以用看表的动作暗示客人，也可以用询问客人是否有其他事以及告诉客人自己的安排暗示客人。

第二节　商务拜访礼仪

商务拜访，又称为商务拜会、商务拜见，是指前往工作单位或企业，会晤、探望合作伙伴或合作对象，与对方进行接触、交流。商务拜访的基本礼仪如下。

一、要有约在先

（一）提前预约

由于公司或企业大多业务繁忙，每天商务接待很多，为了避免造成混乱，所以要事先约好时间，以便合作对象有所准备。不论因公还是因私到访，都要事前与被访者联系。联系的内容主要有自报家门（姓名、单位、职务）；询问被访者是否在单位，是否有时间或何时有时间；提出访问的内容（有事相访或礼节性拜访）使对方有所准备；在对方同意的情况下确定具体的拜访时间和地点。最后，对对方表示感谢。

（二）选择时间

在一年四季中，春、夏、秋、冬都可以找到商务拜访的好时机。不过，夏天因为天气炎热，穿戴举止都不太方便，如果可能，应尽量避免在夏天安排太多的拜访活动。公务拜访，尽量不要选择在周一上午和周五下午。因为周一刚上班,对方的工作状态还没有调整过来;周五下午对方容易心不在焉,可能达不到拜访目的。

也不要选择在节假日前夕拜访。约见的时间不宜太早或太晚,尤其是周末或节假日,考虑对方休息,不要太早。应选择宾主双方都方便的时段,尽量避开吃饭、午休、晚睡和早晨忙乱的时间,特别是留意吃饭时间。

二、要如约而至

约定时间后,要准时或略提前几分钟到达。如遇有特殊情况不能赴约或不能按时赴约,应提前通知对方,并表示歉意,再重新约见。

三、要修饰仪容仪表

拜访前对仪容仪表做适当地修饰是十分必要的。这样,一方面注重了自身的形象,同时也显示出了对对方的尊重。

四、要注意言谈举止

(一)讲究敲门的艺术

要用食指敲门,力度适中,间隔有序敲3下,等待回应。如无应声,可稍加力度,再敲3下,如有应声,再侧身隐立于右门框一侧,待门开时再向前迈半步,与主人相对。按对讲机的次数不宜太多,要是不停地按,对讲机会响得令人心烦,只会让别人认为不懂事或缺乏常识。按一次对讲机后等待2~3分钟,如果没有应答,就再试一次,再等待几分钟,如果还是没有回应就要想到可能对方不在家,此时应离开。

如果对方门上安装的是门环,叩响时应将两下算作一次。只需轻轻地叩响就行了,并不需要连续不断地叩。如果主人询问"谁呀?"时,应通报自己的姓名,或单位,而不能只是回答"我"。

(二)要注意物品的摆放

大门打开后,当然应问候对方,但在此处的寒暄应尽量简短,不要在大门口反复鞠躬,说明访问的理由,以及询问对方的近况。应与主人互作简短的问候,等对方说"请进"之后再进入。适当摆放物品,拜访时应先在门口将大衣、围巾和帽子脱掉,如带有物品或礼品,或随身带有外衣和雨具等,应该放到主人指定的位置。

进门后应主动问候并根据主人要求换上拖鞋;切忌换鞋时露出脏袜子,做客之前应换上干净的袜子,不要穿有破洞的袜子。主人不让座不能随便坐下。如果主人是年长者或上级,主人未坐,自己不能先坐。主人让座之后,要口称"谢谢",然后采用规范的礼仪坐姿坐下。

（三）要注意行为礼节规范

如果合作伙伴办公室或会议室有其他人在，要微笑点头致意。进屋随对方招呼入座后，要注意姿势，不要太过随便，即便是十分熟悉的朋友，跷二郎腿、双手抱膝、东倒西歪都是不礼貌的行为。若主人送上茶水，应从座位上欠身，双手接过，并向主人表示感谢。水不要一直端在手里，多少要喝一点，即便不口渴也应该喝一两口。主人端上果品，要等年长者或其他客人取用后，自己再动手。即便在最熟悉的朋友家里，也不要过于随便，不要向主人索要主人家没有的饮料和食品，不要向主人索要自己喜欢的物品，不要提出有悖主人习惯的作息方式。

主人正在做事时，客人应主动询问是否需要帮助；主人忙不过来时，客人应为其做自己力所能及的事情；主人做事时，客人如果不能提供帮助，则不要使主人分心；做客时吃什么饭可以向主人提出建议，但是做饭时应该听从主人安排。做饭是主人向客人表示尊重和热情的机会，应该尊重主人的劳动。主人做饭时可以适当帮忙，但不要在旁边指指点点。

（四）掌握谈话技巧

掌握好交谈的技巧，与主人交谈要善于察言观色，选择时机表明拜访的目的。谈话应该有明确的目的和主题，不要东拉西扯、漫无边际闲谈与主题无关的事情，不要在枝节问题上纠缠不清。如果主人情绪较好、谈兴较浓，待的时间可长一点；如果发现主人心不在焉，说明主人有厌倦情绪，应该及时收住话题，适时起身告辞。拜访前应该确定自己是去拜访谁，如果要找的人不在，不要和其他人长时间交谈，以免妨碍对方，拜访时如果遇到其他人，不要将目标转向他人。

（五）尊重主人的生活习惯

到别人家拜访时，应尽量适应主人的习惯。如果客厅里没有摆放烟灰缸，说明主人没有吸烟的习惯，应尽量不吸烟，以示对主人习惯的尊重。拜访过程中，应听从主人的安排，充分谅解主人。如果主人家里有两个卫生间，要使用次卫不要使用主卫。不得已使用主卫时尽量避免大便和长时间占用。参观主人的房间和陈列时不要一言不发，应对主人房间设计和独特之处进行赞美，不要吹毛求疵地指点主人房间布置的缺点。

对待主人家的孩子和宠物也要表现出喜爱之情。即使害怕宠物，也不要对其表现出害怕和驱赶动作。做客时，最好能热情地抱一抱主人的孩子，摸一摸主人家的宠物。借宿时要讲究卫生，应将自己制造的垃圾主动收集放置在垃圾筐或袋子里；不要将脏水乱倒；不要将主人的被褥及桌椅等弄脏；要尊重主人的作息时间和习惯。借宿期间出门要打招呼，让主人知道行程，如果需要在外面多待一段时间，应及时通知主人。

（六）控制好拜访时间

拜访者一般不宜在主人家停留时间太久，第一次拜访应以20分钟为宜。当宾主双方都已谈完该谈的事情，应及时起身告辞。如果发现主人有急事要办，或又有新的客人来访，要及时告辞。应避免做出看时间、跺脚等动作，保持良好的姿态，保持从容的态度。告辞时，应向主人及其他人,特别是长辈打招呼,要和主人及其他人一一道别,并诚意邀请他们到自己家做客,要向主人表示"打扰"之歉意。同时,对主人的友好热情的接待表示感谢。

案例 5-2

出国被拒的原因

一个研究生想出国深造,各方面都考查论证后,他到大使馆去办理签证。使馆人员和他谈话时,发现他一边谈话一边乱翻办公桌上的东西,并且常常随便打断别人的谈话,一边谈话一边嚼口香糖,使馆人员感到很不舒服。最后,使馆人员的意见是拒绝其出境,理由是这名研究生缺乏起码的学者风度和应有的礼貌。

资料来源:http://www.360doc.com/content/12/0908/22/5207988_235090070.shtml,2019-05-16.

案例点评:一个人素质的高低,往往可以从他与人相处的言谈举止中看出来。文明的语言、仪表和行为,就如同一封介绍信,能把自己的身份介绍给别人。

第三节 馈赠礼仪

馈赠作为社交活动的重要手段之一,是社会生活中不可缺少的交往内容。得体的馈赠恰似无声的使者,给社交活动锦上添花,给人们之间的感情和友谊注入新的活力。然而送给谁(Who),为什么(Why)送,如何(How)送,送什么(What),何时(When)送,在什么场合(Where)送,是一个既老又新的问题。因此,人们只有在明确馈赠目的和遵循馈赠基本原则的前提下,在明确弄清以上"5W1H"的基础上,才能真正发挥馈赠在交际中的重要作用。

一、馈赠目的

(一) 以交际为目的的馈赠

在社交中,无论是个人还是组织机构,都会针对交往中的关键人物和部门,通过赠送一定的礼品,以促进交际的目的。礼品的内容与送礼者的形象一致,使礼品能反映送礼者的寓意和思想倾向,并使寓意和思想倾向与送礼者的形象有机地结合起来。

(二) 以巩固和维系人际关系为目的的馈赠

这类馈赠,即是人们常说的"人情礼",强调礼尚往来,以"来而不往非礼也"为基本准则。因此,无论从礼品的种类、价值的轻重、档次的高低、包装的精美、蕴含的情义等方面都呈现出多样性和复杂性,在民间交际中尤其具有重要的特殊作用。

(三) 以酬谢为目的的馈赠

这类馈赠是为答谢他人的帮助而进行的,因此在礼品的选择上要突出其物质价值。礼品的贵贱厚薄,首先取决于他人帮助的性质。帮助的性质分为物质的和精神的两类。一般来说,物质的帮助往往是有形的,能估量的;而精神的帮助则是无形的,难以估量的,然而其作用又是相当大的。其次取决于帮助的目的,是慷慨无私的,还是另有所图的,还是公私兼顾的。只有那种真正无私的帮助,才是值得真心酬谢的。最后取决于帮助的时机,一般情况下,危难之中见真情。因此,得到帮助的时机是日后酬谢他人的重要衡量标准。

（四）以公关为目的的馈赠

这类馈赠表面上看来不求回报,而实质上其索取的回报往往隐藏在之后的交往中,或是金钱,或是权势,或是其他目的,是一种为达到某种目的而用礼品的形式进行的活动,多发生在对经济利益、政治利益的追求和其他利益的追逐活动中。

二、馈赠原则

馈赠是社交活动的重要手段之一。送礼之人都希望所送礼品能寄托和表达对受礼者的敬意与祝颂,并使双方关系锦上添花。但是,有时所赠礼品非但达不到预期目的,反而会事与愿违,造成不良后果。认真研究和把握馈赠的基本原则,是馈赠活动得以顺利进行的重要前提。

（一）轻重原则

通常情况下,礼品的贵贱厚薄,往往是衡量交往之人的诚意和情感浓烈程度的重要标志。选择礼品时既要注意以轻礼寓重情,又要入乡随俗地根据馈赠目的和自己的经济实力,选择适合的礼物。除非是有特殊目的的馈赠,礼物的贵贱厚薄都应以对方能愉快接受为尺度。

（二）时机原则

就馈赠的时机而言,及时适宜是最重要的。中国人讲究"雨中送伞""雪中送炭",即注重送礼的时效性,因为只有在最需要的时候得到的才是最珍贵的,才是最难忘的。因此,要注意把握好馈赠的时机,包括时间的选择和机会的择定。一般来说,时间贵在及时,超前或滞后都达不到馈赠的目的;机会贵在事由和情感及其他需要的程度,"门可罗雀"时和"门庭若市"时,人们对馈赠的感受会是天壤之别。

案例 5-3

赫本的故事

国际著名影星奥黛丽·赫本十分爱狗。多年来,她一直养着一只叫杰西的长耳罗塞尔种的小猎犬。白天,杰西那无忧无虑和温柔的品性,令赫本感到平和亲近;夜晚,杰西暖融融地依偎在赫本的脚旁,伴她入睡。然而,有一天,杰西误吃了毒药,很快就死了,赫本爱犬心切,竟无法控制自己情绪,一连数日,终因悲伤过度而病倒。

这时,她的朋友克里斯多夫·格里文森托人给她送来了另一只长耳罗塞尔狗,它叫彭妮,小巧玲珑,毛色白亮,十分可爱。彭妮给了赫本无限的慰藉,赫本说:"彭妮不仅使我恢复了健康,也赐给我无限的幸福,它真是来自天堂的宝贝。"

资料来源:http://www.welcome.org.cn/zengsongliyi/2008-3-23/KuiZengDeYuanZe.html,2019-06-06.

案例点评:赫本钟爱的狗因误食毒药而死,赫本悲痛万分。在一个人伤心的时候最需要朋友的陪伴,也正是在这种时候才能够体现出真正的友谊。这也是中国人所说的"雪中送炭",赫本正好有这样的朋友,在她因悲伤过度而病倒的时候送了她最渴望、最需要的礼物,一只长耳罗塞尔狗,给了赫本无限的慰藉,从而病情好转。这正说明了送礼不仅要投其所好,更重要的是选对时机。

(三) 效用性原则

同其他物品一样,当礼以物的形式出现时,礼物本身也就具有了价值和实用价值。就礼品本身的实用价值而言,人们经济状况不同,文化程度不同,追求不同,对于礼品的实用性要求也就不同。

一般来说,物质生活水平的高低,决定了人们的精神追求,在物质生活较为贫困时,人们多倾向选择实用性的礼品,如食品、水果、衣料、现金等;在生活水平较高时,人们则倾向于选择艺术欣赏价值较高、趣味性较强和具有思想性、纪念性的物品为礼品。因此,应参照对方的物质生活水平,有针对性地选择礼品。

(四) 投好避忌的原则

就礼品本身所产生的效果而言,由于民族、生活习惯、生活经历、宗教信仰以及性格爱好的不同,不同的人对相同礼品的态度是不同的,或喜爱,或忌讳,或厌恶等。如果冒犯了别人,就会引起纠纷,甚至冲突。所以,馈赠前一定要了解受礼者的喜好,尤其是有哪些禁忌。

三、馈赠的艺术

使交往对象愉快地接受馈赠,并不是一件容易的事情。即便是选择了礼品,如果不讲究赠礼的艺术和礼仪,也很难使馈赠成为社会交往的手段,甚至会适得其反。那么,馈赠时应注意哪些艺术和礼仪呢?

(一) 礼品的包装

精美的包装,不但使礼品更具艺术性,也显现出赠礼者高雅的情调,而且还可以使礼品产生和保持一种神秘感,既有利于交往,又能引起受礼者的兴趣和探究心理及好奇心理,从而令双方愉快。如果好的礼品没有讲究包装,不但会使礼品逊色,使其内在价值大打折扣,使人产生"人参变萝卜"的缺憾感,而且还易使受礼者轻视礼品的内在价值,折损了由礼品所寄托的情谊。

案例 5-4

挑选礼品要精心包装

李茂一直是公司副总经理凌云的得力助手。凌云生日快到了,李茂提前一个月就开始琢磨礼物了。最后他决定送凌云一枚印章,因为凌云是那种带有儒雅气质的商人,一定不喜欢皮革之类的大众化的礼物。李茂挑选了一枚顶部是红色的寿山石,请人刻成虎形,底座边长约为4厘米。整个印章材质莹润,造型大方浑厚,颇有大将气势。底部上篆书的人名古雅遒劲,格外漂亮。李茂提前一周定做了一个红色的梨木正方形印盒,盒上精心雕刻了花纹,一看就价值不菲。凌云生日时,收到这份礼物后惊喜异常,连连道谢。

平时工作就很卖力的李茂,在凌云眼里更多了一份好感。

资料来源:https://wenku.baidu.com/view/3b4e90b79e31433239689384.html,2019-06-04.

案例点评:案例中的李茂送凌云生日礼物前做了充分的准备。他认真思考凌云的人物特点,诚心诚意地准备礼品,并精心包装,给对方留下深刻的印象。送礼前的最后工序就是对礼品进行包装,认真地对礼品进行包装既可以表达出你的诚意,又可以提高礼品的艺术性,进而更有利于交际。

(二)赠礼的场合

赠礼场合的选择,是十分重要的,尤其那些出于酬谢、应酬或有特殊目的的馈赠,更应注意赠礼场合的选择。通常情况下,当众只给一群人中的某一个人赠礼是不合适的,给关系密切的人赠礼也不宜在公开场合进行,只有礼轻情宜重的特殊礼物才适宜在公开场合赠送。

(三)赠礼时的态度

只有平和友善的态度,落落大方的动作并伴有礼节性的语言表达,才是令赠受礼双方所能共同接受的。那种悄悄将礼品置于桌下或房中某个角落的做法,不仅达不到馈赠的目的,甚至会适得其反。

(四)赠礼的时间

传统的节日,如春节、中秋节等,都可以成为馈赠礼品的机会。喜庆之日,如晋升、获奖、厂庆等日子,可考虑备送礼品以示庆贺,如在参加某一企业开业庆典活动时,要赠送花篮、牌匾或室内装饰品。酬谢他人,当接受了别人的帮助后,可送礼品以示回报感恩。送礼时机要视实际情况灵活掌握,一般来说,应在相见或道别时赠出。

四、受礼礼仪

受礼者应在赞美声和夸奖声中收下礼品,并表示感谢。一般应赞美礼品的精致、优雅或实用,夸奖赠礼者的周到和细致,并伴有感谢之辞(按中国传统习惯,是伴有谦恭态度的感谢之辞)。作为受礼者,双手接过礼品时要表达谢意,而不能显得无动于衷,或随手放在一旁。视具体情况或拆看或只看外包装,同时还可请赠礼者介绍礼品功能、特性、使用方法等,以示对礼品的喜爱。这样做符合国际惯例,表示看重对方,也很重视对方赠送的礼品。

案例 5-5

送礼不当惹不快

某阿拉伯国家的访问团来中国南方某城市进行参观访问。访问结束后,该市的市政府为该访问团举办了欢送晚宴。在晚宴上,市长代表中方向客人赠送了一对特制的瓷瓶,上面印有一对可爱的熊猫图案,并用中文和阿拉伯语书写了"友谊长存"的字样。中方本以为这件礼物会博得对方的喜爱,没想到对方访问团的团长却一脸的不高兴,晚宴中甚至一言不发。

资料来源:http://www.docin.com/p-415054110.html,2019-06-13.

案例点评:熊猫虽然是中国的国宝,但在阿拉伯地区却不怎么受欢迎。理由是在他们看来,熊猫长得像猪,而猪是阿拉伯人讨厌的动物,中国人把两只像"猪"一样的东西送给他们,当然会遭到对方的反感。

第四节　集会及赛事礼仪

广义上讲,集会的形式很多,有会议型的、典礼型的、聚会型等。由于集会的目的和方式多种多样,其礼仪也相应有所不同。

举办会议是一项大工程,其中有许许多多的细节需要注意,特别是商务会议,更离不开礼仪规范的指导,任何一个细节的疏漏都可能导致会议的失败。会议礼仪主要包括筹备工作、座次安排、会议服务礼仪、发言礼仪、与会礼仪、主持人礼仪等内容。

(一) 筹备工作

1. 确定接待规格,拟订详细接待方案

接待规格由会议的规模和会议的种类、主题以及参加会议的主要来宾的身份等内容确定。会议接待方案主要包括接待对象和目的、接待方针、接待规格、接待内容、接待日程、接待地点、接待任务的具体分工、接待经费等。

2. 确定邀请对象,发放会议通知和会议日程

根据会议的内容和要求确定邀请对象。分发参会通知,通知后应附回执。

3. 合理选择会场,做好会场布置

选择会议会场时,应满足会场大小适中、会场地点合理、会场设施设备齐全3个要求。会场布置方面,要注意场内悬挂关于会议主题的横幅。较正式的会议都需摆放茶水、饮料,并且摆放整齐、美观。

4. 备齐会议辅助器材

现代化的会议离不开各种辅助器材,在会议召开前,应该把各种辅助器材准备妥当。

(1) 桌椅、名牌、茶水。桌椅是最基本的设备,可以根据会议的需要摆成圆桌型或报告型,如果参加会议的人数较多,可采用报告型,且不需要准备座位牌;如果参加会议的人比较少,则可采用圆桌型,并且要制作座位牌,即名牌,让与会人员方便就座。会议上的茶水饮料可选用矿泉水,如果没有特别的要求,矿泉水是最能让每个人都接受的选择。

(2) 签到簿、名册、会议议程。签到簿的作用是帮助了解到会人员的数量和情况,一方面使会议组织者能够了解是否有人缺席;另一方面能够使会议组织者根据签到簿安排下一步的工作,比如就餐、住宿等。名册可以方便会议的主席和与会人员尽快地掌握各位参加会议的人员的相关资料,加深了解,彼此熟悉。

(3) 黑板、白板、笔。有的场合,与会人员需要在黑板或者白板上写字或画图,从而说明问题,虽然视听设备发展得很快,但是传统的表达方式依然受到很多人的喜爱,在黑板或白板上表述具有即兴、方便的特点。此外,粉笔、万能笔、板擦等配套的工具也是必不可少的。

(4) 各种视听器材。现代科技的发展带来了投影仪、幻灯机、录像机、激光指示笔或指示棒等视听设备,给人们提供了很大的方便。在会议召开前,必须确认检查各种设备是否能正常使用,如果要用幻灯机,则需要提前做好幻灯片。录像机能够把会议的过程和内容完整地记录下来,有时需要立即把会议的结论或建议打印出来,这时应准备一台小型的影印机或打印机。

(5) 资料、样品。如果会议属于业务汇报或者产品介绍,那么有关的资料和样品是必不可少的。例如,在介绍一种新产品时,单凭口头介绍是不能给人留下深刻印象的,如果给大家展示一个具体的样品,结合样品介绍它的特点和优点,这样给大家留下的印象就深刻得多。

案例 5-6

发放资料的学问

某公司董事会召开会议讨论从国外引进化工生产设备的问题。秘书小李负责为参会董事准备会议相关资料。因有多家国外公司竞标,所以材料很多。由于时间仓促小张就为每位董事准备了一个文件夹,将所有材料放入文件夹中。

有3位董事在会前回复说有事不能参加会议,于是小李就没有准备他们的资料。不料,正式开会时其中的两位董事赶到了会场,结果会上有的董事因没有资料可看而无法发表意见,有的董事面对一大摞资料不知如何找到想看的资料,从而影响了会议的进度。

资料来源:https://wenku.baidu.com/view/03dd45235acfa1c7aa00ccea.html,2019-06-25.

案例点评:不仅要按照预计的人数准备资料,还要多准备一些作为备用。如果出现案例中的情况,临时再补充资料是来不及的。资料要分门别类,不能将所有的资料都放在一起,不方便查阅。

（二）座次安排

1. 环绕式

环绕式排位就是不设立主席台,把座椅、沙发、茶几摆放在会场的四周,不明确座次,而听任与会者在入场后自由就座。这一安排座次的方式,与茶话会的主题最相符,也最流行。

2. 散座式

散座式排位常见于在室外举行的茶话会。它的座椅、沙发、茶几自由地组合,甚至可由与会者根据个人要求而随意安置。这样就容易创造出一种宽松、惬意的社交环境。

3. 圆桌式

圆桌式排位是指在会场上摆放圆桌,请与会者在周围自由就座。圆桌式排位又分下面两种形式。

（1）人数较少的会议,仅在会场中央安放一张大型的椭圆形会议桌,而请全体与会者在周围就座。

（2）在会场上安放数张圆桌,请与会者自由组合。

4. 主席式

主席式排位是指在会场上,主持人、主人和主宾被有意识地安排在一起就座。国际惯例,要遵循"以右为尊的原则"。政务礼仪,主席台座次则讲究前排高于后排,中央高于两侧,左侧高于右侧。

案例5-7

她为什么不辞而别

某市与日本某市缔结友好城市,在某饭店举办大型中餐宴会,邀请该市最著名的演员助兴。这位演员到达后,费了很长时间才找到了自己的位置。当她入座后发现与同桌的许多客人都是接送领导和客人的司机,演员感到自尊心受到了伤害,没有同任何人打招呼就悄悄地离开了饭店。

然而宴会的组织者并未觉察到这一点,直到宴会主持人拟邀请这位演员演唱时,才发现该演员并不在现场,幸好主持人头脑灵活,临时改换其他节目,才算没有出现"冷场"。

资料来源：http://www.docin.com/p-1472081672.html,2016-03-01。

案例点评：一个大型活动的组织者,事先应精心策划,对被邀请的对象逐一分析,从门口接待到宴请的桌次和座位安排均应一一落实,分工到位。而这位中餐宴会的组织者,对著名演员的到来一无所知,也无人接待,而且座位安排不当,极大地伤害了这位著名演员的自尊心,难怪会不辞而别了。

（三）会议服务礼仪

会议正式开始前,应进行一次全面、细致地检查,确保物品齐全、设备完好。在入口处设置签到台,备好签到簿、签字笔,做好签到服务。同时,还应引导参会人员入座。工作人员在提供服务时,要注意仪容仪表,使用正确规范的手势,保持良好的身体姿势,配合恰当的面部表情,礼貌服务。

会议进行中,要分工明确,服务人员及时奉茶,礼貌通知发言者候场,保证会场秩序良好、服务到位。会议结束后,要做好善后服务工作,礼貌送别参会人员,并及时清理会议文件,编发简报、会议记录或新闻。

案例 5-8

会议服务迎接

小郑刚参加工作不久,公司举办了一次大型的产品发布会,要求国内知名企业人士参加。小郑被安排在接待工作岗位上。接待当天,小郑早早来到机场,当参加发布会的人到来时,他便开口说:"您好!是来参加发布会的吗?您的单位及姓名,以便我们安排好就餐与住宿问题。"小郑有条不紊地做好了记录。

后来在会场,小郑帮客人引路,小郑一直小心翼翼,虽然自己平时走路很快,但是他还是放慢步伐,很注意与客人的距离不能太远,一路引导客人,电梯上下,小郑也是走在前面,做好引路工作。然而原以为很简单的工作,却几次被上司批评。

资料来源:http://www.chinadmd.com/file/p3rxtuivvxsxwwwwtxtxiuxv_5.html,2019-06-07。

案例点评:在迎接礼仪中,小郑与客人的职位和身份并不相当,他应主动向客人做出礼貌的解释。而小张没有做出任何解释,容易引起客人误会。接到客人后要主动打招呼,握手表示欢迎,同时说些寒暄辞令、礼貌用语等,而小张没有事先了解这些客人的相关信息,张口就问,十分不礼貌。

在引导客人时,应主动配合客人步伐,保持一定距离。在出电梯时,应改为客人先走出电梯,自己在后跟随,以保证客人安全,而小张出电梯时,自己走在前面也是不恰当的。小张既破坏了客人的心情,也被上司批评了,因此是失败的社交事件。

(四)发言礼仪

会议发言有正式发言和自由发言两种,前者一般是领导报告,后者一般是讨论发言。正式发言者,应衣冠整齐,走上主席台时应步态自然,刚劲有力,体现一种成竹在胸、自信自强的风度与气质。发言时应口齿清晰,讲究逻辑,简明扼要。

自由发言则较随意,发言应讲究顺序和秩序,不能争抢发言;发言应简短,观点应明确。如果有人提问,应礼貌作答,对不能回答的问题,应机智而礼貌地说明理由,对提问人提出的批评和意见应认真听取,即使提问者的批评是错误的,也不应失态。

(五)与会礼仪

在参加会议之前,要提前了解会议议题、时间及日程,准备好参加会议所需的资料。会议开始前,如果临时有事不能出席,必须通知对方。会议参加者应衣着整洁,仪表大方,准时入场,进出有序,按照会议安排落座。开会的时候,要聚精会神地倾听他人发言,并适当记录,不要随便插话,也不要说悄悄话、打瞌睡、看书报或手机,破坏会议的气氛。发言人发言结束时,应鼓掌致意。无特殊情况时不要中途退席,即便要退席,也要征得会议主持人的同意,然后安静退场。

会议进行中,要关闭手机或将音量调至静音,不要在会场内接打电话。会议结束后,也应当有序退场,不挤不抢,并请尊者先行。

(六) 主持人礼仪

会议的主持人,一般由具有一定职位的人担任,其礼仪表现对会议能否圆满成功有着重要的影响。主持人应衣着整洁,大方庄重,精神饱满,切忌不修边幅。走上主席台应步伐稳健有力,行走的速度可根据会议的性质而定,对节奏快而热烈的会议步频应较慢。会议开始后,如果是站立主持,应双腿并拢,腰背挺直。

坐姿主持时,应身体挺直,双臂前伸。双手轻按于桌沿,主持过程中,切忌出现搔头、揉眼、拦腿等不雅动作。持稿时,右手持稿的中下部,左手五指并拢自然下垂。双手持稿时,应与胸齐平。此外,主持人对会场上的熟人不能打招呼,更不能寒暄闲谈,会议开始前,可点头、微笑致意。

案例 5-9

别开生面的开业典礼

某市新建大酒店隆重开业这天,酒店上空彩球高悬,四周彩旗飘扬。身着鲜艳旗袍的礼仪小姐站立在店门两侧,她们的身后是摆放整齐的鲜花和花篮,所有员工服饰一新、面目清洁、精神焕发,整个酒店沉浸在喜庆的气氛中。

开业典礼在店前广场举行,11 时,应邀前来参加庆典的有关领导、各界友人、新闻记者陆续到齐。正在举行剪彩之际,天空突然下起了倾盆大雨,典礼只好移至厅内。一时间,大厅内聚满了参加庆典人员和避雨的行人。典礼仪式在音乐声和雨声中隆重举行,整个厅内灯光齐亮,使得庆典别具一番特色。

典礼完毕,雨仍在下着,厅内避雨的行人短时间内根本无法离去,许多人焦急地盯着厅外。于是,酒店经理当众宣布:"今天能聚集到我们酒店的都是我们的嘉宾,这是天意。希望大家能同本店共享今天的喜庆,我代表酒店真诚邀请诸位到餐厅共进午餐,当然一切全部免费。"霎时间,大厅内响起雷鸣般的掌声。

虽然,酒店开业额外多花了一笔午餐费,但酒店的名字在新闻媒体及众多顾客的渲染下迅速传播开来,接下来酒店的生意也格外红火。

资料来源:http://wenku.baidu.com/link?url=aomx8cRibQjMbd4wtu7CxYfLfEqCok8WCEegrUF9UTtA32XWB2JBx-vS0BwaBdbtHu4XsLHl1sL75hc1hd3i1RieCAI9QHMPzJTw47wXYbi,2019-06-18。

案例点评:开业典礼是企业大喜的日子,是气氛热烈而又隆重的庆祝仪式,既表明企业对此项活动庄重、严肃的态度,又可借此扩大企业的社会影响,提高企业的知名度和美誉度。该酒店的经理借开业典礼之机请进避雨的行人,共享开业的喜庆,借此树立企业形象,收到了意想不到的效果。这一举动很好地体现了该酒店经理的组织能力、社交水平及文化素养,是企业发展的第一个里程碑。

本章实训课堂

一、单项选择题

1. 商务礼仪中交往应遵循的首要原则是（　　）原则。
   A. 以对方为中心　　　　　　　　B. 以相互沟通为
   C. 以互相尊重为　　　　　　　　D. 以合乎标准为
2. 在拜访别人办公室的时候，你应该（　　）。
   A. 敲门示意，征得允许后再进入　　B. 推门而入，再做自我介绍
   C. 直接闯入，不拘小节　　　　　　D. 以上均可以

二、多项选择题

1. 接待又称迎访，即迎接客人来访，包括（　　）环节。
   A. 迎客　　　　　　　　　　　　B. 待客
   C. 送客　　　　　　　　　　　　D. 备礼
2. 学习商务礼仪的目的有（　　）。
   A. 提高个人素质　　　　　　　　B. 便于理解应用
   C. 为了应酬别人　　　　　　　　D. 维护企业形象

三、案例分析题

拜访他人的礼仪

某海滨城市风景秀丽的朝阳大街，高耸着一座宏伟楼房，楼顶上"远东贸易公司"6个大字格外醒目。某照明器材厂的业务员金先生按原计划，携带着企业新设计的照明器材样品，兴冲冲地登上6楼，脸上的汗珠没来得及擦一下，便直接走进了业务部张经理的办公室，正在处理业务的张经理被吓了一跳。

"对不起，这是我们企业设计的新产品，请您过目。"金先生说。张经理停下手中的工作，接过金先生递过的照明器材，随口赞道："好漂亮啊！"并请金先生坐下，倒上一杯茶递给他，然后拿起照明器材仔细研究起来。

金先生看到张经理对新产品如此感兴趣，如释重负，便往沙发上一靠，跷起二郎腿，一边吸烟一边悠闲地环视着张经理的办公室。当张经理问他电源开关为什么装在这个位置时，金先生习惯性地用手挠了挠头皮。虽然金先生作了较详尽的解释，张经理还是有点儿半信半疑。谈到价格时，张经理强调："这个价格比我们预算高出较多，能否再降低一些？"金先生回答："我们经理说了，这是最低价格，一分也不能再降了。"

张经理沉默了半天没有开口。金先生却有点儿沉不住气，不由自主地拉松领带，眼睛盯着张经理，张经理皱了皱眉，"这种照明器材的性能先进在什么地方？"金先生又挠了挠头皮，反反复复地说："造型新、寿命长、省电。"张经理托词离开了办公室，只剩下金先生一个人。金先生等了一会儿，感到无聊，便非常随便地抄起办公桌上的电话，同一个朋友闲谈起来。这时，门被推开了，进来的却不是张经理，而是办公室秘书。

请分析：结合上述案例，分析金先生的失礼之处。

实践课堂

训练　情境模拟

1. 情境：每2~3人为一组，进行情境模拟，内容为A公司计划与B公司进行合作，在合作前来到B公司进行实地考察，B公司经理负责接待工作。
2. 要求：运用本章所学内容，保持微笑，注意接待时的音量和音调等。学员在练习时注意其他人的行为，并对对方提出建议（轮流进行）。
3. 目的：让学生注重细节问题，培养良好的接访礼仪。

拓展阅读

了解和践行接待礼仪，对于做好接待工作具有极其重要的意义。

1. 礼与仪

中国有5000年文明史，素称"礼仪之邦"。礼仪文明对中国传统文化和社会发展起了广泛而深远的影响。其内容十分丰富，所涉及的范围十分广泛，几乎渗透了古代社会的各个方面。在春秋后期，人们开始注重礼和仪这两个概念的联系与区别。礼和仪，也就是《礼记》中提到的"礼之本"和"礼之文"，即礼的精神原则和形式规范。礼或礼仪，包括3个方面的内容。

（1）礼作为精神原则，即儒家所倡导的仁德。仁是人们内心的道德情感和要求。孔子把"仁"定义为"爱人"，并解释说"夫仁者，己欲立而立人，己欲达而达人"，"己所不欲，勿施于人"，"泛爱众而亲仁"。"爱人"是仁德的精神内涵和情感本质，礼则是仁德的外在表现。由此，孔子明确指出"人而不仁，如礼何"？若是"人而不仁"，礼也就无从谈起。只有具备庄重、宽厚、诚实、勤敏、慈惠品行的人，才会明礼、守礼、达礼。"仁"字从人从二，其本义是指人与人之间的尊重和友爱。孔子要求人们不要忽视礼的精神，不要忘记礼的这种本真的仁爱情感，而只在乎礼的形式。

（2）礼作为一种制度安排，即所谓礼制。在中国古代，礼的功能性目标就是维护等级制。生在"礼崩乐坏"时代的孔子，强调"安上治民，莫善于礼"。（《礼记·经解》）他一生为恢复合乎周礼宗法等级制的社会政治秩序和伦理秩序而奋斗。孔子及后之儒者特别喜欢讲等级名分，什么都要分出贵贱尊卑，这是儒家思想的一个重要缺陷。孔子强调"立于礼"，"不学礼，无以立""不知礼，无以立也"。礼之立人，首先在于礼是个人适应社会的方式，在等级森严、尊卑有序的社会政治伦理的等级结构中，首先要明确自己所处的身份、地位而不越位。这种等级的而非平等的思想观念，对中国传统的伦理理念和人们的礼仪行为产生了极其深远的影响。

（3）礼作为文明礼貌的行为，是个人在社会交往活动中表现出来的修养和素质。作为教育家的孔子将礼作为要求学生掌握的6种基本才能，即所谓"六艺"之一。一个人要使自己成为一个文质彬彬、温柔敦厚的君子，修养良好个人素质，协调和谐人际关系，必须学礼、知礼、达礼。对于具体的礼仪形式，孔子表现了一种开放的、辩证的态度。孔子更为看重的是礼仪形式的情感内涵，是人与人之间应有的本真关系，而不应拘泥于形式，并反对烦琐礼仪。《论语·八佾》记载:"林放问礼之本。子曰:'大哉问!礼,与其奢也,宁俭;丧,与其易也,宁戚。'"同时,孔子看到礼仪的行为形式不是一成不变的,必然会因时代变化而有所损益。礼仪具有相对的灵活性和变化性。

毋庸置疑,现代礼仪的基本精神是平等、尊重和友爱。中国传统的礼仪文明中的以人与人之间尊重和友爱的本真关系作为基本价值,看重礼仪形式的情感内涵的观念,以及尊老敬贤、仪尚适宜、礼貌待人、容仪有整等礼仪规范,仍然具有现代价值。

2. 以最恰当的方式待人接物

文明礼仪是打开心扉的一把钥匙,是交流思想的窗口,是沟通感情的桥梁,是协调人际关系和公共关系的润滑剂。古人说"其交也以道,其接也以礼"。接待本质上是一种礼宾活动,表现为一定的接待仪式、礼节、规格和标准。接待礼仪的设计和实施,贯穿于迎送、会见、宴请等活动的设计,以及食宿、用车等具体事务活动和安排中,它体现组织的交际姿态和形象,是客人感受和体验人与人际关系之美的对象。"礼之用,和为贵。"1922年问世的《西方礼仪集萃》一书开篇中这样写道:"表面上礼仪有无数的清规戒律,但其根本目的在于使世界成为一个充满生活乐趣的地方,使人变得和易近人。"

礼仪无处不在,无时不有。比如,同客人交往时怎样选择称呼语,怎样向对方表示致意、问候、祝福,接待人应该保持怎样的个人形象和交际姿态,陪同客人坐电梯,陪同者应该先进还是后进,出电梯时,应该谁先出来,出席正式的社交晚宴,打扮最需要注意什么。这些问题人人都会碰到,也许把它当作小事,根本不在意;也许在意了,处理时却凭主观经验,是对是错,心中没数。

接待礼仪是接待艺术的重要内容。学习和践行接待礼仪,就是要塑造完美的接待礼仪,在接待过程中以最恰当的方式待人接物。

(1) 掌握礼仪知识,践行礼仪规范。掌握接待礼仪知识是接待人员必备的基本素质。注重道德修养,学习实践礼仪,只有修于内,方能行于外;注重实践养成,践行礼仪不可能一蹴而就,必须立足日常、注重细节,时时习礼、处处用礼,不断自觉提高践行礼仪的能力。

(2) 注重个人形象和交际姿态。接待人的个人形象包括外貌和穿着打扮所呈现的外观形象与言谈、举止、表情呈现的交际姿态。塑造良好的个人形象,是完成接待任务的需要,也是接待人员自尊自爱的表现。接待组织的形象是通过个人形象呈现的。

(3) 培育正确的接待心态。要正确认知政治上、人格上平等与以客为尊的关系,坚持有利公务、简化礼仪、务实节俭、杜绝浪费、尊重少数民族习惯的公务接待原则,为客人提供优质服务,重视提高接待价值的情感质量,以客为尊,一视同仁,不断提高接待的亲和力,推进接待工作规范化。

(4) 注重细节。在接待活动中,要始终做到热情、周到、严谨,对客人待之以情,接之以礼,关注接待细节,使接待过程成为传播和创造美的过程,让客人乘兴而来、满意而归。要尊重并尽可能满足每一位客人的合理要求,关注他们明确或潜在的需求,为客人提供个性化服务。

(5) 关注差异。差异性是礼仪的基本特征之一。礼仪规范约定俗成,不同国家、不同地区,由于民族特点、文化传统、宗教信仰、生活习惯不同,往往有着不同的礼仪规范,"十里不同风,百里不同俗"。这就需要增加了解,尊重差异,不可唯我独尊,我行我素。否则就会在无意中对客人造成情感上的伤害。

（6）简化礼仪。礼仪并非一成不变，而是随着时代发展变化而吐故纳新，随着内外交往日益频繁而互相借鉴吸收。礼仪的发展变化过程，是继承与创新相统一、差异与交融相伴生的过程。简化礼仪是礼仪发展的大趋势。

（7）距离产生美。在接待过程中保持适当的距离，有助于交往的顺畅，也是对对方的尊重。距离产生美，比如称呼应使用尊称，尤其是不要随便同客人套近乎，并避免"热情越位"。

资料来源：https://zhidao.baidu.com/question/1637844704305142140.html,2019-06-15.

第六章 人际沟通中的宴会礼仪

学习要求与目标

（1）理解并掌握中餐、西餐的礼仪。
（2）掌握饮茶礼仪。
（3）了解舞会礼仪的要求。

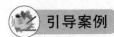

就餐细节对企业形象的重要性

　　一天，餐厅里进来一位老顾客，餐饮部主管向客人主动问好，客人也很熟悉地叫出了主管的名字。为他安排好座位后，主管立即与服务他的一位新员工打了招呼，告诉她这位先生姓周，是江西人，在这边做生意，是店里的老顾客，他喜欢喝绿茶。等客人坐定，新员工即刻为周老板泡了一杯绿茶，周老板会心地一笑。不一会儿他的朋友到齐了，招待好后他便转身去海鲜厅点菜。

　　服务员趁机来到主管这里查找顾客消费档案，了解到周老板喜欢先上水果拼盘，爱吃辣椒、鸡煲、家常豆腐等。等到周老板点完菜回到座位上，发现桌上已经多了两样东西，一样是水果拼盘，一样是辣椒酱。他高兴地连连说："新人也对我这么了解，你们这里的服务真是细心周到，让我们有了回家的亲切感，想想家人也不过如此啊！"同桌的宾客也称赞这里的服务有水平，都说以后有宴请都会选择这里，绝对放心，值得信赖。没想到这小小的举动，却赢得了客人的一致好评。

　　资料来源：https://wenku.baidu.com/view/af37fae169dc5022abea001b.html？from＝search2019-06-19.

　　案例点评：当前，餐饮活动日益成为人们社交活动的基本形式，要通过餐饮活动给别人留下良好的印象，进而扩大社交，就要懂得餐饮活动中的基本礼仪规范，并通过文明、高雅的就餐活动展示企业形象，尤其是当我们的餐饮活动已经不仅仅是吃饭、喝酒，更多的是在享受一种情调，一种品位的时候，更应掌握就餐时的各种礼仪规范。

第一节 中餐礼仪

一、中餐餐饮文化

中国餐饮文化源远流长,是中华民族文化宝库的重要组成部分,是"世界三大烹饪体系"之一。

(一) 中餐餐饮的内涵文化

中华饮食文化历来讲究色、香、味,讲究餐饮的形式,可以用"精""美""情"概括。这几个字反映了饮食活动过程中饮食品质、审美体验、情感活动、社会功能等所包含的独特的文化底蕴,也反映了饮食文化与中华优秀传统文化的密切联系。

1. 精

精是对中华饮食文化内在品质的概括,这种精品意识作为一种文化精神,渗透、贯彻到整个饮食活动过程中。选料、烹调、配料乃至饮食环境,都体现着一个"精"字。

2. 美

美体现了饮食文化的审美特征。这种美是指中国饮食活动形式与内容的完美统一,是指它给人们所带来的审美愉悦和精神享受。中华饮食之所以能够征服世界,重要原因之一就在于此。中餐之美不但表现在味道上,而且在形式上、颜色上、器具上,甚至在服务员的服饰上,都透着美,让人时时刻刻享受到美。

3. 情

中华饮食"情"为重要的功能。在中国,吃饭实际上是人与人之间情感交流的媒介,是一种别开生面的社交活动。人们常常一边吃饭,一边聊天,一边谈生意、交流信息、采访。古往今来,中国人习惯在饭桌上表达惜别或欢迎的心情,感情上的风波也往往能够借酒菜平息。随着社会生活节奏的加快,饮食活动的社会调节功能和心理按摩作用越来越受到人们的重视。

(二) 中餐餐饮的形式文化

中餐往往注重配料精细而且考究,千变万化,技巧繁多。从刀功上看,要求眼、刀、心的一致配合,才能达到一定的境界。在烹制过程中还要做到火候、味感的把握。出盘则是圆盘相托,一团和气,又可反映出中国人的聚气而生,圆桌共餐,餐具以圆为主,体现祥和、聚合之精神。

二、中餐餐具的使用

与西餐相比,中餐最大的不同就是餐具上的差异。下面介绍一下中餐餐具使用的一些注意事项与使用礼仪。

（一）筷子

筷子是中餐进餐时必不可少的餐具。筷子的主要功能是夹取食物和菜肴。通常筷子应当成双使用，不可只使用单根。筷子使用的礼仪主要有以下两点。

1. 筷子摆放的位置

筷子一定要放在筷子架上，不能放在杯子或盘子上，否则容易碰掉，如图6-1所示。如果不小心把筷子碰掉在地上，可请服务员换一双。

图6-1　筷子的摆放

2. 筷子使用的规范

（1）在用餐过程中，已经举起筷子，但不知道该夹哪道菜时，不可将筷子在各盘菜中来回移动或在空中比画。

（2）不要用筷子叉取食物放进嘴里，或用舌头舔食筷子上的附着物，更不要用筷子推动碗、盘和杯子。

（3）有事暂时离席，不能把筷子插在碗里，而应轻放在筷子架上。

（4）在席间说话的时候，不要把筷子当道具，随意乱挥或是用筷子敲打碗、碟、桌面，用筷子指点他人。

（5）每次用完筷子要轻轻地放下，尽量不要发出响声。

 小贴士

筷子使用的禁忌

（1）忌敲筷。在等待就餐时，不能用筷子随意敲打餐桌，或用筷子敲打碗盖或茶杯。

（2）忌掷筷。在餐前发放筷子时，要把筷子一双双理顺，然后轻轻地放在每个人的餐位前；距离较远时，可以请人递过去，不能随手掷在桌上。

(3) 忌叉筷。筷子不能一横一竖交叉摆放,不能一根是大头在前,一根是小头在前。筷子要摆放在碗的一侧,而不能架在碗上。

(4) 忌插筷。在用餐中途因故需暂时离席时,要把筷子轻轻地放在筷子架上,而不能插在饭碗里。

(5) 忌挥筷。在夹菜时,不能把筷子在菜盘里挥来挥去,上下乱翻,遇到别人也来夹菜时,要有意避让,谨防"筷子打架"。

(6) 忌舞筷。在说话时,不要把筷子当作刀具,在餐桌上乱舞;也不要在请别人用菜时,把筷子戳到别人面前,这样做是失礼的。

(二) 勺子

1. 勺子的功能

中餐里勺子的主要作用是舀取菜肴和食物。有时,在用筷子取食的时候,也可以使用勺子辅助,但是尽量不要单独使用勺子取菜。在用勺子舀取食物时,不要过满,以免溢出弄脏餐桌或衣服。在舀取食物后,可在原处暂停片刻,等汤汁不会再往下淌再移过来享用。

2. 用餐时使用勺子的礼仪规范

(1) 用餐间,暂时不用勺子时,应把勺子放在身前的碟子上,不要把勺子直接放在餐桌上,或让勺子在食物中"立正"。

(2) 用勺子舀取食物后,要立即食用或是把食物放在自己的碟子里,不要再把食物倒回原处。

(3) 用勺子取用的食物太烫,不可用勺子舀来舀去,也不要用嘴对着勺子吹,应把食物先放到碗里等凉了再吃。

(4) 不要把勺子塞到嘴里,或是反复舔食吮吸。

(三) 碗

1. 碗的功能

碗作为人们日常必需的饮食器皿之一,口大底小,碗口宽而碗底窄。下有碗足,高度一般为口沿直径的1/2,多为圆形,极少方形。一般用途是盛装食物,中国人大多喜爱用碗作为饮食工具,中餐的碗可以用来盛饭、盛汤、盛茶等。

2. 用餐时使用碗的礼仪规范

(1) 不要端起碗进食,尤其不要双手端起碗进食。

(2) 食用碗内食物时,应用勺加以辅助,不要直接下手取用,或不用任何餐具直接食用。

(3) 如果碗内有剩余食物,不可直接倒入口中,也不能将舌头伸进去舔食。

(4) 暂时不用的碗不宜往里乱扔其他物品。

(5) 不能把碗扣过来放在餐桌上。

（四）盘子

1. 盘子的功能

中餐的盘子有很多种,稍小点的盘子叫碟子,主要用于盛放食物,使用功能与碗大致相同。用餐时,盘子在餐桌上一般要求保持原位,不被挪动,也不宜几个碟子堆在一起。需要重点介绍的是一种用途比较特殊的盘子——食碟。食碟在中餐里的主要作用是暂放从公用的菜盘中取来自用的菜肴。

2. 用餐时使用食碟的礼仪规范

（1）一般不要在食碟里取放过多的菜肴,那样会看起来既繁乱不堪,又十分不雅。

（2）不吃的食物残渣、骨头、鱼刺不要吐在饭桌上,而应轻轻取放在食碟的前端,取放时不要直接吐到食碟上,而要用筷子夹到碟子前端。如果食碟已满,可示意让服务员更换食碟。

（五）汤盅

汤盅是用来盛放汤类食物的。

用餐时,使用汤盅需注意的是将汤勺取出放在垫盘上,并把盅盖反转平放在汤盅上就是表示汤已经喝完。

（六）水杯

中餐的水杯主要用于盛放清水、果汁、汽水等软饮料。注意不要用水杯盛酒,也不要倒扣水杯。另外,需注意喝进嘴里的东西不能再吐回水杯里。

（七）水盂

有时品尝中餐者要用手直接拿取食物,此时餐桌上会摆上一只水盂。例如,吃龙虾、鸡、水果时,会送上一只小水盂,水盂中盛放着清水,里面飘着柠檬片或玫瑰花瓣,水盂中的水只能用来洗手。在水盂里洗手时,可两手轮流蘸湿指头,轻轻涮洗,然后用小毛巾擦干。

（八）牙签

牙签也是中餐餐桌上的必备之物。牙签的作用主要有两点:一是扎取食物;二是剔牙。但是用餐时尽量不要当众剔牙,非剔不可时,要用另一只手掩住口部,剔出来的食物残渣,不要当众"观赏"或再次入口,更不要随手乱弹或随口乱吐。剔牙后,不要叼着牙签,更不要用其来扎取食物。

（九）湿巾

用餐前,服务员一般会为每位用餐者送上一块湿毛巾。这块湿毛巾的作用是擦手,擦手后,应该把它放回盘子里,由服务员拿走。宴会结束前,服务员会再送上一块湿毛巾,和前者不同的是,这块湿毛巾是用来擦嘴的,但不能用它擦脸或擦汗。

三、宴请时中餐菜肴的礼仪规范

（一）餐前准备

1. 注意事项

（1）适度修饰。在外用餐或参与宴会用餐时，应适度进行个人修饰。总的要求是整洁、优雅，具有个性化风格。

（2）准时到达。参加宴会或聚餐时，要准时到达，到达时间过早或过晚都是不礼貌的。

（3）各就各位。参加正式宴会时，要按照指定的桌次、位次就座。如果没有确定桌次和位次，应该遵从主人的安排，或与他人彼此谦让。一般来说，入座时，应在主人、主宾之后就座，或与众人一道入座。

（4）适度交际。参加宴会或聚餐，主要目的在于交际，而不仅仅是为了吃饭。因此，在用餐时适度与他人的交流并借此机会多结识新的朋友。

（5）倾听致辞。一般在一些正式宴会开始前，都会有专门的致辞。当宾主致辞时，要注意倾听。

2. 确定宴请时间、地点

（1）遵守民俗惯例。宴请他人吃饭时，不可一概而论。不过大多数情况下，确定正式宴请的具体时间要遵守民俗惯例。例如，国内外举办的正式宴会，通常都安排在晚上。因为晚上工作已经基本做完，心情比较轻松，时间相对宽余。有些工作餐会安排在中午。而在广东、海南等地，朋友聚餐又会安排在早晨，称为"吃早茶"。

（2）尊重主客意愿。宴请的时间应对主客双方都合适。不要选择对方的重大节假日、有重要活动或有禁忌的日子和时间。小型宴请应首先征询主宾意见，最好先当面口头邀请，也可电话联系。主宾同意后，即被认为确定时间，可以按此约请其他宾客。

（3）宴请地点的选择。官方正式的活动，一般安排在政府、议会大厦或宾馆内举行，其余则根据活动性质、规模大小、宴会形式、主人意愿及实际情况而定。选定的场所要能容纳全体受邀人员。选定的餐馆应环境幽雅、安全卫生、设施完备。

3. 菜单的安排

在宴请宾客之前，主人应对所选菜单进行斟酌。主要应着重考虑宜选菜肴和忌选菜肴。

一般来说，在准备菜单时，以下3类菜肴可以优先考虑。

（1）具有中餐特色的菜肴。吃中餐要选具有中国特色的菜肴。尤其是招待外国朋友时，提供具有中国特色的美食，可以达到事半功倍的效果。

（2）具有地方特色的菜肴。中国地大物博，各地区气候及物产都有着各自的优势，进而形成了不同风格的菜肴。如四川的火锅、云南的过桥米线、福建的佛跳墙、安徽的臭鳜鱼等。选择一些具有地方特色的菜肴会比选择大众化的所谓高档菜肴更受欢迎。

案例 6-1

地道的本地特色

周小姐留学回国后留在了四川。她的朋友和同学每次回国时,周小姐都要请他们吃正宗的火锅,那家店人气极旺,坐在店堂中很容易感受到老四川的气息。而这样的安排让她的朋友们非常高兴。

资料来源:https://max.book.118.com,2019-06-25。

案例点评:每个地方都有地道的本地特色餐馆,请异乡人品尝本地特色,也会是一种让人满意的安排。本地风味的餐馆大多定位于吸引本地顾客,因此更注重地道的口味和当地文化气息的营造。虽然店内装修、装潢未必不高档,但可以让人直接感受当地的人文特色,从而掩盖可能档次不高的缺陷。

(3) 本餐馆的特色菜肴。一些拥有一定名声的餐馆都有其拿手好菜,在这样的餐馆里点菜时,应注意了解并选择该菜馆的招牌菜。这样不仅会品尝到更优秀的美味,也会让宾客难以忘怀。

在安排菜单时,如何让宾客吃得尽兴、满意,不是一件容易的事,因为不知道宾客喜欢吃什么,如果不主动问,客人往往也不好意思说。因此,这就需要深入了解宾客不吃什么,忌讳什么。确定菜单时应尽量避免冒犯了宾客的禁忌。

一般来说,饮食方面我们需要注意的禁忌主要有以下4点。

(1) 宗教禁忌。对宗教方面的禁忌一定要认真对待,绝不能疏忽大意。如果对宗教禁忌不加以重视,会带来很大麻烦,甚至引起冲突。

(2) 地方禁忌。在不同地区,人们的饮食习惯往往不同,相应的一些禁忌也不同。例如,西方人通常不吃宠物、淡水鱼、动物内脏、动物的头和爪。而中国人却不一样,"白水羊头""凤爪""干锅鸭头""卤煮火烧""小肠陈"等都是很多人的最爱。

(3) 职业禁忌。有些职业出于工作需要会有一些饮食的禁忌。例如,服务窗口工作的忌吃大蒜、葱、韭菜等,驾驶员不能饮酒等。

(4) 个人禁忌。即属于个人生理或心理原因而形成的某种习惯。例如,糖尿病患者不吃甜食,高血压患者不饮酒。也有的人是心理原因,如不吃形象怪异,或味道怪异的食物。这些都需要在宴客时提前了解和注意规避。

4. 席位的安排

宴请往往是一种较大的社交聚餐活动。它所涉及的席位排列问题可分为桌次排列与位次排列两个问题。根据社交礼仪的规范,对其都有相应的规定。

桌次排列就是解决桌次的尊卑问题。在进行排列时一般会遇到以下两种基本情况。

(1) 由两桌组成的小型宴请。如果两桌横排,其桌次以右为上,以左为下,即"以右为尊"。这里所说的右和左,是指以面对正门的位置来确定,即"面门定位"。如果两桌竖排,其桌次以远为上,以近为下。这里所说的远近,是距离正门的远近。

(2) 由3桌或3桌以上组成的宴请。在安排桌次时,除了要遵循"面门定位""以右为尊""以远为上"3条法则之外,还要考虑与主桌的远近。通常,距离主桌越近桌次越高;距离主桌越远则桌次越低,即"主桌定位"。

宴请时,每张餐桌上的具体位次也有主次尊卑的问题。排列位次的基本法则主要有以下3种。

(1) 面门为主。即在每张餐桌上,面对宴会厅正门的正中座位为主位,通常应请主人在此就座。有时主宾身份高于主人,为表示尊重,主宾安排在主人位置,主人在主宾位置。

(2) 右高左低。即在每张餐桌上,除主位外,其余座位位次的高低应以面对宴会厅正门为准,右侧的位次高于左侧的位次。

(3) 各桌同向。即在举行大型宴会时,其他各桌的主陪之位均应与主桌主位保持同一方向。

位次排列应注意的情况如下所示。

(1) 每桌一个主位。其特点是每桌只有一名主人,主宾在其右侧就座。每桌只有一个中心。

(2) 每桌两个主位。其特点是主人夫妇就座于同一桌,以男主人为第一主人,以女主人为第二主人,主宾和主宾夫人分别在男女主人右侧就座。每桌在客观上形成了两个中心,如图 6-2 和图 6-3 所示。

图 6-2　宴会座位安排(一)

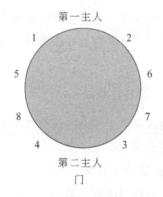
图 6-3　宴会座位安排(二)

(3) 如果主宾身份高于主人,为表示尊重,可安排主宾在主人位次就座,而主人坐在主宾的位次上。如果本单位出席人员中有职务高于主人的,可请他居于主位,而请实际的主人坐在他左侧。

5. 宴请程序及现场工作

主人一般在门口迎接客人。主宾到达后,由主人陪同进入休息厅与其他客人见面。如其他客人尚未到齐,由主人委托其他人代表主人在门口迎接。主人陪同主宾进入宴会厅,全体客人就座,宴会即开始。

一般正式宴会可在热菜之后,甜食之前由主人讲话,接着由客人讲话。也有的是一入席双方即刻讲话的。冷餐会和酒会讲话时间则更灵活。吃完水果,主人与主宾起立,宴会即告结束。主宾告辞,主人送至门口,主宾离去后,原迎宾人员顺序排列,与其他客人握手告别。

服务员应提前到现场检查准备工作。如是宴会,服务员应事先将座位卡及菜单摆上。座位卡置于酒杯或平摆于餐具上方。菜单一般放在餐具右侧。

服务员的工作直接关系到宴请活动的顺利进行。因此,国际上对服务员的礼节、服务水平,以至服饰要求都很高,官方活动要求尤为严格,服务员都受过专业训练。

6. 宴会进行中应注意的方面

宴会进行中应注意以下6个方面。

(1) 照顾全面。一定要询问客人中有无忌口,千万不能因为一点疏忽而惹得客人不高兴。

(2) 重点突出。最好点一两种客人平时最爱吃的或本饭店的特色菜,上菜后不要忘了重点介绍菜品。在很多时候,一道菜也能起到画龙点睛的作用。

(3) 男女有别。宴请中如有漂亮的女士,那么就要少点一些飞禽或鸡鸭,因为这些菜肴骨头多,让女士在众人面前啃骨头难免有伤大雅。

(4) 一视同仁。如果是分桌进餐,每个桌的菜应是相同的,这样不但点起来方便,而且可避免主桌以外的客人心存不满。

(5) 敬酒有方。一般来说,过多地向客人敬酒是对客人的一种不尊重,但有的客人酒量较大,对敬酒并不反感,多敬几杯是可以的。敬酒时应遵循身份高低尊卑的次序,不要过于冒失。敬酒时不应有遗漏,如果是分桌进餐的话,其他桌上的客人也应照顾到。

(6) 谈事时机。一般宴请最好挑有沙发的包间,如果和客人不很熟,可在人没到齐时,先把事情谈完。这样做的好处是让人家吃得心里踏实。如果和客人较熟,可以到最后送客时顺口说一声"帮我办一下"就行了。

(二) 餐时礼仪

餐时表现是指用餐期间的全部活动,这是用餐表现中最为核心的部分。用餐时应注意的礼仪规范主要有以下5点。

1. 不违背饮食习俗

中餐一般使用圆桌进餐,大家围坐圆桌旁,用筷子夹菜。一般是10个人配10道正菜,目的是讲求圆满和十全十美。春节时,餐桌上要有鱼,意为"年年有余"。中餐上菜的顺序,虽各地食俗不同,但大体上是按照冷盘→头菜(主题菜)→热炒→大菜→甜品(汤和点心同时上,甜汤配甜点)→水果→茶的顺序上席。当冷盘吃剩1/3时,开始上第一道热菜,放在主宾面前。主菜上桌后,宴会才逐渐进入气氛。以上这些饮食习俗不要轻易违背。

2. 保持良好形象

进餐时坐姿要端庄,着装要整齐,不应随意宽衣解带,大声喧哗。同时要注意不乱挑菜,不要在盘内翻来覆去挑挑拣拣,已经咬过的菜不要放回盘子里,应将其吃完。在多人用餐时,不争抢菜,注意互相礼让,依次而行,取用适量。不要随意玩弄餐具,更不要敲餐桌,晃座椅,走来走去,随意吸烟等。

案例 6-2

眉飞色舞忘了邻桌

几个老同学好久不见,相约一起吃饭,小王颇为兴奋,讲起这些年的经历更是眉飞色舞。边吃边说,越说声音越大,手里的筷子也随着他的声调上下挥舞。他一举起筷子舞动,旁边的人就不禁侧身避让。但小王并未察觉,照样说得很欢。无奈,两边的人只好悄悄将椅子向边上挪了挪。

资料来源:https://wenku.baidu.com/view/1c094e5e11a6f524ccbff121dd36a32d7275c778.html2019-06-28.

案例点评:吃饭时说话应低声,要注意吃相,不影响他人进餐。

3. 注意尊重他人

参加宴会或聚餐时,开始用餐时不要先拿筷,应等主人邀请、主宾动筷时再拿筷。主人向客人介绍自家做的拿手菜或名厨做的菜,请大家趁热品尝时,不得争抢,应首先礼让邻座客人后,再伸筷取食。当其他客人还没吃完时,不要独自先离席。在宴会餐桌上,进餐速度快慢不要依个人习惯,而应适应宴会的节奏,等大家都吃完,主人起身,主宾离席时再致谢退席。

4. 注意饮酒适量

祝酒时,应暂停进餐,注意聆听。碰杯时,主人和主宾先碰。人多时可同时举杯示意。注意不要交叉碰杯。饮酒时应控制在本人酒量的1/3以内,因为喝酒过量容易失言。

倒酒时,杯子应放在桌子上。别人为你倒酒时,要把杯子举起,说声"谢谢"。

注意宴会敬酒顺序:主人敬主宾;陪客敬主宾;主宾回敬;陪客互敬。作为客人绝不能喧宾夺主乱敬酒,这样做既不礼貌,也不尊重主人。

5. 离席要有礼有节

一些宴会和茶会的时间较长,大约都会在两小时以上。如果想中途离席,需要注意一些技巧和礼仪。常见一场宴会进行得正热烈的时候,因为有人想离开,而引起众人一哄而散的结果,使主办人急得直跳脚。要避免这种情况,当你要中途离开时,不要和谈话圈里的每一个人一一告别,只要悄悄地和身边的两三个人打个招呼,然后离开便可。

中途离开宴会现场,一定要向邀请你的主人说明并致歉,不可不辞而别。和主人打过招呼,应该马上就走,不要和主人在大门外聊个没完。

四、中餐的饮酒礼仪

在中国有"无酒不成席"之说。若要使酒在餐饮活动中发挥出更好的作用,就需要了解饮酒的习俗及礼仪规范。

(一)酒的种类

目前,国内所见的酒水主要有白酒、啤酒、葡萄酒、香槟酒、白兰地酒、威士忌酒,以及鸡尾酒等。

1. 白酒

白酒是用高粱、玉米、甘薯等粮食或某些果品,发酵、蒸馏制成的一种酒类。白酒通常没有颜色,一般酒精含量比较高,属于典型的烈性酒。白酒因制作工艺不同又分为各种香型。

中国的白酒种类众多,可根据实际情况选用。

饮用白酒一般不与其他酒类和汽水、可乐等饮料混合同饮,既影响口感,也伤身体。喝白酒也不宜加水稀释。在正式场合喝白酒,讲究以专用的瓷杯或玻璃杯盛酒。喝白酒讲究"酒满敬人""一饮而尽"。

2. 啤酒

啤酒是西方人发明的一种酒。在国外,人们主要把啤酒当成日常饮料,并不把它当作正式的酒看待。目前,世界各地都出产啤酒,根据工艺的不同可以分为生啤、熟啤、黄啤、黑啤、红啤等。饮用啤酒的最佳温度为7℃左右,且讲究大口饮用。啤酒是日常社交活动中经常饮用的酒类,但一般不用于正式的筵席。

3. 葡萄酒

葡萄酒是以葡萄为主要原料,发酵酿制而成的一种酒类。酒精含量不高,味道纯美。根据色彩的不同,葡萄酒分为白葡萄酒、红葡萄酒、桃红葡萄酒。根据所含糖分的不同,又分为干、半干、微甜、甜等几种。现在干葡萄酒,即基本上不含糖的葡萄酒较为流行。

葡萄酒既可以佐餐,也可以单独饮用。喝不同类型的葡萄酒,在温度上的要求是不同的。白葡萄酒最佳温度为13℃,这时口感最好。红葡萄酒在18℃口感最佳。

喝葡萄酒时则要用专门的高脚杯,如图6-4所示。

4. 香槟酒

香槟酒,又称为发泡葡萄酒,是一种经过特种工艺制成的、富有二氧化碳的、可产生大量泡沫的白葡萄酒。因其以产自法国香槟地区的最为有名,故得此名。

香槟酒的酒精含量为10°左右,在6℃时饮用最佳。饮用香槟酒需用郁金香形的高脚杯,如图6-5所示。饮酒时以手捏住杯脚。

5. 白兰地酒

白兰地酒是最为名贵的酒之一。它是用葡萄汁发酵之后蒸馏精制而成,其酒精含量为40°左右。世界上知名的白兰地酒以产自法国干邑地区且窖藏时间较长者为佳。喝白兰地酒的最佳温度为18℃,酒杯为矮脚杯,如图6-6所示。

图6-4 葡萄酒杯

图6-5 香槟酒杯

图6-6 白兰地酒杯

饮酒时可以用手托住杯身,以手掌为其加温。饮用白兰地酒宜慢慢地小口品味,一饮而尽被视为没有品位。

6. 威士忌酒

威士忌酒是一种用谷物发酵酿造而成的烈性蒸馏酒。它的口味浓烈、刺激,酒精含量为40°左右。在世界各国生产的威士忌酒中,以产自英国苏格兰地区的威士忌酒最为有名。

饮用威士忌酒可以纯饮,也可以根据偏好加水、加冰、加苏打水。喝威士忌酒一般使用专门的平底玻璃杯。

(二) 中餐中酒菜的搭配

正式的中餐宴会通常都要准备白酒和葡萄酒,由于饮食习惯的原因,中餐宴会中的葡萄酒多为红葡萄酒,因为红色具有喜气红火之意。

在中餐宴会中,通常在每位用餐者正前方排列着3只杯子,它们自左至右依次为白酒杯、葡萄酒杯和水杯。在搭配菜肴方面没有特别的讲究,喜欢喝什么酒,就喝什么酒,什么时候喝也随意。

小贴士

饮酒时应注意的细节

俗话说,酒是越喝越厚。但在酒桌上也有很多学问讲究,以下总结了一些酒桌上需要注意的细节。

细节1:领导相互敬酒完毕才轮到自己敬酒。敬酒一定要站起来,双手举杯。

细节2:可以多人敬一人,绝不可一人敬多人,除非自己是领导。

细节3:敬别人时,如果不碰杯,喝多少可视情况而定,比如,对方的酒量,对方喝酒的态度,但不可比对方喝得少,因为是自己在敬对方。

细节4:自己敬别人,如果碰杯,可以说"我喝完,您随意",方显大度。

细节5:及时为领导或客户添酒,不要乱为领导代酒,即使需要,也要在领导或客户确实想找人替代才可,还要佯装是因为馋酒而不是为了给领导代酒而喝。

细节6:敬酒时,自己的杯子要低于别人。如果是领导,就不要放太低。

细节7:如果没有特殊人物在场,敬酒最好按时针顺序,不要厚此薄彼。

细节8:碰杯,敬酒,要有说辞,不然,对方为何要喝你敬的酒?

细节9:桌面上不谈生意,喝好了,生意也就差不多了,大家心照不宣,不然人家也不会敞开了与你喝酒。

(三) 敬酒与干杯

1. 敬酒

敬酒也称为祝酒,是指在正式宴会上,由男主人向来宾提议,为了某种事由而一同饮酒。

在正式宴会上,主人与主宾都会发表一篇专门的祝酒词。因此,祝酒往往是宴会上不可缺少的一项程序。

在宴会上,敬酒可以随时进行,通过敬酒可以使宴会的氛围更为热烈欢快。不过敬酒也要适可而止。不要故意把别人灌醉,更不要在他人的软饮料里加入烈性酒。

敬酒时,上身挺直,双腿站稳,以双手举起酒杯,待对方饮酒时,再跟着饮,敬酒的态度要热情而大方。在规模盛大的宴会上,主人将依次到各桌敬酒,而每一桌可派遣一位代表到主人的餐桌上去回敬一杯。

2. 干杯

干杯,指的是在饮酒时,特别是在祝酒、敬酒时,以某种方式,劝说他人饮酒,或建议对方与自己同饮。在干杯时,要喝光酒杯中的酒。

在主人或他人提议干杯后,应手持酒杯起身站立。干杯时,应手举酒杯,至双眼高度,口道"干杯"的同时要碰杯,之后将酒一饮而尽。然后还须手持酒杯与提议干杯者对视一下,这一过程方告结束。

第二节 西餐礼仪

一、西餐餐饮文化

具体来说,西餐餐饮文化特征体现在以下3个方面。

(一) 休闲

休闲文化是指在餐饮活动中体现的是简单、快捷,制作工艺是标准化的。这方面最突出的是美国的快餐文化,而这种快餐文化体现的就是休闲文化。

(二) 平等、自由

在西餐中,饮食的时时刻刻都体现着人与人的平等与自由,每个人自主决定食物的种类、分量,分餐食用,丰俭由己,在大多数的场合实行AA制。吃饭是自己的事情,大家平等自由地坐在一起享用食物。西餐中的平等与自由还体现在对女士的尊重上,西餐的末位不能安排女士,在家宴中,主位是女主人。

(三) 分餐

西方用餐习惯于在长条桌上进行,实行分餐制,即各自点菜,各持一份。最普遍的盘式服务是将餐食在厨房分装到每一只餐盘中,由服务员从厨房端出,再迅速、礼貌地递给每位客人。

二、西餐的菜序

西餐正餐的菜序如下。

（一）头盘

西餐的第一道菜是头盘,也称为开胃菜。开胃菜的内容一般有冷头盘和热头盘之分,常见的品种有鱼子酱、鹅肝酱、熏鲑鱼、鸡尾杯、奶油鸡酥盒、焗蜗牛等。因为是要开胃,所以开胃菜一般都具有特色风味,味道以咸和酸为主,数量较少,质量较高。

（二）汤

与中餐上菜顺序不同,西餐的第二道菜就是汤。西餐的汤大致可分为清汤、奶油汤、蔬菜汤和冷汤4类。品种有牛尾清汤、各式奶油汤、海鲜汤、意式蔬菜汤、俄式罗宋汤、法式焗葱头汤。冷汤的品种较少,有德式冷汤、俄式冷汤等。

（三）副菜

鱼类菜肴一般作为西餐的第三道菜,也称为副菜。品种包括各种淡海水鱼类、贝类及软体动物类。西餐的鱼类菜肴讲究使用专用的调味汁。

（四）主菜

肉、禽类菜肴是西餐的第四道菜,也称为主菜。肉类菜肴的原料取自牛、羊、猪、小牛仔等各个部位的肉,其中最有代表性的是牛肉或牛排。牛排按其部位又可分为沙朗牛排（也称西冷牛排）、菲利牛排、T骨型牛排、薄牛排等。其烹调方法常用烤、煎、铁扒等。肉类菜肴配用的调味汁主要有西班牙汁、浓烧汁精、蘑菇汁、班尼斯汁等。

禽类菜肴的原料取自鸡、鸭、鹅,通常将兔肉和鹿肉等野味也归入禽类菜肴,禽类菜肴品种最多的是鸡,有山鸡、火鸡、竹鸡,可煮、可炸、可烤、可焖,主要的调味汁有黄肉汁、咖喱汁、奶油汁等。

（五）蔬菜类菜肴

蔬菜类菜肴可以安排在肉类菜肴之后,也可以与肉类菜肴同时上桌,所以可以算为一道菜,或称为一种配菜。蔬菜类菜肴在西餐中称为沙拉,一般用生菜、西红柿、黄瓜、芦笋等制作。沙拉的主要调味汁有醋油汁、法国汁、千岛汁、奶酪沙拉汁等。

除了蔬菜之外,还有一类沙拉是用鱼、肉、蛋类制作的,这类沙拉一般不加调味汁,在进餐顺序上也可以作为头盘食用。

还有一些蔬菜是熟食的,如花椰菜、煮菠菜、炸土豆条等,通常是与主菜的肉食类菜肴一同摆放在餐盘中上桌,称为配菜。

（六）甜品

西餐的甜品在主菜后食用,可以算作是第六道菜。从真正意义上讲,它包括所有主菜后的食物，如布丁、煎饼、冰激凌、奶酪、水果等。

（七）咖啡

西餐的最后一道是上饮料，一般为咖啡或茶。咖啡一般要加糖和淡奶油。

三、西餐的座次

（一）座次排列的基本法则

西餐宴会也关注座次问题，但与中餐不同的是，西餐座次排列的规矩更突出对女士的尊重和彼此的交流。具体的座次排列法则有以下5种。

1. 女士优先

在西餐礼仪中，女士是备受尊重的。在安排用餐座次时，尤其是家宴，主位一般应请女主人就座，而男主人则退居第二主位。西餐宴会上女主人是第一顺序，女主人不坐，别人是不能坐的，女主人把餐巾铺在腿上就说明大家可以开动。女主人要把餐巾放在桌子上，则是宴会结束的标志。

2. 以右为尊

在排定座位时，以右为尊是基本法则，这一点与中餐相同。依据这一法则，应安排男主宾坐在女主人右侧，安排女主宾坐在男主人右侧等。

3. 面门为上

面门为上是指面对餐厅正门的位子，此位在序列上要高于背对餐厅门的位置。

4. 距离定位

一般来说，西餐桌次的尊卑与其距离主位的远近密切相关，在正常情况下，距离主位近的位子高于距离主位远的位子。

5. 交叉排列

用中餐时，用餐者往往与熟悉的人，或与配偶坐在一起。但在西餐中，用餐者不能这么坐。西餐用餐礼仪更强调交际，在排列座次时，往往遵守交叉排列法则，依此法则，在安排座位时，会使男女宾客交叉排列，生人与熟人交叉排列。因此，用餐时，一位用餐者的对面或两侧很可能是自己不认识的人，或者是异性。这样做的目的是为了使每一位用餐者，通过餐饮活动结交朋友。

（二）座次排列的具体情况

西餐的餐桌一般是长方形，也有少数用圆桌的情况。就长形桌来说，座位的排列又有两种形式。

（1）主客双方或男女主人在长桌中央面对而坐，面门为上，其他客人按以右为尊的法则依次排列。

(2)主客双方或男女主人分别就座于长桌两端,面门为上,其他客人也是按以右为尊的法则依次排列。

在西餐中,使用圆桌的情况很少,一般在比较隆重而正式的宴会上会使用,其具体排列法则基本上是上述各种的法则的综合运用。

四、西餐餐具的使用

(一)刀叉

中餐的餐具主要是碗筷,西餐则是刀叉。吃西餐时,刀叉可以配合使用,也可以分别使用。在多数情况下,刀叉是配合使用的。

1. 刀叉的种类

在正规的西餐宴会上,通常讲究吃一道菜换一副刀叉。也就是说,每一道菜都要使用专门的刀叉。既不可以乱用,也不可以一副刀叉用到底。

一般情况下,在吃西餐正餐时出现在用餐者面前的刀叉会有多副,如图6-7所示。注意它们的功能和使用方法。

(1)吃黄油所用的餐刀。一般没有与之配套的餐叉。它的正确位置是横放在用餐者的左手的正前方。

(2)吃鱼和吃肉所用的刀叉。通常餐刀在右、餐叉在左,分别纵向摆在用餐者面前的餐盘两侧。餐叉的具体位置,应在吃黄油所用的餐刀的正下方。

图6-7 西餐刀叉的种类及摆放位置

(3)吃甜品所用的刀叉。一般最后使用,通常应横向放在餐盘的正前方。

2. 刀叉的使用方法

(1)吃正式的西餐时,餐盘左右分别摆放的刀叉有3副之多,要想不将其用错,就要记住一个基本准则:依次分别从外侧向内侧取用刀叉。

(2)吃西餐时,要求右手持刀,左手持叉。一边切割,一边叉起食物食用,不可一次性全切完再吃。

(3)在使用刀叉切割食物时不可弄出响声。

(4)被切割好的食物,大小应刚好适合入口。不可叉起之后,再一口一口咬着吃,食物不可用刀扎着吃。

(5)掉落到地上的刀叉不可再用,应请侍者另换一副。

3. 刀叉的暗示

使用刀叉可向侍者暗示某种信息,具体方法有以下几点。

(1) 尚未用完餐。在吃西餐时,如果与人谈话,依礼应暂时放下刀叉。正确的做法是,将刀叉右刀、左叉,刀口向内、叉齿向下,呈"八"字形摆放在餐盘上。它的含义是,此菜尚未吃完。如图6-8所示。

(2) 用餐完毕。如果吃完了,不再吃了,则可以将刀口内向、叉齿向上,刀右叉左并排纵向放在餐盘上,或者刀上叉下并排横向放在餐盘上。此种做法的意思是,本人已经用餐完毕,请将刀叉及餐盘一起收掉。

图 6-8 暂时不用餐时刀叉的摆放

(二) 餐匙

品尝西餐时,餐匙是一种不可缺少的餐具。学习餐匙的使用,应重点掌握其区别、用法两大技巧。

1. 餐匙的区别

在西餐正餐中,一般会出现两把餐匙,它们形状、用途各不相同,摆放的位置也不同。个头较大的餐匙称为汤匙,通常它被摆在用餐者右侧最外端,与餐刀并列纵放。个头较小的餐匙称为甜品匙。一般情况下,它应当被摆在吃甜品所用刀叉的正上方,并与其并列。如果不吃甜品,用不上甜品匙的话,有时它会被大小与其差不多的茶匙取代。

2. 餐匙的用法

餐匙的具体使用方法如下。

(1) 餐匙除可以喝汤、吃甜品外,不可以直接舀取其他菜肴。

(2) 已经开始使用的餐匙,不可再放回原处,也不可将其插入菜肴或将其"直立"于甜品、汤盘或杯子中。不用的餐匙应将其平放在盘子上。

(3) 不能将餐匙含在口中。

(4) 不能用餐匙舀取咖啡或茶饮用。

(三) 餐巾

在西餐餐具里,餐巾是一个发挥多种作用的重要角色。了解餐巾的使用方法,可以帮助我们保持良好的用餐形象。

1. 餐巾的铺放

西餐中的餐巾有大有小,但无论大小,餐巾都应平铺在自己并拢的双腿上。一定不要把餐巾披在领口、围在脖子上、塞进衣襟内,或者塞进裤腰里。这些做法都是不雅的。

2. 餐巾的用途

(1) 保洁服装。吃西餐要求着装整洁有档次,为防止服装被菜汁弄脏,需要用餐巾盖在腿上,保证就餐时的风雅。

(2) 擦拭唇部。吃西餐强调保证良好的就餐形象。而吃饭时难免有些汤汁挂在嘴角,此时需要用餐巾擦拭。但是餐巾不能用来擦汗、擦脸、擦手等,更不能用餐巾擦餐具,那样做会被认为餐具不洁,是对主人的失礼。

(3) 遮掩不便。在进餐时,如果遇到剔牙、吐东西等行为,由于这样的行为不雅,需要用餐巾遮掩,如果没有遮掩会被认为失态,是不文明之举。

3. 餐巾的暗示

用餐时,餐巾可以进行多种暗示,最常见的暗示有以下3种。

(1)暗示用餐开始。西餐都是由女主人引领的。当女主人将餐巾打开铺在腿上时,就等于宣布用餐开始。

(2)暗示用餐结束。当女主人把餐巾放到餐桌上时,意味着用餐结束。其他宾客可以离开。一个人如果到西餐厅吃西餐也可以用这样的方法,暗示用餐结束。

(3)暗示暂时离开。如果用餐中途需要暂时离开,可以将餐巾放在本人座椅的椅面上。见到这种暗示,侍者不会"撤席",而会保持原状。

五、西餐的礼仪规范

(一) 衣着考究

参加西餐宴会讲究穿着打扮,否则被认为是失礼。特别要注意的是,再昂贵的休闲服,也不能穿到宴会上。根据用餐的规模和档次,用餐时的衣着要求也不尽相同。

1. 隆重的宴会

在隆重的宴会要求穿礼服。男装为黑色燕尾服,戴黑色领结;女士穿拖地长裙。也可以穿本民族的盛装,如中国的中山装、旗袍等。

2. 普通宴会

在普通宴会上通常要穿正装。这里所说的正装是指深色服装,如黑色或藏蓝色套装或套裙。男装不要色彩过淡,女装切忌过短、过小。

3. 一般性的聚餐

参加一般性的聚餐可以穿便装。当然这里所说的便装也是有严格规定的。男士可以穿浅色西装,或穿单件的西装上衣。女士可以穿时装,或以长西裤代替裙装。但绝不能随心所欲,穿着风格应高雅、整洁。

(二) 举止高雅

西餐在很大程度上讲是在吃情调:大理石的壁炉、熠熠闪光的水晶灯、银色的烛台、缤纷的美酒以及人们优雅迷人的举止。

1. 坐姿端庄

就座时,身体要端正,手、肘不要放在桌面上,不可翘足,与餐桌的距离以便于使用餐具为佳,餐台上已摆好的餐具不要随意摆弄。

2. 进食无声

用餐时,无论吃东西,还是喝东西,都不能发出声音。在西方人看来,吃东西发出声音是缺乏教养的表现。喝汤时不要啜,吃东西时要闭嘴咀嚼,例如汤菜过热,可待稍凉后再吃,不要用嘴吹;喝汤时,用汤勺从里向外舀,汤盘中的汤快喝完时,用左手将汤盘的外侧稍稍翘起,用汤勺舀净即可;吃完汤菜时,将汤匙留在汤盘(碗)中,匙把指向自己。

  3. 进食文明

  每次送入口中的食物不宜过多,在咀嚼时不要说话,更不可主动与人交谈。如果是谈话,可以拿着刀叉,无须放下。但不可手执刀叉在空中挥舞,也不要一只手拿刀或叉,而另一只手拿餐巾擦嘴;也不可一只手拿酒杯,另一只手拿叉取菜。

  吃鱼、肉等带刺或骨的菜肴时,不要直接外吐,可用餐巾捂嘴轻轻吐在叉上,然后放入盘内。如盘内剩余少量菜肴时,不要用叉子刮盘底,更不要用手指相助食用,应以小块面包或叉子相助食用。吃面条时要用叉子先将面条卷起,然后送入口中。

  不可在餐桌边化妆,用餐巾擦鼻涕。用餐时打嗝是最大的禁忌,万一发生此种情况,应立即向周围的人道歉。取食时不要站立起来,坐着拿不到的食物应请别人传递。

(三) 尊重女士

  中餐强调尊重长者,而西餐强调尊重女士。西餐中对女士的尊重体现在以下3个方面。

  1. 尊重女主人

  在西餐宴请活动中,女主人处于"第一"顺序。具体表现是女主人坐主位,由女主人宣布用餐开始或结束。

  2. 照顾女宾客

  吃西餐时,无论是否相识,男士都要处处积极、主动地对女士多加照顾。例如用餐前,帮助女士挂外套,或找座位。在用餐期间,要帮助女士取菜、拿调味品,并陪其交谈等。

  3. 忌用女侍者

  在正式的西餐馆,一定是男侍迎来送往,忙忙碌碌,而且很少见到女侍。

(四) 积极交际

  西餐宴请活动的主旨是促进人们的社交活动。因此,不与他人交流是失礼的。进餐时与他人的交际主要表现为两个方面。

  1. 宾主的交际

  作为宾客要向主人致意,并找时间与其简短交谈,联络感情。不要用过餐就走,更不能不把主人放在眼里。

  2. 来宾的交际

  西餐礼仪要与老朋友寒暄,要借机会多交新朋友。在与对方交流中,不仅能获取更多的信息,打开社交面,也有益于食物的消化,提高兴奋点,有利于身体的健康。

中西方餐饮礼仪的差异

在餐饮氛围方面,中国人在吃饭的时候都喜欢热闹,很多人围在一起吃吃喝喝,说说笑笑,大家在一起营造出一种热闹的用餐氛围。除了在很正式的宴会上,中国人在餐桌上并没有什么很特别的礼仪。而西方人在用餐时,喜欢幽雅、安静的环境,他们认为在餐桌上的时候一定要注意自己的礼仪,不可以失去礼节,例如在进餐时不能发出很难听的声音。

对于餐具,在中国餐具较简单,一般只有杯子、盘子、碗、碟子、筷子、调羹等,而西方分有刀、叉、匙、杯、盘等。刀叉分为食用刀、鱼刀、肉刀、奶油刀、水果刀;叉又分为食用叉、鱼叉、龙虾叉。茶杯、咖啡杯为瓷器并配有小碟,水杯、酒杯多为玻璃制品。

表示停餐方法,中方筵席中暂时停餐,可以把筷子直搁在碟子或者调羹上。如果将筷子横搁在碟子上,那是表示酒足饭饱不再进膳了。在西方,刀叉的摆法不同,代表的含义不同,刀叉以"八"字形摆在盘子中央意味着略作休息。用餐后,将刀叉摆成4点钟方向即可。

六、西餐中的饮酒礼仪

(一) 西餐中酒菜的搭配

在正式的西餐宴会上,酒菜的搭配十分严格。一般来讲,吃不同的菜肴需要配不同的酒水,每吃一道菜,便要换上一种新的酒水。

西餐中上的酒水分为餐前酒、佐餐酒、餐后酒3种。

1. 餐前酒

餐前酒,又称为开胃酒,是开始用餐前饮用的,或在吃开胃菜时搭配饮用。一般情况下,餐前人们喜欢喝鸡尾酒、味美思酒和香槟酒。

2. 佐餐酒

佐餐酒是在正式用餐期间饮用的酒。西餐中的佐餐酒均为葡萄酒,多为干葡萄酒或半干葡萄酒。

在正餐或宴会上选择的佐餐酒,有一个重要的规矩,即"白酒配白肉,红酒配红肉"。白肉是指鱼、海鲜、鸡肉,吃这些肉时,要喝白葡萄酒。红肉是指牛肉、羊肉、猪肉,吃这些肉时,要喝红葡萄酒。

3. 餐后酒

餐后酒是指用餐之后,用来助消化的酒水,最有名的餐后酒是白兰地酒。

西餐中,喝不同的酒要用不同的酒杯。因此在正式宴会上,在每位用餐者的桌面上餐刀的上方,都会摆放3～4只酒水杯,它们依次为香槟酒杯、红葡萄酒杯、白葡萄酒杯和水杯。

(二) 敬酒与干杯

吃西餐也要敬酒,敬酒的礼仪规则与中餐差不多。所不同的是,西餐中,敬酒干杯只用香槟酒,绝不能用啤酒或葡萄酒。饮香槟酒干杯时,以饮一半为宜,但也要量力而行。

在西餐宴会上,人们只祝酒不劝酒,只敬酒而不真正碰杯。使用玻璃杯时尤其不能碰杯。在西餐宴会上,不允许越过身边的人,与距离较远者祝酒干杯,也不允许多人交叉干杯。

第三节 饮茶的礼仪

茶会是一种简便的招待形式。时间一般在10时或下午4时左右。茶会通常设在客厅,而不是餐厅,厅内设茶几、座椅。不排席位,但如果是为某贵宾举行的活动,入座时,应有意识地将主宾同主人安排坐到一起,其他人随意就座。

茶会,顾名思义是请客人品茶。因此,对茶叶、茶具的选择要有所讲究,一般用陶瓷器皿,不用玻璃杯,也不用热水瓶代替茶壶;对奉茶之人及方法都是有规矩的。

茶是中国人最喜爱的日常饮品之一,在世界其他地方也同样受欢迎,并与咖啡、可可一起称为世界三大饮料。

饮茶的礼仪具体涉及茶叶的品种、茶具的选择、水的选择、敬茶的程序等内容。

(一) 茶叶的品种

饮茶首先要了解茶叶的品种,不同品种的茶叶,冲泡方法和品茶要领各有差异。

1. 绿茶

绿茶是我国产量最多的一类茶叶,其品种之多居世界首位。绿茶具有香高、味醇、形美等特点。绿茶是不经过发酵的茶,即将鲜茶叶经过摊晾后直接下到热锅里炒制,以保持茶叶的绿色。

绿茶品种主要有峨眉雪芽、西湖龙井、碧螺春、黄山毛峰、六安瓜片、太平猴魁、信阳毛尖、竹叶青、都匀毛尖、婺源茗眉。

2. 红茶

与绿茶恰恰相反,红茶是一种全发酵茶(发酵程度大于80%)。红茶因其汤色红而得名。红茶性情温热,适宜冬天饮用。

我国红茶品种主要有产于安徽祁门的祁红;产于云南佛海、顺宁等地的滇红;产于江苏宜兴的宜红;产于广东英德等地的吴红,其中尤以祁门红茶最为著名。世界上红茶的品种很多,产地也很广,除我国以外,印度、斯里兰卡也生产类似的红茶。工夫红茶是我国特有的红茶品种,也是我们的传统出口商品。

3. 乌龙茶

乌龙茶,也就是青茶,是介于红、绿茶之间的半发酵茶。乌龙茶在六大类茶中工艺最复杂、制作最费时,其中,做青工序是形成乌龙茶品质的关键步骤。乌龙茶泡法也很讲究,所以喝乌龙茶也被人称为喝工夫茶。

我国著名的乌龙茶多产于福建,其中最有名的乌龙茶包括安溪铁观音、武夷岩茶等。

4. 普洱茶

普洱茶,也称滇青茶,是在云南大叶茶基础上培育出的一个新茶种。普洱茶又分两种:一种是传统普洱茶,也就是生茶,是以云南特有的大叶茶种晒青的毛茶,经蒸压自然干燥一定时间储放形成的特色茶;另一种也就是现代普洱茶,也就是熟茶,是经过潮水微生物固态发酵形成的。在古代,普洱茶是作为药用的。其品质特点是香气高锐、持久,带有云南大叶茶种特性的独特香型,耐泡,经五六次冲泡仍持有香味。

普洱茶具有降脂、减肥和降血压的功效,在东南亚和日本很普及。

5. 花茶

花茶是利用花香增加茶香的一种茶品,在我国很受喜欢。一般是用绿茶做茶坯,少数也有用红茶或乌龙茶做茶坯的。根据茶叶容易吸附异味的特点,以鲜花为窨料加工而成的。所用的花品种有茉莉花、桂花、珠兰等,其中以茉莉花居多。苏州茉莉花茶是花茶中最有名的一种,是我国茉莉花茶中的佳品。

(二) 茶具的选择

中国茶道的主要内容讲究五境之美,即茶叶、茶水、火候、茶具、环境。饮茶时,所选茶叶品种不同,所需使用的茶具也会有所不同。一般情况下,茶具主要包括储茶用具、泡茶用具、饮茶用具等。

1. 储茶用具

储茶用具是指平时存放茶叶的专用器皿。其基本要求是防潮、避光、隔热、无味。因此,用来存放茶叶的器皿最好使用铝罐、锡罐,不要用玻璃罐和塑料罐。

2. 泡茶用具

最常见的泡茶用具是茶壶,大小各异,外观不同,早期的茶壶使用金、银、玉等材料制成。现多以有助于茶水味道纯正的紫砂陶、陶瓷制成,如图 6-9 和图 6-10 所示。

图 6-9　紫砂陶茶具

图 6-10　陶瓷茶具

3. 饮茶用具

饮茶用具是指饮茶时所使用的茶具。在大多数情况下,饮茶用具主要是茶杯、茶碗。好的茶杯有助于茶汤纯正味道的发挥。符合这一要求的,首推紫砂陶或陶瓷茶杯。如果要欣赏茶叶形状与茶汤色泽,也可以用玻璃茶杯。

(三) 茶水的选择

泡茶用水宜用软水,如洁净的泉水、雪水、天落水、溪水等。城市的自来水含有较多氯离子,直接烧开沏茶,会影响茶汤的色泽和香味,故宜将自来水先在敞口容器内储放24小时后使用,有条件者可用净水器。烧水宜用硬质木炭或电,忌用煤油、柴油、木柴等有烟气及异杂味的燃料。冲茶水温要适当,高档茶水温控制在85℃左右,中低档茶可用93~100℃水冲泡。冲泡时间与水温有关,85℃水温以4分钟为佳,沸水冲泡只需2分钟。据试验,93℃、3分钟可作为冲泡的最佳温度和时间。

(四) 敬茶的程序

以茶敬客是待客时不可或缺的重要礼仪。以茶敬客最重要的是要注意客人的嗜好、上茶的规矩、敬茶的方法、续水的时机等。

1. 客人的嗜好

不同地区及具有不同体质的人,喜欢饮用的茶是不同的。以茶待客应先了解客人的饮茶偏好,以及特殊的饮茶要求。以茶待客时要注意,茶不能过浓,否则会使饮茶者出现"醉茶"现象,严重者会影响其身体的健康。为客人倒茶不宜过满,以七分满为最佳。

2. 上茶的规矩

(1) 上茶之人。以茶待客时,应由谁来上茶,要看被招待的客人的情况。在家中待客,一般由晚辈为客人上茶。如果是重要客人,则应由女主人或主人为客人上茶。在工作单位,一般由秘书、接待人员为客人上茶,如果是重要客人,应相关领导或最高领导为客人上茶。

(2) 上茶的顺序。如果招待的客人较多,应注意上茶的顺序:先客人,后主人;先主宾,后次宾;先女士,后男士;先长辈,后晚辈。

3. 敬茶的方法

为客人上茶时应从客人的左后侧双手将茶杯递上去,置于客人右前方。这种上茶方法,意在不妨碍其工作或交谈。如果条件不允许,可以从客人右侧上茶,尽量不要从其正面上茶。为客人上茶时,尽量不要用一只手,如果条件不允许,也要用右手上茶,不要用左手上茶。为客人上茶时,手指不要接触杯口。

4. 续水的时机

为客人上茶时不宜斟的过满,应在杯深的2/3处,否则有厌客之嫌。以茶待客时可以为客人勤续水,但续水也有规矩。在中国以茶待客有"上茶不过三杯"之说。第一杯是敬客茶,第二杯是续水茶,第三杯是送客茶,如果频繁为客人续茶有逐客之嫌。

第四节 舞会礼仪

一、基本礼仪

对个人而言,在舞会上的表现主要是要注意修饰、邀人、拒绝、舞姿、交际5个方面的基本问题。

(一)修饰

参加舞会之前进行合乎惯例的个人形象修饰是必要的。其中,修饰的重点主要有以下3点。

1. 仪容

在仪容方面,舞会的参加者均应沐浴,并梳适当的发型,指甲要修剪整齐;男士应剃须,女士在穿短袖或无袖装时须刮去腋毛。出席舞会之前,一定要洗澡、理发、漱口,认真清除口臭,清除身体的异味;禁食气味刺激的食物。在舞场上下,都不可吸烟,不要为消除异味而大嚼口香糖。

2. 化妆

参加舞会前,首先应该了解舞会的性质,再决定要穿的服装并做适当的修饰,过犹不及都是要避免的。不可浓妆艳抹地参加舞会,也不要穿牛仔裤挤在人群里,有条件的人都要根据个人的情况,进行适度的化妆。男士化妆的重点,通常是美发、护肤和祛味;女士化妆的重点,则主要是美容和美发。穿戴打扮完毕,别忘了喷些香水,使舞会中的你芬芳高贵。

3. 服装

舞会着装的选择要根据活动的主题和舞会的类型决定。如果请柬上有注明着装提示,那么就应该按照其标准选择相应的服装。大型舞会的着装要求是正式的晚礼服,所以男士和女士都应该盛装出席;小型舞会在着装方面的要求会稍微随意一些。

如果是亲朋好友在家里举办的小型生日聚会等活动,女士则可以穿便于舞动的裙装或穿旗袍,搭配色彩协调的高跟鞋;如果应邀参加的是大型正式的舞会,或者有外宾参加,女士应穿晚礼服。近年也有穿旗袍改良的晚礼服,既有中国的民族特色,又端庄典雅适合中国女性的气质。

晚礼服一定要佩戴首饰,露肤的晚礼服一定要佩戴配套的项链、耳环、手镯,小手袋也是晚礼服的必须配饰,鞋子要选择穿高跟鞋。在一般情况下,男士可以选择穿着西装套装,黑色西装配白色衬衫永远是最经典的正式着装,必须选择长袖衬衫,除非是休闲的活动。参加舞会最好选择纯色的领带,袜子要选深色的,最好与裤子的颜色一致,参加舞会时选择一双舒适的皮鞋也很重要,一定要擦亮,确保皮鞋整洁无尘。

(二) 邀请舞伴

在舞会上,邀请他人与自己共舞是参加舞会者必做之事。舞会礼仪规定,在邀人共舞时,特别要关注常规、方法、选择、顺序等几个要点。

1. 常规

在舞会上,邀请舞伴的基本规范是人人必须严格遵守的。否则,就会失敬于人,或是令人见笑。

(1) 邀请。邀请舞伴时,最好是邀请异性。根据惯例,在舞会上邀请舞伴时,男士应当主动邀请女士。舞曲响起后,男士可行至拟邀舞伴面前,先跟与她一起就座的男士或其他人点头示意,然后向拟邀女士点一下头,或者欠身施礼,目视对方轻声说"请您赏光"或"可以请您跳支舞吗"。

一般情况下,女士是不需要主动邀请男士的,但特殊情况下,需要请长者或者贵宾跳舞时,则可以不失身份地表达"先生,您赏光"或"我能有幸请您跳支舞吗"? 不同的是,一般情况下女士可以拒绝男士的邀请,而男士不宜谢绝女士。

(2) 不能邀请同性。在正式的舞会上,尤其是在涉外舞会上,同性之人切勿相邀共舞。两位男士一同跳舞,会给人以关系异常之感。而两位女士一起跳舞,则等于是在宣告"没有男士相邀"。

2. 方法

邀请他人跳舞,应当力求文明、大方、自然,并且注意礼貌。千万不要勉强对方,尤其是不要出言不逊,或是与其他人争抢舞伴。

一般来说,邀请舞伴时,有两种具体的方法。

(1) 直接法。舞曲奏响以后,男方要大方地走到女方面前邀请,如果女方的亲属同在,则应先向女方的亲属点头致意,在征得他们的同意后,走到女方面前立正,微欠身致意说:"小姐,可以与您跳舞吗?"有时还要向陪伴女方的男士征求说:"先生,我可以请这位小姐共舞吗?"得到允许后,再与女方走进舞池共舞。

(2) 间接法。在认为直接邀请不便或者把握不是很大时,可以托请与彼此双方相熟的人士代为引见介绍,牵线搭桥。

3. 选择

在舞会自行选择舞伴时,一般以下列 8 类对象是自选舞伴之时最理智的选择。

第一类,年龄相仿之人;第二类,身高相当之人;第三类,气质相同之人;第四类,舞技相近之人;第五类,无人邀请之人;第六类,未带舞伴之人;第七类,希望结识之人;第八类,打算联络之人。

除以上几种情况之外,在舞会上倘若发现有人遇上异性的纠缠骚扰,最得体的做法应当是挺身而出,主动邀请被纠缠者跳一支曲子,以便"救人于水火之中"。

案例 6-3

舞 会 风 波

张先生与女友一起参加一个舞会,跳过几曲之后,有一个熟识的朋友过来邀请张先生的女友舞一曲。张先生因为觉得这位朋友以前有意追求自己的女友,所以不悦,暗示女友不能去。但是女友没有听从,还是笑着赴约了。一曲终了,张先生等女友回来后,指责女友不应与那人跳舞。女友表示不能接受,张先生觉得不能忍受,大声斥责,终于在舞厅大吵,引得别人奇怪地看着他们两人,最后女友离开了舞厅,张先生也觉得颜面尽失。

资料来源:https://wenku.baidu.com/view/6997f37627fff705cc1755270722192e4436580d.html?from=search,2019-05-25.

案例点评:张先生没有风度,而且透露出对女友的不信任、不尊重,以及对自己的不自信,这样的社交活动是很失败的。

4. 顺序

在较为正式的舞会上,根据舞会礼仪的规定,人们除了开始曲、结束曲要和自己同来的同伴共舞外,还需按照某些既定的顺序,去邀请其他一些舞伴。以下就简单介绍男士邀请舞伴的合理顺序。

(1) 主人。对于主人而言,自舞会上的第二支舞曲开始,男主人应当前去邀请男主宾的女伴跳舞,而男主宾则应回请女主人。接下来,男主人还需依次邀请在礼宾序列上排位第二、第三……男士的女伴,对方则应同时回请女主人。

(2) 来宾。对于来宾而言,有下列一些女士是男宾应当以礼相邀,共舞一曲的。他们主要包括舞会的女主人、被介绍相识的女士、自己旧交的女伴、坐在自己身旁的女士。以上女士若被男宾相邀后,与其同来的男伴最好回请该男宾的女伴。

二、拒绝的礼仪

拒绝邀请应该得体。在舞会上女士不要轻易拒绝他人的邀请。女士可以拒绝个别"感觉不佳"的男士,但要注意分寸和礼貌,要委婉地表达。当你不想跳舞时,最佳的拒绝方法是"我想暂时休息一下",或者"这首舞曲我不太会跳",但要注意,不要马上接受其他人的邀请。

三、跳舞过程的礼仪

(一) 尊重舞伴

尚不会跳舞者最好不在舞场现学现跳,应待学会后再进舞池。上场时,男士应主动跟在女士身后,让对方选择跳舞地点。下场时,不宜在舞曲未完之际先行离去。男士可在原处向女士告别,或是把对方送回原来的地方再离开。舞会正在进行中,不可因音乐、气氛的感染而表现得太过放肆,尤其是在跳舞时,不要闭上眼睛。

(二) 舞姿应当文明优美

跳舞时,身体要端正。通常为男士领舞,领舞与伴舞者之间不宜相距过近,双方胸部应有30厘米左右间隔。跳舞时,男女双方都不要目不转睛地注视对方,也不要表情不自然。男士不可将女士的手捏得太紧,不可把整个手掌全贴在女士的腰上;不要在旋转时把女士拖来扯去,或是腿部过分伸入对方两腿之间;女士不要把双手套在男士的脖子上,也不要把头部主动俯靠在对方的肩上。

(三) 共舞时如何聊天

如果是初次见面,共舞时先介绍自己是必要的,做自我介绍时,态度要谦虚。与女士共舞时可以适度赞美对方。

(四) 中场整衣冠

舞会中场尽量去洗手间整理一下衣服,因为动作较大很有可能把衣服弄脏或者褶皱,为了保持清新的口气,舞会中途也可以咀嚼一块口香糖,如果你的女友要去稍事整理,你可以把她送到大厅,但要小心地绕行,以免防碍正在跳舞的人。

(五) 离开时间

任何人出席舞会都不应一支舞都没有跳就离开,如果必须提前离开,可以与主人悄悄地打声招呼,并简单解释离开的理由。

四、其他注意礼仪

除了以上需要注意的礼仪之外,舞会中还有其他需要注意的相关礼仪。
(1) 舞会开始后,不应穿越舞池,而应绕道。
(2) 舞间休息,不应向不熟悉的舞伴问长问短,闲聊不止。
(3) 舞会结束后或中场退出,应向主人或重要"朋友"道别。有时还可以在一两天后以短信方式向主人道谢,而这是对主人莫大的回报。
(4) 舞会结束后,男士一般应送自己的舞伴回家。
(5) 注意与其他舞者保持适当的距离,万一不慎碰撞或踩踏了别人,应主动向对方道歉。
(6) 跳舞动作要与舞曲协调,不允许自我创作,乱跳一气。更不要夸张、怪异、粗野,甚至用色情的舞蹈动作去吸引他人的注意。
(7) 除交谈之外,跳舞时不要长时间紧盯着对方的双眼。

💡 小贴士

国外舞会礼仪

现在国外的舞会五花八门,各式各样,如慈善舞会、朋友舞会、俱乐部舞会、交际舞会……不胜枚举。在国外,交际舞会十分讲究,参加的人也比较多。

如果独自去参加舞会,必须购票。若是应邀去参加舞会,则应注意请帖上文字的含义。一般来说,在西方国家,尤其是英国,如果请帖上写着"您是否愿意参加我们在海边舞厅的聚会?",这表明舞票得自己购买;若请帖上写着"敬请光临海边舞厅一聚!"表明举办者已经付过费了。如果不知道由谁付钱,应礼貌地问一句"请问我得为这张舞票付您多少钱"。另外,去参加舞会购票时,一定要问清楚票价之中是否包括了饮料费,并且一定要注意请帖上是否注明服饰要求。

在国外,许多正式舞会包括吃、喝和跳舞3项活动,各项活动有各自的场所,这一点必须搞清楚。在国外参加舞会,一入场就会受到主人的接待。脱放好自己的外衣,然后进入饮料室,与认识的朋友问候一下,方可步入舞池。在一些西方国家,参加舞会有通报女宾姓名的习惯,因此,若同夫人或女士一起参加舞会,一定要通报女士的姓名。在西方国家舞场上,男士可以同任何一位自己喜欢的女士跳舞,但不能一晚上只与一位女士跳舞,这会被认为是野蛮和愚昧的。

一般情况下,第一次下场和最后一次下场,必须和自己的舞伴共舞。当舞会结束时,应向主人告辞并致谢。有些人还会专门写一封信,表示主人为自己提供一个愉快的晚上而深表感激。

在国外,尤其是西方国家,舞会是一个名利角斗场,个人在舞会上的表现是其社会地位、财富的象征。因此,必须注意自己在参加国外舞会时的行为礼仪。

本章实训课堂

一、多项选择题

1. 上茶的礼仪规则有( )。
    A. 应由家中晚辈为客人上茶
    B. 接待重要客人时,应由家中女主人或主人为客人上茶
    C. 在工作单位应由秘书、接待人员为客人上茶
    D. 为客人上茶时,不能将手接触到杯口
    E. 在开会时,要从客人的左后侧为客人上茶

2. 请人吃饭要了解他人的禁忌,主要有( )。
    A. 宗教禁忌   B. 地方禁忌   C. 个人禁忌
    D. 卫生禁忌   E. 职业禁忌

3. 正式宴会座位安排的礼仪原则主要有( )。
    A. 以右为尊   B. 职位或地位高者为尊   C. 女士为尊
    D. 遵守社会伦理   E. 年长者为尊

4. 就餐时应注意自身的形象,一般的礼仪原则有( )。
    A. 适度修饰
    B. 遵守时间,准时到场
    C. 在餐桌上不整理服饰,或者化妆、补妆
    D. 吃东西不发出声音
    E. 自用餐具不可伸入餐盘取菜

5. 中国人用筷子几种忌讳,主要有(　　)。
　A. 三长两短　　　　B. 仙人指路　　　　C. 击盏敲盅
　D. 当众上香　　　　E. 交叉十字
6. 可以邀请(　　)舞伴跳舞。
　A. 同性　　　　　　B. 异性　　　　　　C. 男士主动邀请女士
　D. 女士主动邀请男士　E. 以上均可

二、判断题
1. 就餐时餐巾应放在盘子下面。　　　　　　　　　　　　　　(　　)
2. 喝葡萄酒时为了助兴可以干杯。　　　　　　　　　　　　　(　　)
3. 为客人上茶时可以再三续水以表示热情。　　　　　　　　　(　　)
4. 舞会可以穿大衣跳舞。　　　　　　　　　　　　　　　　　(　　)

三、案例分析题
　王女士有一次去参加舞会,见舞会上女士很多人坐在座位上,而男士很少,便邀请其中的孙女士共舞。这位孙女士盛情难却,二人便跳了起来。
　请分析:问这种做法有何不妥吗?

实践课堂

训练　中餐礼仪实训
1. 准备:餐桌一个。
2. 方法:教师讲解,学生分组操作。
3. 要求:按辈分顺序安排客人就位。
4. 目的:培养学生的礼仪规范,训练如何正确掌握中餐礼仪。

拓展阅读

自助餐的礼仪

　自助餐(Buffet)是由厨师将烹制好的冷热菜品及点心陈列在餐厅的长条桌上,由客人随意取食,自我服务。自助餐的形式由餐前冷食、早餐逐渐发展成为午餐、正餐,由便餐发展到各种主题自助餐,如情人节自助餐、庆典自助餐、婚礼自助餐等。
　自助餐的礼仪:先来后到,排队取食;少取多次,量腹取食;转场一周,按序取菜;自助自觉,送回餐具;现场享用,避免外带;和睦相处,多加照顾;餐饮为次,交际为重。吃自助餐还要注意互动与形象。
　(1) 不要只吃不说。适当地与他人进行互动和聊天,别忘记,任何宴会,吃饭只是一种形式,社交才是其真正的内容。
　(2) 注意维护形象。在宴会上要讲究最基本的礼貌,吃东西不能发出声音,现场不吸烟,当众不化妆或补妆。
　资料来源:https://baike.baidu.com/item/％E8％87％AA％E5％8A％A9％E9％A4％90/93922?fr＝aladdin,2019-06-29.

第七章 人际沟通中的求职礼仪

学习要求与目标

（1）了解大学毕业前的求职应聘准备。
（2）了解将自己"推销"给用人单位，找到满意工作的具体要求。
（3）掌握求职应聘的技巧，并在求职中加以运用。

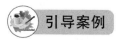 引导案例

中国××酒店北京区岗位应聘

小 Z 同学是北京某高校的计算机类本科生，2018 应届毕业选择了就业。她于 2017 年年末在应届生网站上看到中国××酒店北京区的校园招聘启事，她发现中国××酒店北京区的招聘专业包括计算机类，这让她很惊讶，因为这类招聘一般都是针对酒店管理专业毕业生的，她认为这是一个难得的机会，因为以她的求职经验来看，计算机类毕业生在求职笔试阶段，通常都会有一定的优势，因为逻辑性和数学功底相对扎实，容易在笔试中取得好成绩。于是她登录这家酒店网站进行了简历投递和职位申请。

2018 年 2 月中旬，她收到这家酒店北京分店的笔试通知书，于是她按时参加了笔试。在笔试中，她发现这家酒店的试题相当繁杂，全部都是选择题，包括单项选择题和不定项选择题，主要涉及国家大事、国家相关政策、数学、逻辑学、计算机、法律、金融、国内外文学常识以及日常知识。

可以说，不管是哪个专业的毕业生，都无法在这次考试中占据绝对优势，这是一个知识的积累过程。她对相当大比例的题目都没有把握，因为太多知识都不是她所熟悉的。通过对题目的分析，她采用了排除法、穷举法等，对她所不能掌控的题目进行逻辑分析，最终选择了她认为最可能的选项。最终，她凭借出色的笔试成绩进入了面试环节，其实她自己对于笔试的题目没有什么把握，但是通过仔细分析，她将题目的正确率提高到一个相当高的水平。

在面试环节中，小 Z 同学并没有做太多的准备，因为毕竟是酒店业的面试，虽然在短期内突击酒店类知识可以达到一个"备战"的水平，但是经过分析她认为既然这家酒店招聘的是计算机类的学生，就必然不会在面试中出现偏向酒店管理类的题目，因此她把更多精力放在了其他公司应聘的准备中。

果然，在面试环节，这家酒店采取了分专业面试的形式，将所有应聘者按计算机类、酒店管理类和文法类进行了划分，并且设计了不同类型的面试流程。首先，小 Z 同学填写了一份

个人信息表,然后按序号进入等候面试的大厅,并发放面试题目。题目是信息化管理对于酒店是否重要,请分析出一个观点,面试时会针对这个问题进行小组讨论。小Z同学决定从"信息化管理对于酒店是重要的"这个观点进行讨论,经过思考她总结了几个主要论点,并写在了纸上。

大约10分钟后,小Z同学同其他7名同学一起进入面试组,在组里她是7号应聘者。进入面试的房间以后,大家按号码坐好。面试官要求大家先每人做2分钟自我介绍。小Z同学将已经演练过多次的自我介绍熟练地叙述,随后,进入了小组讨论环节。在这个环节,小组8个同学有20分钟的讨论时间,讨论中每个人必须发表自己的观点,然后大家进行讨论,最后全组要统一成一个观点。如果讨论时间结束后,全组同学还没有统一观点,则要扣除一定的分数。另外,讨论结束以后,大家要推举出一个同学进行陈述,将全组讨论的结果陈述给面试官。

了解了讨论流程以后,小Z同学所在的小组开始讨论,很幸运的是,2号同学主动站出来说,他想为小讨论做一个流程计划,他说先让每个同学做1分钟陈述,然后进行自由发言,最后剩3分钟统一结果,并推选一位负责陈述的同学,在场的另外7个同学都同意了他的安排,于是大家开始依次陈述自己的观点。

在每个同学陈述的时候,小Z同学将每个同学的主要观点记在纸上,并把它们分成两派记录,一派是赞成的,一派是反对的。轮到小Z同学陈述的时候,她将自己早已准备好的论点一一陈述。这里值得注意的是,小Z同学从应聘整个的流程开始,就确定了自己的应聘策略,那就是要发挥自己计算机的专业优势,将紧密的逻辑分析,理性的思考,清晰的条理作为自己主打的形象。力争在整个的面试过程中,向面试官展现一个理智、干练,富有强推理分析的形象。因此,小Z同学在陈述的时候分点阐述,有理有据。

在自由讨论中,小Z同学很清楚必须在有限的时间内,尽量说服对方,这也是通过观察记录同组同学的发言分析出的结论。因为小Z同学发现与自己意见不同的4个同学在表达上缺乏理论依据,他们的论点都站不住脚。而且通过观察,小Z同学发现对方的4个同学的性格属于比较内向的类型,尽管他们也尽量地表现自己,但是可以看出他们有一些紧张的情绪存在,这就使小Z同学对说服对方有了很大的把握。于是小Z同学选择了对方2号同学的观点进行反驳,并且遵循每个驳论都有依据,在讨论过程中,对于对方强调的论点,也一一进行反驳,而且都使用例证。

再加上己方其他几个同学的帮助,很快局面呈现"一边倒"的趋势。最终,作为"领导者"的2号同学提出小Z同学一方的观点更有说服力,理由更充分,他的提议也得到了其他3个同学的认可,于是全组8个同学顺利达成一致。由于之前小Z同学的陈述显示出她良好的表达能力,小组全体推举她为代表。小Z同学没有辜负大家的期望,将所有的意见总结归纳,并做了精彩的陈述,在陈述中,她也没有忘记适当表述对方的观点。

讨论环节结束后,进入面试官提问阶段。这时候6位面试官会针对之前的讨论,对全组同学进行叫号提问。首先,被问到的不赞成信息化管理酒店的同学,主要是针对他们的论点进行的提问。其次,面试官问到了"领导者"2号同学,他最后为什么要建议全组同学支持正方观点,2号同学对此进行了解答。再次,又问到了小Z同学一方的一个同学,这个同学一直以信息化的发展及交互功能为论点进行讨论,因此面试官对此也提出了问题。

最后，有一位面试官对小 Z 同学提出了问题，说他可以看出小 Z 同学是一个很理性的人，那么如果有一天必须妥协于对方的观点，她会怎么办？小 Z 同学回答说，首先事物都是有两面性的，本身就不存在哪一个观点绝对正确，如果一定要妥协于对方观点，那么她会对之前对方陈述的论点进行回顾，并就这些论点进行发散性思考，找出它们的闪光点，这样，她可以对自己的观点进行修缮，以便更好地妥协于对方观点。

至此，整个面试过程结束了，两周以后，小 Z 同学顺利拿到了体检通知书。体检合格后，顺利与对方签署了三方协议。

资料来源：https://wenku.baidu.com/，2018.9.2，2019-07-01.

小贴士

求职过程分成以下几个阶段。

投简历—等待通知—笔试—等待通知—面试（1～n 次）—通知体检—签署三方协议

这是一个 2018 届毕业生成功应聘的案例，对在校大学生今后的求职面试有一定的指导意义。毕业后的就业是每一名大学生都要面临的问题，怎样才能找到理想的工作，怎样才能把自己"推销"出去呢？本章将讲授自荐材料的准备、应聘程序及应聘技巧等知识，希望能帮助各位同学顺利走上工作岗位。

第一节　自荐材料的准备

准备一份好的自荐材料，是求职的必要准备，也是能否找到一份好工作的关键。自荐材料主要包括求职信，个人简历，本专业介绍、学习成绩、各种证书、作品等的复印件。自荐材料建议用 A4 纸张打印，页面要简洁，布局要合理。

一、求职信

（一）求职信的格式

求职信的格式和一般书信大致相同，即称谓、正文、结尾、落款。开头要写明用人单位人事部门领导，如"某单位负责同志：您好"等字样，结尾写上"祝工作顺利"等祝愿的话，并表示希望能得到一次面试的机会，最后写明自己的姓名、毕业学校、联系方式等。

（二）求职信的内容

求职信的主要内容应包括自己满足用人单位的要求、自己的才能及工作态度。具体地讲，大致有以下 3 个方面。

（1）简单的自我介绍，包括姓名、性别、出生年月、政治面貌、学历、毕业院校、所学专业、特长爱好、主要优缺点等。

(2) 简述自己对该职位感兴趣的原因。
(3) 表明自己期望能在该单位供职。

（三）如何写好求职信

成功的求职信应该表明自己愿意同将来的同事合作，并愿意为事业而奉献自己的聪明才智。要写好一封令人满意的求职信，必须注意以下11个方面。

1. 字迹整洁，文字通顺

古人云："字如其人，文如其人。"如果文章流利，字又写得漂亮，首先从门面上就压倒其他竞争对手，并且能够把工作态度、精神状况、性格特征介绍给对方，加上求职条件，就会使你在众多的求职者中取胜。现在的求职信都用打印机打印出来，那就要求必须做到整洁，即没有手印，且字体、字号以及排版等都让人看着很舒服。所以，为了达到求职目的，应该将求职书信做到让人一目了然，赏心悦目。

2. 简明扼要有条理

用简练的语言把求职想法以及个人特点表达出来，切忌堆砌辞藻，因为求职信的读者大多是单位负责人，他们不会把很多时间浪费在阅读冗长的文章上。因此，求职信写作要开门见山，简明扼要，切忌套话连篇，浮词满纸。求职信不在于长，而在于精，在于内容集中、明确，语言凝练明快，篇幅短小精悍。最好做到一"纸"禅，即一页纸即完成求职信。

3. 要有自信

先想好自我推荐的计划再下笔。不论从报纸上看到的招聘广告，还是从亲友那里得来的信息，都要说明自己的立场，以便能让看信者印象深刻。写开场白之前一定要深思熟虑，如果气势不足，一开始就会缺乏吸引力。应按写一则新闻导语或是以广告词的态度对待。

4. 富有个性，不落俗套

一封求职信正如精心策划的一则广告，不拘泥于传统写法，立意新颖，以独特的语言及多元化的思考方式，给对方造成强烈的印象，引人注意，并引起兴趣。一封求职信，无论内容多么完善，如果吸引不了对方，则一切都是徒然；如果对方对你的陈述不感兴趣，则会前功尽弃。

5. 确定求职目标实事求是

对求职目标的确定也并不是一件容易的事情，一定要符合人才市场的供求规律和竞争法则。当今社会竞争激烈，大学生要正确认识自己的求职目标，做出准确的选择。求职的竞争从本质上讲，是人的才能和素质的竞争。参与竞争前，应先对自己有一个明确的"估价"，然后再确定职位。只有这样，才能在符合市场供求规律和竞争法则的前提下，摆正自己的位置，确定合理的目标，也才能使求职信有的放矢，提高成功率。

6. 自我推销与谦虚应适当有度

写求职信就是推销自己，就要强调自己的成就，强调对所选单位的价值，因此少不了自我介绍，但是一定要讲究技巧。例如，求职信中表达"有能力开创企业的新局面"，让人听起来就很刺耳。可以应用表达技巧，可以说"我可以用所学的知识，建立一套新的管理计划，以提高企业的生产率""可以为企业搞一些形象设计"等。

对中国人来说，谦虚是一种美德。一个谦虚的人，可以使对方产生好感。但对于求职者来说，过分的谦虚，同样会使人觉得你什么也不行。谦虚不是自我否定，而是实事求是、恰如其分地表现自己。所以，写求职信应遵循"适度推销"的原则，但要视具体情况而定。由于文化上的差异，对外资企业可多一些自吹，对国内企业应多一些谦虚。对不同的企业求职信的内容不能一样，要针对用人单位的要求修改自己的求职信。

7. 少用简写词语，慎重使用"我"的字句

与人交谈时，可能习惯简称自己的学校或所学的学科专业，但在求职信上最好不要用简称，因为用人单位的领导不一定了解你的学校或专业，简写往往容易使他们因不明白而产生误解。例如"科大"，究竟是指中国科技大学还是北京科技大学。专业的简称有时也让人莫名其妙。

另外，多处简写有时还会使人觉得你做事没有脱离学生本色，或认为态度不够慎重，从而影响求职。此外，在求职信中需要用"我觉得""我看""我想""我认为"等语气说明自己的观点时要慎重，因为这会给用人单位留下自高自大、思想不成熟的感觉。

8. 突出重点

求职信要突出能引起对方兴趣、有助于获得工作的内容，主要包括专业知识、工作经验、自身特长和个性特点等。有一点需要特别注意，即在介绍专业知识和学历时，切忌过分强调学习成绩。许多人，特别是刚出校园的大学生容易产生一种错觉，以为社会和学校一样，重视学习成绩，认为只要学习成绩优秀就会获得一份好职业，甚至为自己全优成绩而沾沾自喜，这是不成熟的表现，很容易导致求职失败。因为学习成绩而夸夸其谈，只能给人以幼稚和书生气十足的感觉，而用人单位重视的是经验和实操能力，所以应简单地写明专业和学历，而重点突出工作经验和能力。这里所谓的"工作经验和能力"主要是写在校期间参与的社会实践活动或者是教师布置的以小组为单位的大作业，以及自己在其中担任的职位或在组内起的作用。

所以，应该鼓励在校期间在不影响学习的情况下，尽早找到实习单位，可以不计较报酬，但一份实习岗位的历练更重要，如果实习时单位不断看到你的进步，很有可能毕业时被留在公司工作。另外，自己的兴趣一定要写具体，如"爱好音乐"，这就太笼统了，再加上"是校合唱团成员"这样就具体了。

9. 建立联系，争取面试，莫提薪资

在求职信中，不要提薪资的具体数目。求职信所要达到的目标是建立联系，争取面谈机会。此时谈钱为时尚早，以后会有更适当的场合，更何况薪资的数目并不是选择职业的主要因素。如果同时有两个职位，如果低薪的那个职位更有利于今后发展，那么应当毫不犹豫地选择。在求职信的最后，要特别注意提醒用人单位留意你附加的简历，并请求给你回信，以争取能够建立下一步的联系，获得面试机会。

10. 以情动人，以诚感人

写求职信也要有感情色彩，语言有情，会更有助于交流思想，传递信息，感动对方。写求职信做到以"情"动人的关键在于摸透对方的心理，然后根据与对方的关系采取相应的对策。如果求职单位在你的家乡，可以充分表达为建设家乡而贡献自己聪明才智的志向；如果求职单位在贫困地区，就要充分表达为改变贫困地区面貌而奋斗的决心；如果是教学单位，就要充分表达献身教育事业的理想……总之，要设法引起对方的共鸣，或者得到对方的赞许。这样对方会主动地伸出友谊之手，给予热情的帮助。

写求职信在注重以情动人的同时，还要以诚感人，以诚取信。只有诚于中才能形于外。"诚"是指诚恳、诚实、诚意、诚信，就是态度诚恳、诚实，言出肺腑，内容实事求是，言而有信，优点要突出，缺点不隐瞒，恭敬而不拍马，自信而不自大。只有"诚"才能取信于人，令人喜欢。人们常说"真诚能感动上帝"，就是这个道理。

11. 要不断地完善

建议先打一份草稿，把所有的想法列出先后顺序，并巧妙地将它们串联起来。切忌把草稿寄出去。无论日期怎么紧迫，都要谨守"纪律"。经过一番修改、推敲之后，才能邮寄。

 小贴士

求职信范例

尊敬的领导：

您好！

感谢您在百忙之中抽出时间阅读我的求职信。下面，我将进行一个简单的自我介绍。我是××中医学院临床医学的本科应届毕业生。步入医学事业，解除人类疾病的痛苦一直是我的梦想，医学院的几年历练为我实现梦想打下了坚实的基础，专业特长更使我明确了择业目标：做一名临床医师。选择了医疗事业，选择了医学院校，立志救死扶伤的信念便铭刻于心。

进入大学以后，我抓紧每一天进行专业知识的积累和基本功的培养，不断充实自己的头脑。作为医学生，我在思想上积极要求进步，乐观向上，对大是大非保持清醒认知，不畏困难，有信心、有责任感。在能力培养上，校内积极参加各项活动，校外广泛尝试，多次进行实践活动，既实践了所学，又锻炼了能力。

大鹏展翅，骏马飞驰都需要有自己的天地。贵院科学的管理体制和明达的择人理念；使我坚信到贵院工作是我的明智选择。个人简历及相关材料一并附上，希望您能感到我是该职位的有力竞争者，并希望能尽快收到面试通知，我的联系电话：139××××××××。

感谢您阅读此信并考虑我的应聘要求！

此致

敬礼！

您真诚的朋友：×××
××××年××月××月

对于即将毕业求职的同学来说,虽然没有工作经历和经验可写,但是要把自己在学校的实习经历或者分小组做的大作业,在其中担任的角色及任务完成情况写出来,这样给用人单位领导的印象就不是死读书,而是学以致用,进行了岗位实习,从而增大了被录用的可能。

二、个人简历

个人简历是学习和实习生活的集锦,也是求职者自我评价和认定的主要材料。它是一扇窗户,能使用人单位透过它了解到求职者的部分情况,也能激起用人单位与求职者进一步接触的浓厚兴趣。

一般用人单位主要看4个方面的内容:基本信息、所学课程及成绩、在校期间的社会实践活动、所获奖项。

(1) 个人简历一定要写得充实,有内容,有个性,至少能在一定程度上反映出毕业生的真实情况来。在简历中要充分展示专业特长和一般特长,强调过去所取得的成绩,最好能写出3种以上的成绩和优点(以后有了实习或工作任职经历,重点写出在每个任职期间的3条突出业绩)。如果在学校没有获奖,那一栏不要填"无",而应把获得奖项那一栏删掉。既不说假话,也不说"真话",就不要取长补短,要做到扬长避短。人家不问又是你欠缺的,就不要主动说出来。

(2) 排版考究,2~3页(最好附英文可4~6页)。简历的格式应便于阅读,有吸引力。并使人对自己和自己的目标有良好的印象,并且要讲究材料的排列顺序。

(3) 一般而言,白纸黑字应该是个人简历的最佳载体。打印排版时,注意字间距及字体的常规性,同时注意语法、标点、措辞,避免错别字。

(4) 不要写对择业不利的情况,如对薪资的要求和工作地点的要求,成绩也不必全部都写上,主要写专业课的成绩,尤其要注意避免补考的学科。

简历模板在网上即可搜到,但是不管什么格式的模板在填写时都要切记以上几点。建议大家最好使用带照片格式的简历模板,这样可以选一张自己满意的照片附上,从而给用人单位一个好的印象。

个人简历范例

下面的简历就是本章开头案例引例中提到的2018届毕业生小Z的简历,她把这份简历制成了中英文两个版本,这样即使不应聘外企单位,也会给用人单位留下英语好的印象,且递交简历时显得厚重,比1~2页的简历显得正式、严肃,如表7-1所示。

表 7-1　小 Z 的简历

	求 职 简 历			
应聘职位	网络安全维护管理，数据库管理，计算机系统安全维护，软件策划/开发等以及相关的职位			
姓名	×××	性别	女	照片
户口所在地	北京市××区	生日	××××.××.××	
毕业学校	北京××大学	专业	信息技术	
婚姻状况	未婚	民族	汉	
手机号码	××××××××××	邮箱	××××××××××	
身高	××.cm	体重	××.kg	
教育情况	★ 主修方向：信息安全 ★ 主修课程：现代密码学，通信原理，数据结构，数据库基础，计算机网络，微机原理与接口技术，计算机组成原理，C 语言，控制工程基础等 ★ 专业课程：电子商务，信息对抗原理，网络管理与安全，数字图像处理，数字签名等 （注：如需要详细成绩单，请联系我） ★ 专业排名：12/60 **计算机水平** ★ 会使用 C 语言编写程序 ★ 会使用 SQL Server 进行数据库的建立和基本维护 ★ 会 Photoshop 的简单运用，能够进行基本的图像处理 ★ 会 Matlab 以及电路设计软件的使用 ★ 能够熟练使用 Windows 系列操作系统以及基本办公软件(Office 系列)			
个人技能	★ 大学英语四级 506 分，具有一定单词量，能够听懂日常英语，熟练运用计算机进行高质量全文翻译，高效而准确 ★ 有机动车驾驶执照 ★ 有很强的文字功底 ★ 有中央音乐学院电子琴六级水平			
实践与实习	★ 2015 年，在校实践中实现 VC 平台编程，完成万年历、U 盘以及控件播放器项目 ★ 2016 年 7 月暑假，在北京×××健康管理集团公司任讲师实习，期间获得会员及领导好评 ★ 2016 年，在校实践完成了放大音频设备电路板的设计、刻画以及焊接，并成功播放音质很好的歌曲 ★ 2015—2016 学年，软件工程课程实践中，在 VS2005C♯平台完成病毒程序设计开发，实现键盘及鼠标锁定的攻击以及重开机自启动的攻击 ★ 2017 年，在校实践中实现了古典密码的编程，包括恺撒密码以及置换密码的加密及解密 ★ 2017 年 1 月寒假，在×××市做旅游城市近 10 年发展成果及弊病调研，并完成了调研报告			

续表

兴趣爱好	★ 喜欢游泳、羽毛球、登山以及垂钓等体育项目 ★ 喜欢阅读现代文学,设计撰写微博等
获奖情况	★ 2015—2016 学年大学二等奖学金 ★ 社会实践先进个人 ★ 2016—2017 学年年级组织委员,成功担任元旦联欢晚会主持人
自我评价	★ 我是一个性格开朗随和,谦逊而有主见,很有亲和力的人。具有很强的责任心和团队合作意识,与人沟通的能力出色,对别人交付的事情一向是尽自己最大努力按时保质完成。我有一定的自学能力,对环境适应力强,面对困难能够积极地应对和克服,对亚健康管理很有研究,能够让自己的身体状况时刻保持在最佳的状态 您的信任是我的动力,希望能够给我一个机会为贵公司的发展进程出力

第二节 求职应聘者的心理准备

要获得一份称心如意的工作,绝非易事,尤其刚刚从象牙塔中展翅欲飞时,请做好以下几个方面的心理准备。

一、必要的心理准备

(一)了解社会需求

首先,要了解职业的社会需求及行业发展的趋势,哪些行业处于发展上升时期,哪些处于发展平稳时期,哪些将会出现收缩或下降趋势,要做一个比较,选出自己所希望进入的领域。其次,在做出选择之前,多收集一些相关资料,以便择优而选。

(二)职业选择

选择最熟悉的行业和最熟悉的职业,这样才有可能全身心地投入工作中,才有可能有所发展,有所创造,有所前进,才有可能从中体会到工作的乐趣。

(三)正确认识自我

要了解自己的长处和不足,全面分析并列出自己的长处优点,工作能力,问问自己能干什么,想干什么,定出自己的求职目标,希望能胜任什么职位,薪资多少合适,工作环境怎样等,在经过仔细分析之后,再决定自己到什么公司应聘什么职位。

(四)应聘时间

要考虑自己准备在某职业从事多长时间,如 3 年、5 年或更长的时间,或是通过目前的职业学习一些东西，积累一些经验，以图更大的发展。忽略这一问题，可能会出现定位不准、目标不明、频繁跳槽等一些对自己不利的结局，以至最终影响自己的发展。

（五）薪资

薪资无疑是选择职业时一条较为重要的参考标准，但如果把薪资放在首位考虑就常常会与机会擦肩而过，可能会失掉适合自己的工作机会，这样，金钱也将会远离而去。

（六）重新选择

在选择职业时可能因一时冲动，择业后发现所选职业并不满意，此时不妨选换另一个职业，这也许是个转机。

二、角色转换的准备

一个人从学校走向社会，身份发生了重大的转换，所处的环境也发生了变化，在求职应聘的同时，更要为适应将来的岗位做好转换的准备。

（一）充满信心

请相信：天高任鸟飞，海阔凭鱼跃，天生我材必有用。保持良好的心态，快乐的心情对你大有好处，不仅有信心，可能还因为状态极佳，不再厌烦手头枯燥的工作。

（二）充电是必要的

世界日新月异，复合型人才才会有竞争力，满足于现状只会被淘汰。充足了电，再为自己好好策划一下，打印一份漂亮的简历。谦虚是美德，但恰如其分地表现自己、包装自己是非常重要的。

（三）恰当修饰一下自己

着装外貌要适应职场的氛围，给人以庄重成熟的印象。

整好衣冠，拿上简历，带着微笑，到人才市场应聘。应聘的时候，要先有概念：应聘什么职位，应聘什么公司，是选择三资企业还是国有企业，是选欧美公司还是亚洲公司，必须先决定好。小型交流会可以慢慢看，大型交流会场内摊位多，求职者也多，所以建议先在场内浏览一圈，看看哪几家公司有吸引力，决定好主攻目标和次要目标。主攻目标，要多费些心思，展现魅力，坐下来和招聘者谈一谈，向他展示才能，表明想为公司效力的强烈愿望；次要目标，留下简历和简短介绍即可，自始至终，要充满信心，从容不迫。

💡 **小贴士**

一名 2018 届毕业生的忠告

很多同学都不清楚什么时候应该正式进入求职准备阶段，其实这没有一个准确的说法。需要做的就是，一旦决定求职，就要做到百战百挫，百挫百战，越挫越强，持之以恒。因为自进入大学开始,就进入了一个十字路口,其实说是十字都不准确,因为有太多种选择,考研、出国、工作……或许你准备了两套方案,也可能由于种种原因,半路出家,这通常与实际的情况、形势有很大关系,不需要太焦急,因为很多同学都跟你一样的彷徨和迷茫。而尽早认清自己,确定方向无疑是最可靠的,也是对自己最负责的态度。

要清楚一件事,那就是进入大三或大四,并非终于要毕业了,终于减少了课业负担。或许你已经"逍遥"了3年之久,这都不重要,当站到了即将进入社会的门口,你就必须清楚,现在才是十多年漫漫求学路上最紧要的时刻,多年的辛苦和奋斗,无非都是为了这一刻。

如果决定去求职,为自己谋一份工作,要确信这是一个正确的选择,要确定不会为现在的选择而后悔。这时要做的就是认清形势。形势有很多种,宏观的形势包括国家政策方面的,微观的形势主要是应届生总数、专业的冷热等。了解了基本情况以后,就可以开始着手确定自己的求职方向,求职方向可以很窄,以某一个或者某几个职位为主,这样的同学首先要确认自己很喜欢某一个方向的职位;其次是在这个领域很有特长。

这里说的特长是指硬件标准。首先是专业对口,然后是相关实习工作经验,接受过相关培训,有相关证书,有一些项目经验等。在面试的时候,才能够在众多应聘者中脱颖而出,被人力资源经理和单位领导选中。其实绝大多数同学通常并不拘泥于某一个行业方向,或者某一种专业方向,也就是我们常说的"海投"。这样投递简历通常没有太多针对性,因此效率不是很高,即使被通知笔试、面试,能够成功中标的可能性也不大,但是这种投递体现在一个"海"字上,因为数量大,所以也有可能碰到自己满意的工作,而且公司又很器重自己。

说到这里,不得不提醒所有同学3句话,从开始找工作,到最后签到满意的工作,必须时刻谨记的3句话,可以说,这也是应届生求职的核心所在。

(1) 找工作是一件实力第一、谋划第二、运气第三的事情,但是请注意,运气真的很无奈,也很重要(所以从现在开始,永远不要说,谁谁还不如自己,谁都怎样怎样)。

(2) 对于应届生来说,找工作永远是一件希望自己尽快找到,希望别人慢点找到的事情。(从现在开始,网上的资料只需看招聘信息,不要把有限的精力投入无限的"笔经""面经"中。)

(3) 永远不抛弃,不放弃。

第三节　应聘者的应试准备

一、笔试准备

笔试是招聘单位通过书面形式对应聘者各类知识和技能进行的综合性考查。主要适用于应试人数较多,需要考核的知识面较广或需要重点考核文字能力的工作岗位。大企业、国家机关选聘公务员,往往采用此种考核形式。

笔试的题目有相对标准的答案,答卷可以设计得科学、全面、重点突出,而且有案可查,因而相对公平。所以越来越多的招聘单位喜欢采用笔试方式,在众多应聘者中通过笔试筛选出一定比例的人员进入面试。因此,应聘者不可轻视笔试。

（一）了解考查范围和具体方针

要了解考查范围和具体方针，有针对性地进行必要的准备。特别要注意那些在学校没有涉及过的知识和早已遗忘的有关课程。一般来说，这种备考应以扩充知识量为主，但不必花费大量的精力思考有难度的问题。

（二）适当复习专业知识

复习专业知识应做到以下 5 点。

1. 提高解决实际问题的能力

现在外资企业的笔试越来越多地强调学以致用，用学过的知识解决实际问题。例如，用数学求解交通拥堵，十字路口的信号灯多长时间改变颜色最合理等。国内的企业也都转向大量采用这类实用题型。因此，要多加练习此类题型。

2. 系统复习基础知识

笔试题最可能出的顺序为科技知识（包括数理化、科普）、文史知识、经济知识、政法知识。这些不是高精尖的知识，而是基础性的。

3. 多练习

现在市场上流通着很多求职应聘试题，特别是著名外资企业的应聘试题，可选择一部分题目作训练用。练习时注意做到"眼到心也到"——不能光"看"（浏览），而是有选择地做练习。每做一道题，都应思考出题思路和解题关键，争取举一反三，归纳出类型，以后再遇见同类型题目时不会被难倒。

4. 熟悉企业或机关应用文格式

选择比较规范、比较权威的应用文写作工具书，熟读乃至记忆重点应用文格式。优先熟读乃至记忆的应用文有通知、报告、请示、函、备忘录、申请书。

5. 模拟写作练习

草拟 1~2 篇论文（比如，人文方向的 1 篇，专业技术方向的 1 篇），并请教师指导。

（三）笔试的注意事项

求职考试的主要内容是基础知识和专业技能知识，其次是与专业和招聘单位有关的某种知识。笔试考核，不仅仅考查文化、专业知识，往往还包括考核心理素质、办事效率、工作态度、修辞水平、思维方法等。所以，应聘者在参加笔试时要认真审题，将自己的认知水平、知识水平和能力水平通过笔试显示出来。

1. 要做好充分准备

提前熟悉考场环境，了解注意事项，有利于消除应试时的紧张心理。除携带必备的证件外，一些考试必备的文具也要准备齐全。考试前要有良好的睡眠，以保证考试时有充沛的精力和良好的竞技状态。

2. 要了解考试的规则和具体要求

考试时不可违反规则,否则不仅会被取消录用资格,还会使人怀疑你的人品,以至于影响其他单位的录用。

3. 要掌握科学的答卷方法

拿到试卷后,首先应浏览一遍,了解题目的数量和难易程度,以便掌握答题的深度和速度。其次要按照先易后难的原则排出答题顺序,先答相对简单的题,最后再攻难题。答题时要掌握好主次。有时应聘者见简答题是自己准备较充分的,洋洋洒洒写了上千字,而对论述题则准备不足,就写了几十个字。这样功夫没用到点上,成绩当然会受到影响。所以应聘者要在浏览全卷的基础上,抓住重点题目,认真答题,充分显示自己的知识水平。再次要尽可能留出时间对易出错的地方进行复查,特别注意不要漏题。最后要注意卷面清洁,字迹应力求清晰,书写不要过于潦草,字迹难以辨认会影响考试成绩,不要做大面积的涂改。认真的答题态度,细致的书写作风,会大大增加被录用的可能性。

大家都知道,要在应聘考试中胜出,主要是依靠平时的努力学习和不断积累,因此打好基础、积极准备、沉着应对才是笔试过关的关键。

二、面试准备

面试是用人单位直接与应聘者面对面考核、录用的形式。它是通过招聘者与应聘者双方面对面地观察、交谈等双向沟通方式了解对方的思想观念、气质类型、性格特点、能力水平等素质状况,以确定是否录用的一种人才选拔方式。

"知己知彼,百战不殆",机遇总是降临到那些有准备的人身上。在此,主要讨论在应聘面试前应做好的具体准备工作。

(一) 精心准备

面试前准备一份在 1~2 分钟内的"推销"自己的"广告",可以肯定的是,对方将要求你回答"请谈谈你自己"或某个意图与此完全相同的问题。因而,应该准备与所应聘职位相符的有关自身背景的"广告词"。

(二) 面带微笑,保持自信

脸上带着真诚的微笑会使应聘者处处受欢迎,因为微笑使人显得和气,而每个人都乐于与和气、快乐的人一起共事。应聘者应该表现出热情,但不要表现得太过分。

(三) 核实对方需要什么,然后表明将如何满足其需要

如果你是一名出色的应聘者,那么事先就应该了解所应聘职位的工作职责以及理想的人选应该具备什么样的资格。在面试时可以用问题加以证实了解到的信息。如果对方的回答让你意识到自己了解的信息有误,那么应该明白自己必须对谈话内容进行及时的调整。对于整个面试来说,通过面试官的回答证实你获得的信息是相当关键的。

（四）留心你的一举一动

面试时,应聘者的方方面面,不仅是衣着、回答,还有身体语言如面部表情、姿势、仪态和手势等都会被对方仔细观察,所以要始终做出积极、正面的反应。

（五）以最佳方式、在最佳时间开始你的面试

有些人说求职面试的前5分钟最关键,也有些人说是否会被录用取决于面试的前60秒的表现。面试时注意以下4点可以给面试官留下良好印象。

(1) 严格守时。应预先弄清楚面试的地点,提前到达稳定情绪。
(2) 预先确定好要穿的衣服,对接待人员要和蔼。
(3) 说几句话打破沉默,例如,赞美一下漂亮的办公室、有趣的图画等。
(4) 在对方招呼坐下以前不要坐下。

（六）不要局限于用一两个字回答面试官的问题

面试官常说应聘者的交流技巧是他们最看重的才能。要遵守交谈的技巧如下。

(1) 不要打断对方的说话。
(2) 不要使用亵渎的语言。
(3) 不要说没有事实依据的大话。
(4) 不能仅局限于一两个字的回答,但是也不能为了掩饰内心的紧张而滔滔不绝地说个不停。

（七）文凭不能解决所有的问题

所受的教育只是职业生涯中行动的支点,如果认为凭借良好的教育背景就能在激烈的求职竞争中取胜,那是不现实的。所以还应当用具体事例清楚地说明所学的专业,并说明在实践中能应用所学的知识做些什么。这样,才能在面试中脱颖而出。

（八）随身携带笔和笔记本

面试时偶尔做一点笔记是明智之举,只不过不要装作煞有介事的样子。在面试时,也许真的需要把一些东西记在本子上(例如,有什么事一时想不起来,需要过后再答复面试官)。况且,把面试官所说的话记录下来对对方也是一种尊重,这会使对方觉得高兴。

（九）注意聆听,仔细观察

不要一味地只顾推荐自己。如果经常只忙于思考要讲什么,那么这时应该培养倾听的技巧。如果没听清面试官的问题,可以向他提问,以便将问题弄清楚。

应该掌握好何时结束面试。同时,为了给今后进一步的联系创造机会,应聘者可以问面试官以下问题。

(1) 面试时,在录用员工方面的下一个步骤是什么?
(2) 预计在什么时候会做出决定?

(3) 如果还有其他的疑问,可否随时联系相关人员?

然后就静候佳音吧!

(十) 做好身心准备

健康的身体是参加面试的前提,良好的精神状态是面试成功的重要保证。同学们一定要注意身心准备工作。

(1) 要加强身体锻炼,保证睡眠,保持充沛的体力。应聘前的几天内,不做过于劳累辛苦的事情,也不从事过于紧张、刺激的活动,保持心理稳定与愉悦。

(2) 要克服消极心理。临场前过度紧张和焦虑,临场时呆板和木讷,是面试的大忌。应聘者应注意调整好临场前的心理状态,自然而又精神饱满地参加面试。

(3) 要充满必胜的信念。应聘成功取决于平常养成的内在特质,如高尚的品德、良好的习惯、健康的人生态度、自觉的人际亲和力和学有所成的业务技能。

小贴士

听听应届毕业生谈如何参加面试

面试的模式各种各样,它带有很强的个人感情色彩,所以经常无谓地揣测人力资源经理(HR)的意图是徒劳的,人力资源经理最忌讳的其实也是这个。真实的表现自己的最好状态就可以了,一千个读者就有一千个哈姆雷特,同样一千个HR看人有一千种眼光,总有一种欣赏你。

有时候,很多同学喜欢针对某个企业的某个HR进行个别攻破,也就是打听一些关于某个HR的性格特征、喜好趋向等,这样的情况有时候会有一些用处,但是其实所谓HR的性格特征、喜好趋向也是别人分析出来的,至于他心里究竟是怎么想的,别人永远无从知晓。要记住,企业是否录用你,与面试的表现很可能没有多少关系。试想5分钟左右的交流,而且大家又都是精心准备过的,把自己的"天使"形象展现给对方,而把自己的"恶魔"形象全部隐藏起来,每个看起来都是无可挑剔,HR也是阅人无数,让他找到你的闪光点,你的与众不同才是最重要的。

很多同学还有一个困惑就是,面试的时候会不由自主地紧张。很多同学在私下交流的时候都很流畅自然,但是面对HR就会无端紧张,其实这是没有放好心态的表现。首先,不要把HR看得过于"神圣",让他们从你心里的"神坛"上走下去。要记住,面试的时候他和你只是一个"僧和庙"的关系,他并不是你的上司、你的老板,完全就是一个陌生人,或许他手里握有你认为的"生杀大权",但其实如果他没有录用你,那么他对于你可以说就是什么都不是,如果有一天你无意中成了这家企业的客户,哪怕只是买了一瓶矿泉水,他也要把你看作上帝。

曾经失意于某500强名企的你,有一天也可以走在它的会客大厅里,然后一副高深莫测的样子,只做"嗯嗯"的不置可否的答复。这样想来,或许能够减轻一些同学的面试恐惧症。把HR当作普通朋友一样的交谈,让他看到你的坦诚、认真、严谨,才是最好的表现。请记住HR不是在招演员,所以你也不要把面试当作演戏。

如何在小组面试中脱颖而出

小组面试,有的时候需要就给出的条件共同完成一个项目,或者就一个主题进行探讨,得出结论。
(1) 放下包袱,大胆开口,抢先发言。
(2) 逻辑严密,论证充分,辩驳有力。
(3) 尊重队友观点,友善待人,不恶语相向。
(4) 掏出纸笔,记录要点,做到与众不同。
(5) 逐一点评,最后总结,充当领导者。
(6) 上交讨论提纲,条理清晰,再露一手。

三、网络应聘

网络招聘,一个并不新鲜的名词,除去了时间、空间的限制外,网络招聘获得了很多的受众。将个人简历投放到知名招聘网站的人才库中,以备企事业单位用人时从人才库中自选,也是一种不错的求职策略。

(一) 网络应聘前的准备工作

(1) 拥有一台计算机或者处于上网方便的场所,这是最基本的条件。
(2) 要掌握基本的网络知识,包括如何进入并顺利地浏览网页,如何使用网络搜索工具,还要学会理解网页上的语言等。
(3) 准备电子版照片1~2张。如果没有,请事先把纸版照片进行扫描,照片应该选择生活照,但不能是艺术照。
(4) 各种学历证书、职业资格证书以及所获奖励的有关材料要准备齐全,并扫描为电子版。
(5) 要把近期学习阶段所学课程进行一个总结,例如,把大学期间所学专业课程、在校期间接受的各种培训等方面内容归纳一下。

(二) 网络应聘成功六要素

1. 要有针对性

不管是递交书面简历还是电子简历,针对性都应该是投递简历的第一要素。针对性体现在3个方面:针对自己的职业定位与生涯规划选择真正适合的岗位;针对特定的岗位设计有针对性的简历;根据岗位性质使用针对性的语言。其中,最重要的是准确的职业定位,很多人无法充分表达"针对性",其根本原因就是职业定位不清。

还要特别提醒的是,不要同时在一家公司应聘数个职位,因为对公司来说,重复阅读相同的简历不但浪费时间,而且很容易让他们觉得应聘者其实根本不知道他们到底想做什么。

2. 用准关键词

随着智能化技术在招聘中的应用,关键词的设置越来越显得重要了。越来越多的企业,特别是一些大公司,通常都会用智能化的搜索器进行简历筛选。很显然,对企业而言,这会大大降低招聘成本,而对应聘者而言,无疑降低了求职的成功率。所以,如何分析所应聘的岗位可能需要的关键词信息就显得尤为重要。有些信息是必需的,如学校名称、行业类别、特定的知识/技能(例如,知识管理、助理会计师、Photoshop等)。

3. 讲求诚信

不讲诚信给社会造成了很多损失,也给企业招聘造成了大量成本的浪费。确切地说,企业人事经理很讨厌应聘过程中的造假行为。有就是有,没有就是没有,即便欺骗过了第一轮,也通不过后期审查。求职者这样做会降低自己的诚信度,不仅无法入职,还浪费了大量的时间,而且这些公司之间会互通有无,以后想在这个行业找到好工作都很困难了。

4. 不断更新

定期更新简历至少有两个好处。首先表明你现在正在求职;其次当HR在寻找人才时,符合条件的简历通常都是先按刷新的时间顺序排列的,而且他们一般只会看前面1~2页。

很多求职者其实并不知道更新简历可以获得更多的求职机会,因此每次登录,最好都刷新简历,刷新以后,就能排在前面,更容易被找到。

5. 简历要易读

HR不会有太多的时间停留在你的简历上,更重要的是,你不能让HR看了你的简历后感到烦,所以让简历易读就显得很重要,而不是被轻易删掉。

6. 准备一份求职信

求职信集个人介绍、自我推销和下一步行动建议于一身,它归纳了履历表,并重点突出求职者的背景材料中与未来雇主最有关系的内容。一封好的求职信能体现你清晰的思路和良好的表达能力,也就是说,它体现了你的沟通交际能力和性格特征。

如果想通过应聘资料使招聘单位进一步感受到你"鲜活"的形象,想让未来的雇主知道你适合这份工作的理由,你可以在应聘资料中增加一份"求职信"。

(三) 网络应聘注意事项

针对涉世未深、急于求职的大学毕业生,网络应聘是一种便捷的求职方式,但是任何事物都有利有弊,由于网络的安全性还无法控制,个人或企业在网络上输入的信息有可能被他人窃取利用,同学们也要充分了解网络应聘的弊端,以防给自己带来麻烦甚至危害。

1. 信息虚假

虚拟的网络世界给少数虚假信息提供了可乘之机,对求职者和招聘者双方来说,都存在虚假信息的困扰。

2. 无效信息多

有些网站为了提高点击率,便将一些过时的招聘信息也发布在网上,使得求职者常常看到大量过时的信息,劳而无获。

3. 资料泄露带来麻烦

不少求职者会突然接到一些自己从来没投过简历的公司的电话,还有些人发现,自己用来求职的照片被放在了不法网站,这些都会给我们带来麻烦。

4．网络招聘陷阱

骗子惯用的伎俩通常是先在网上发布一些薪酬诱人的"招聘信息",利用求职者急于找到工作的心理,要求汇款到指定的账号,钱一到账立刻就被取走,即使是公安部门也难以追查。例如,近年来,一些高校的毕业生在网上求职就遇到了"雇主"以录用后需要进行岗前培训为由,要求购买培训教材,交钱后"雇主"就再也没有任何消息了。

四、面对多个机会,如何做出合理的选择

如果在同一个时间,接到了两家或两家以上的笔试或面试通知,那么首先就要衷心地祝贺你。为了确保万无一失,最好不要拒绝任何一个机会。如果时间冲突,可以请求招聘单位给自己一个单独考试的时间,但是要有一个可信的理由。如果无法协调,就要在两家单位之间做出选择。那么如何选择呢?这不仅仅要看单位的实力,也要看与自己职业生涯规划的匹配度。

人生最成功的职业生涯规划,莫过于从事自己最喜欢的工作,这样的工作就是快乐的工作,而不仅仅是为了糊口和生活而工作。职业生涯规划包括两个含义,首先是从事什么职业,例如财务、市场、人力资源、技术研发、供应等专业,财务中又有税务、金融等;其次是某个年龄段取得什么样的成就,比如三十而立之时,要去争取负责一个方面的工作,所谓能够独当一面。

范例一： 面对选择,该何去何从

很多时候,同学们还会遇到一个很常见的问题,如果有笔试和面试冲突,该选择哪一个?如果我拿到了多个录用通知,该选择哪一个?这时候还是要切记不要跟同龄人探讨,或者交换意见。这是一个在经济管理学中被称为机会成本的问题,当你选择了一个工作,就必然要放弃其他工作在未来将会给你带来的个人利益,这是一个利益最优化的问题。

因此,这样的选择,一定要由自己决定,如果一定要参考意见,可以参考亲属长辈的意见。很多同学会因为其他同学的一句话,或者网上的一个帖子,毅然放弃了其中某个面试机会,结果导致全盘皆输,输了不重要,输了以后十分后悔才是更可怕的。

最后,不管选择是对是错,都请不要后悔,对于你,它仅仅只是一个选择,选错了带来的是更多的智慧和理智;选对了,恭喜你,为自己做了一次改变人生的选择。

范例二： 如何签约

走到这一步的同学首先是要祝贺你,你已经历尽"千难万险",找到了适合自己的工作,或者是迫于无奈,必须接受这样一份工作,这些都不重要,因为这只是职业生涯的一个起点,或许起点很重要,但是太多的案例告诉我们,一个成功的人,他的人生转折点通常都不是第一份工作。先入职,再择业,是你要记住的核心,一定要走过入职的这一步,除非你决定自主创业。

关于签约,其实并不难,无非要确认以下 3 点。

(1) 究竟是和谁签,这是所有问题的关键所在。说到底,也就是两个选项,是和劳务公司(也就是中介公司)签,还是和公司本身签。如果和公司本身签,是和本部签还是和分部签,是和母公司签还是和子公司签,又或者是和分支机构签。一定要弄清楚,不要怕问,签了以后上当受骗才是最可怕的,多问一句,如果真的是好企业,它不会让你因此丢了工作。

(2) 能否实现要求的待遇? 这主要牵涉到户口、档案、住宿这类问题,切记是要确定,"可能"这样的字眼就等于没有,或者是表现出色者提供,也相当于没有,一定要是"确定"的字样。

(3) 如果毁约,将承担什么样的责任。通常没有同学一签约就想毁约,就如同没有人结婚的时候就想着离婚一样。但是最后还是会有毁约的同学,这里面的原因很多,通常都是因为没有彻底了解公司性质或者工作性质,这也多见于无实习的公司,很多同学觉得能签到一份不需要实习就直接上岗的工作会很好,觉得这样正规、踏实。其实这样的工作也有它的弊端,因为你完全不知道入职后到底做什么样的工作,这份工作的工作环境如何。因此,了解毁约以后要承担的责任是必要的,如果是太过苛责的责任,里面通常都有它的问题,这一点在签约的时候也是要特别注意的。

本章实训课堂

一、单项选择题

1. 求职者的自我形象设计必须重视仪表修饰,要做到( )、庄重和正规,给面试官留下良好的印象。
   A. 独特　　　　B. 个性　　　　C. 整洁　　　　D. 另类
2. 求职准备阶段的工作主要包括准备个人资料和( )两个方面。
   A. 撰写求职信　B. 自我形象设计　C. 准备合适的服装　D. 设计个人简历
3. 参加面试时通常准时赴约,下列各项在准时赴约中的做法不妥当的是( )。
   A. 资料准备齐全　　　　　　B. 礼貌进门
   C. 按时到达　　　　　　　　D. 等候时随意与别人交谈
4. 对于求职者参加面试时的礼仪,下列描述不妥当的是( )。
   A. 不做空洞的慷慨陈词　　　B. 要善于打破沉默
   C. 要有比较明确的职业发展规划　D. 主动与面试官"套近乎"
5. 在求职交谈中需要注意的是( )。
   A. 交谈时的语速、语气及谈话主题　B. 倾听面试官的谈话
   C. 口齿清晰、语言简练、易懂　　　D. 以上选项都正确

二、判断题

1. 在面试结束时,应该对面试官说"拜托你了""请多关照"等语言,以增加自己被录用的可能性。　　　　　　　　　　　　　　　　　　　　　　　　　　　( )
2. 在面试结束后接到人事部门的电话通知没有被录用,应该礼貌地向对方给自己面试机会表示感谢。　　　　　　　　　　　　　　　　　　　　　　　　　( )

3. 面试时可以提前半小时到,先与招聘单位的前台人员或普通的工作人员等交流一下,以便熟悉环境。( )
4. 应聘者在进入面试室前,应检查自己的装束,厘清思路,然后轻敲房门。( )
5. 写求职信应遵循"适度推销"原则,具体而言就是对外资企业可以多一些"自夸",对国内企业应多一些谦虚。( )

三、案例分析题

苗立刚毕业,各方面条件都很不错,在一次求职面试中,面试官让她做自我介绍时,她是这样介绍的:"我读大学时,是班级团支部书记,组织能力强,交际广泛,有好奇心,协调能力强,善社交,朋友多,有韧性。"最终,她并没有被面试单位录用。

请问:她在面试中这样介绍自己有什么不妥的地方吗?

实践课堂

训练　面试礼仪实训

1. 准备:教师扮演面试官,学生扮演应聘者。
2. 实施:情境模拟一家公司有多个职位选择,学生扮演的应聘者进行面试。
3. 要求:每位学生需要准备一份求职简历。
4. 总结:让学生进行自评和互评,最后教师进行总结评价。

拓展阅读

名人求职故事三则

史蒂文斯:败后感谢,疑无路时路在前

史蒂文斯以前是计算机程序员,听说微软公司招程序员,他就信心十足地去应聘。面试时考官问的问题是关于软件未来发展方向方面的,这点他从来没有考虑过,故而惨遭淘汰。史蒂文斯觉得微软公司对软件业的理解令他受益匪浅,就给公司写了一封信表示感谢。这封信后来被送到总裁比尔·盖茨的手中。3个月后,该公司出现空缺,史蒂文斯收到了"微软"的录用通知书。十几年后,凭着出色的业绩,史蒂文斯当上了微软公司的副总裁。

求职面试难免遭遇的失败。面对失败,如果对应聘单位或其负责人心生怨恨,不但于事无补,而且也显示出应聘者心胸狭窄,而如果摆正心态,以一颗感恩的心对待应聘单位,则有可能为自己下一次应聘取胜赢得机会。

罗温·艾金森:急中生智,关键时刻亮奇招

英国著名喜剧演员罗温·艾金森以其"憨豆先生"的形象深入人心。他在成名前,到英国一家著名的马戏团应聘滑稽演员。考官面试出的题目是让在场的所有人捧腹大笑。罗温·艾金森又讲笑话又演哑剧,可考官没有一人露出一丝笑意。罗温·艾金森急了,亮出绝招,转身打开面试房间的门,对着外面其他应聘者们大叫:"喂,你们都可以回家吃饭了!他们已决定录用我了!"这时,已经憋了很久的考官们一下子大笑起来。罗温·艾金森终于找到了一份可以发挥自己特长的工作,最终成为世界著名的滑稽大师。

急中生智能让应聘者想出考官欣赏的谋略,说出考官欣赏的话语,做出考官欣赏的事情。

恰科：品性优良，于细微处显精神

法国"银行大王"恰科，年轻时曾先后52次找一家银行的董事长谋职。当他最后一次被拒绝后失魂落魄地从银行走出来，看见银行大门前的地上有一根大头针，便弯腰把它捡了起来。出乎意料，银行在第二天给他发来了录用通知——原来，恰科弯腰捡大头针的行为，恰好被董事长撞见了。

善于为他人着想可以使人际关系变得和谐，而精细小心则可使一个人将工作做得尽善尽美。恰科弯腰捡大头针的行为，凸显了善于为他人着想和精细小心的品质。董事长从他弯腰捡大头针的行为中，看出了他高尚的道德修养和强烈的责任感，看出了一名优秀员工应当具备的素质。

资料来源：http://www.yjbys.com/qiuzhizhinan/show-282578.html, 2019-06-21.

第八章 跨文化沟通及涉外礼仪

学习要求与目标

(1) 了解文化差异对跨文化沟通的影响。
(2) 掌握跨文化沟通的原则和策略。
(3) 了解主要区域文化简介。
(4) 掌握涉外礼仪的基本原则。

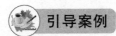 引导案例

不同国籍的总裁

西门子深圳分公司任命了一位中国人作为分公司总裁,而上一任总裁是德国人。之前德国总裁按照德国人的思维管理公司,公司的节奏与德国总部保持一致,10年过去了,两地员工都适应了这种节奏,尤其是在深圳工作的员工,工作节奏慢于深圳其他公司的员工。员工请假也是一项重要权利,德国总裁要求大家预先提出休假计划,这样便于应对人员缺失给公司运转效率带来的一些不利因素。

中国总裁上任后,按照中国的国情和现阶段思维,认为西门子深圳分公司还有很大提升空间,于是从总部获取了更多订单和研发任务,导致深圳公司的员工感觉到工作压力明显变大,员工们纷纷表示抱怨,中国员工还好,适应较快,德国员工就很难适应了。由于外国企业假期相对多一些,提前请假的概念也变成有事才临时请假,这样又让很多员工产生抱怨,尤其是德国员工,意见较多。

资料来源:肖诗子.西门子深圳分公司跨文化沟通障碍研究[D].深圳:深圳大学,2017.

案例点评:公司总裁由德国人变成了中国人,而中德两国的领导风格和对公司策略制定是由文化差异造成的。中德两国对待工作的文化理念是截然不同的,德国人在工作之余,是十分重视对家庭及子女陪伴的。即使赚钱也要建立在不影响自己家庭及休闲时间的基础上,最为典型的表现就是,他们在度假时是不会接听任何关于工作的电话,也不会关注电子邮件。

由于外国企业自身假期较长,在中国的德国员工的假期比中国员工假期的稍多(因为带有探亲假期),使得中国新任总裁很难协调工作。德国员工有较强的休假意愿,而且平均30天的年假。而中国员工的休假意愿较低,尽管平均只有15天的年假。

另外,在一些跨国项目合作中,因为时差的关系,中方项目团队成员可以为了项目的推进而不惜加班加点,或者主动去适应对方项目团队成员的时间要求,选择在下班后甚至晚上时间与对方开电话会议。这些表现,一方面体现了中国员工在权利距离大的前提下会对于领导的指令服从;另一方面也表现了集体主义占主导的思想,使中国员工更容易接受牺牲个人利益满足企业需要。

第一节 文化差异对跨文化沟通的影响

在经济全球化的潮流中,国际政治、经济、社会等交流活动都不可避免面对各国不同文化的相互接触、冲突、沟通、吸收和融合。所以,国际交流首先是文化的交流,国际沟通则首先表现为跨文化沟通。

一、文化差异与跨文化沟通概述

(一) 文化差异的内涵与表现

文化是人类所创造的一切物质财富和精神财富的总和,是受到物质和环境条件影响的特定群体的共同价值观念与行为准则体系。文化差异是指不同文化之间的差别,是不同国家、不同地区、不同民族在历史、政治、经济、传统及风俗习惯等方面的差异。主要体现在以下方面。

1. 价值观的差异

文化是人们的一种认知和感知,由世界观、人生观和价值观3个部分组成。在跨文化沟通中,这些隐藏在文化背后的认知会不知不觉地影响人们,使人们下意识地用本民族的文化标准和价值观念指导自己的思想与言行,并以此为标准评判他人的言行与思想,从而对沟通产生影响。

2. 信仰或习俗的差异

每一个国家都有自己的信仰或习俗,且不同国家之间存在很大差异性。如日本人忌讳荷花、狐狸和獾,而喜欢樱花、鸭子;英国人不喜欢大象,但喜欢猫和狗;意大利人和西班牙人喜欢玫瑰花,但不喜欢菊花等。

案例 8-1

国别习俗

国内某家专门接待外国游客的旅行社,有一次准备在接待来华的法国游客时送每人一件小礼品。于是,该旅行社为法国女性游客订购制作了一批当地有名的香水,为法国男性游客订购制作了一批核桃挂件,小礼品全部是名厂名产,每瓶香水都是使用当地鲜花酿酿而成,每个核桃小挂件都是当地著名的核桃品种,十分美观大方。香水和核桃挂件装在特制的纸盒内,盒上又有旅行社社徽,显得是很像样的小礼品,料想会受到客人的喜欢。

旅游接待人员带着盒装的香水和核桃挂件,到机场迎接来自法国的游客。欢迎词热情、得体。在车上他代表旅行社赠送给每位游客一盒包装精美的小礼物,作为礼品。没想到车上一片哗然,议论纷纷,游客显出很不高兴的样子。特别是一位男士,大声叫喊,表现极为气愤,还有些伤感。旅游接待人员心慌了,好心好意送人家礼物,不但得不到感谢,还出现这般景象。中国人总以为送礼人不怪,这些外国人为什么"怪"起来了?

资料来源:https://wenku.baidu.com/view/62c99460af1ffc4ffe47acf8.html,2019-06-23.

案例点评:法国人与陌生人交谈时,和欧美其他国家的人一样,一般不询问年龄等个人私事,忌讳数字13,忌送香水给法国女性,因为在法国送香水给女人意味着求爱,认为核桃是不吉利的东西。而鲜花是备受法国人欢迎的礼物,但是到朋友家做客,忌送红玫瑰(情人的礼物)和菊花(表示对死者哀悼)。

3. 语言符号与非语言符号体系的差异

语言符号包括书面语言和口头语言;非语言符号包括形体语言、时间语言、电子语言和物体语言。不同文化中的人们沟通必须借助于特定的符号来实现。然而,由于不同文化之间的符号体系是各不相同的,结果导致跨文化沟通中的分歧、误会。

例如,美国人的时间语言通常非常强调准时,如几点几分开始,多长时间;而中国人的时间语言则相对是模糊的,如一袋烟的工夫、一顿饭的时间、我明天上午去找你等,时间是有一定弹性的。

案例 8-2

有空来坐坐

一位美国教师在中国任教,中国同事总是对她说:"有空来坐坐。"可是,半年过去了,美国同事从来没有上过门。中国同事又对她说:"我真心欢迎你来家里坐坐。如果没空的话,随时打电话来聊聊也行。"一年下来,美国同事既没有来电话,也没有来访。奇怪的是,这位美国人常为没人邀请她而苦恼。

资料来源:http://edu.sina.com.cn/kids/2015-01-26/100987301.shtml,2019-05-28.

案例点评:中国亲朋好友和同事之间的串门很随便,邀请别人来访无须为对方确定时间,自己去探访别人无须郑重其事征得同意。美国人则没有串门的习惯。一年内遇到大节日,亲朋好友才到家里聚一聚。平时如果有事上门,事先要有确切的时间预约。

没有得到对方的应允,随便上门是不礼貌的行为。因此,美国同事对"有空来坐坐"这句话只当作虚礼客套,不当作正式邀请。无事打电话闲聊也是美国人视为打乱别人私人时间和活动安排的行为。若想邀请美国人上门,应当与对方商定一个互相都方便的时间。

4. 民族优越感的差异

民族优越感是人们作为某一特定文化中的成员所表现出来的优越感,它以自身的文化价值观和标准作为至高无上的衡量尺度去解释和评判其他文化环境中的群体。由于价值观的不同,各民族之间常发生冲突。

5. 传统文化的差异

西方国家重视竞争,鼓励个人奋斗,倡导民众不断开拓进取,通常在取得成就后会充分肯定自己的能力、体现自信心和荣誉感。而东方文化鼓励民众遵规守纪，流行中庸主义，主张含蓄地表达和谦虚的态度。在交流上，性格直爽的美国人总是直接简洁，而谨慎又重礼仪的日本人通常不明确说不，尽可能含蓄的推脱，如表8-1所示。

表 8-1　东西方文化的差异

区域	对血缘亲情	表达形式	礼品馈赠	对"老"的态度	对待隐私权	时间观念
东方	重视	谦逊和含蓄	名目繁多	老者、尊者优先	不太强	不太强
西方	不很重视	率直和坦诚	简洁便利	不服老	很强	很强

（二）跨文化沟通的内涵

跨文化沟通通常是指不同文化背景的人们之间进行的信息交流。具体表现为不同文化之间的人们，通过经商、婚姻、遣使、求学、传教等途径和方式，在一定的时间和空间发生互相接触，从中互相学习，彼此融合，从而不断发展的一种文化现象。因为地域不同、种族不同等因素导致文化差异，因此跨文化沟通可能发生在不同国家之间，也可能发生在不同的文化群体之间。本书是从不同国家之间的跨文化沟通进行分析。

（三）跨文化沟通的构成

跨文化沟通发生的前提是存在文化差异。文化差异发生在文化的各个层面。因而，跨文化沟通也要求在文化的每个层面上进行，包括跨文化语言沟通和跨文化非语言沟通。

1. 跨文化语言沟通

跨文化语言沟通是在不同文化背景的人之间以语词符号为载体实现的沟通，主要包括口头沟通、书面沟通和电子沟通等。其中，语言是信息传递的媒介，是人类进行交流的工具。一般人在相同文化背景下理解讲话内容尚有误差，那么不同文化背景导致的理解误差可能会更大。

2. 跨文化非语言沟通

跨文化非语言沟通根据有无声音，可以分为无声沟通和有声沟通。无声沟通是指身体各部位的动作姿势和表情以及其他一些环境因素的非语言沟通方式，包括通过肢体语言、装饰语、时空环境等进行的沟通。有声沟通是指通过发音器官或身体的某部分所发出的非语言性声音而进行的沟通方式，包括辅助性语言沟通和类语言沟通。

二、文化差异对跨文化语言沟通的影响

（一）语言文字差异对跨文化语言沟通的影响

语言是人类最重要的交际工具，也是进行思维和传递信息的工具，具有稳定性和民族性。由于人们对遇到的现象、事务和行为的评价与解释是建立在自身文化的基础之上的，而不同语言有其独特的建构信息方式。平常和朋友聊天时也会理解有偏差，针对不同文化背

景下的语言沟通就更会出现很大的误差,往往会造成沟通的障碍。

(二) 直接与婉转对跨文化语言沟通的影响

直接与婉转主要包括两个方面:一方面是一个人在多大程度上会去主动寻找别人言辞背后的间接含义;另一方面则是一个人在多大程度上喜欢拐弯抹角地说话。如果你在这两方面都很娴熟,那么你的婉转程度就非常高,别人要听懂你说话的真实含义就相当困难。

案例 8—3

副总裁的难题

飞利浦照明公司某区人力资源的一名美国籍副总裁与一位被认为具有发展潜力的中国员工交谈。他很想听听这位员工对自己今后 5 年的职业发展规划以及期望达到的位置。中国员工并没有正面回答问题,而是开始谈论起公司未来的发展方向、公司的晋升体系,以及目前他本人在组织中的位置等,说了半天也没有正面回答副总裁的问题。

副总裁有些疑惑不解,没等他说完已经不耐烦了。同样的事情之前已经发生了好几次。谈话结束后,副总裁忍不住向人力资源总监抱怨道:"我不过是想知道这位员工对于自己未来 5 年发展的打算,想要在飞利浦做到什么样的职位而已,可为什么就不能得到明确的回答呢?"然而谈话中受到压力的员工也向人力资源总监诉苦"这位副总裁怎么这样咄咄逼人?"

资料来源:李元授. 人际沟通训练[M]. 武汉:华中科技大学出版社,2014.

案例点评:这位副总裁是美国人,而员工则是中国人。由于出生在两个不同的国度,所以他们的思维方式、生活习惯、文化背景、教育程度等众多方面都存在着差异。正是这些差异的存在,才使得双方在交流、沟通过程中产生一系列障碍。

比如,中国员工回答"想在 5 年之内做到营销部经理的职位。"很显然,按照中国人的传统心理,这样的回答违反了中国人谦虚、委婉的心理习惯。太直接反而暴露出自己很有野心,高傲自大的缺陷。谦虚也可以给自己留有后路,万一坐不到那个理想的位子,也不至于丢面子,被人耻笑。恰恰相反,美国人一向简单明了,很直接,这也是他们一贯的思维方式。

(三) 打断与沉默对跨文化语言沟通的影响

1. 是否打断的说话方式对跨文化语言沟通的影响

在是否打断的说话方式上,不同民族、不同文化的人在这一点上有明显的不同。

(1) 英国人一般一问一答,即你说完一句我说下一句。A 先说,说完时 B 接上,然后 B 开始说,说完停下时 A 再接着说,一来一往,有问有答,顺序清晰,是良好的对话方式。如果一个人在别人还没说完话就打断别人,会被视为不礼貌,会遭到白眼。

(2) 拉美人一般是 A 开始说话,但在 A 尚未停下时,B 就应该打断对方,并自己接着往下说。然后 B 在还未结束时,A 来继续。打断对方被看成是对对方的谈话感兴趣,而且自己也有很多感受要分享。

(3) 东方人一般是 A 先开始说,B 在接 A 的话之前两段话有一丝小小的非重合区间,这段空白表示沉默。也就是说,在回答或接另一个人的话题时,应该有一个小小的停顿。这个停顿可能只有几秒钟的时间,显示的是你在思考对方的话,思考之后再回答。因此,沉默是对对方尊重的表现,同时也表现自己的深思熟虑。

2. 沉默对跨文化语言沟通的影响

沉默是内涵最丰富的非语言沟通,在不同文化中的褒贬意义也不同。例如,沉默在日本有尊敬的意思,在其他国家可能是默认,也可能是同意。在中国沉默寡言让人觉得稳重、有城府、能成大器,沉默是金、此时无声胜有声,都是对沉默的解读;在美国沉默却很可能被看成迟钝。

(四) 高语境与低语境对跨文化语言沟通的影响

语境是指两个人在进行有效沟通之前所需要了解和共享的背景知识,这种共享的背景知识越多,具备的共同点越多,语境就越高;反之,语境越低。

在高语境文化中,人们一般会花较多时间了解陌生人的底细以确定在与之沟通时应该使用的合适的态度、方法、用词和动作语言。如果不知道对方是"谁",那就很难把握沟通的方式。相反,在低语境文化中,很少有人会先去搞清楚陌生人的底细之后再与之沟通,一般只关注明确编码的文字语言信息,因为基本上所有的意思都在那里说明白了,所以不必花太多的精力去揣测别人言辞后面的意思。在这个层面上生活感觉也相对轻松一些。

(五) 联想与抽象对跨文化语言沟通的影响

在用语言沟通时,同质文化中的人由于共享的背景很多,所以常常能使倾听者通过联想了解自己所说的意思。这样的文化可以称为"联想型文化",与高语境文化有相似之处。

在异质文化中,很难假设倾听者与你有相似的联想,所以就需要用更抽象的语言沟通,并在沟通中不断进行解释。当来自同质文化与来自异质文化的两个人进行沟通时,会经历挫折感。

三、文化差异对跨文化非语言沟通的影响

非语言沟通是相对于语言沟通而言的,由于各国和地区在长期历史与文化发展中积淀而成的习惯不同,在跨文化沟通中,非语言沟通的编码和解码充满了不确定性与情境性,因而非语言沟通最容易产生误解。

(一) 说话方式的差异对跨文化非语言沟通的影响

说话方式是指说话的相关因素,如音量、速度、数量、感情等。西方人常使用中等音量和中速,说话抑扬顿挫,有起有伏,跌宕有致,并富有表情,不具攻击性。拉美人说话语调很高,而且保持亢奋状态,情绪激昂。东方人语调平缓单一,很少起伏,不紧不慢。在交谈时,西方人会不停地说话,每个人好像都在即兴演讲。大部分西方人都相信在谈话中,若别人没有听懂他们说的话,一定会中断对话并表示没听懂。但在中国,部属打断上司讲话的事是很少见的。

案例 8-4

时间观念的差异

中国一家公司到美国采购成套设备,中国谈判小组成员与美国采购公司预定的时间是下午 2 点左右。当他们到达谈判地点时,是下午 2:15。美方代表对此极为不满,花了好长时间来指责中国代表不遵守时间,没有信用。

谈判开始,美方还对此事耿耿于怀,对此中国代表感到理亏,也无心与美方代表讨价还价,对美方提出的要求也没静下心来认真考虑,匆匆忙忙就签订了合同。等到合同签订以后,中国代表才发现吃了大亏,但已经晚了。

资料来源:https://wenku.baidu.com/view/886d540753ea551810a6f524ccbff121dd36c52d.html, 2019-05-29。

案例点评:不同的文化背景表现出不同的时间观念,北美人的时间观念很强,对他们来说,时间就是金钱;而东方和南美一些国家的时间观念不是那么强,"左右"的概念是可以提前也可以稍晚点到达。这个时间观念差异的案例就充分说明了要了解不同国家的文化。

(二) 目光语的差异对跨文化非语言沟通的影响

来自英语国家的人在谈话中会使用更多的目光交流,没有目光接触的沟通几乎是不可能的事。与对方讲话时,或听对方讲话时,一定要看着对方,否则会被视为对话题没兴趣,或心里有鬼不敢正视,或性格过于羞怯,总之是负面的评价。就是在地位不等的两个人之间对话时也如此。

但在东方文化中,目光接触就并不是必要的,有时甚至被认为是不合时宜的行为。当两个地位不等的人对话时,地位低的那个一般都不看对方,因为直视反而会被认为是咄咄逼人,不尊敬对方。

(三) 肢体语言的差异对跨文化非语言沟通的影响

手势语是指通过手及手指的动作和方式进行交流。在不同的文化中,手势的含义有时会有不同。比如,竖起大拇指中国人表示"不错""很棒",英美人表示"没问题",日本人用它指代父亲、丈夫、老板等男性为尊的角色,而中东有些国家里就像美国人伸出中指一样,表示不好的意思。中国人也会很惊奇地看到当美国人吃饱饭时,会把手横在自己的脖子上表示;而这个动作在中国人看来是一种刺杀行为,中国人常常用手来拍拍肚子表示自己已经饱餐。

在日常礼仪方面,中国人常用握手和微笑表示友好与礼貌;欧美人习惯拥抱和贴脸的礼仪形式;印度、泰国则双手合十表示问候。阿拉伯人见到别人朝自己微笑时,会感到莫名其妙,但美印第安人则用哭来表达欢迎。表示同意时,中国人和英美人习惯点头表示赞许、肯定;在印度、希腊等点头的意思刚好相反。填写表格和选票时,中国人以打钩表示肯定,打叉表示否定,而英语国家以打叉表示肯定。

（四）时间观念的差异对跨文化非语言沟通的影响

1. 时间利用方式的差异对跨文化非语言沟通的影响

爱德华·T. 霍尔把时间的利用方式分为单一性时间利用方式和多种时间利用方式。

单一性时间利用方式强调"专时专用"和"速度"，西方人具有此类特点。这种方式下，人们认为时间是固定的、可测量的，就像墙上的时钟一样。因此，人们倾向于按照时间的顺序来安排工作或加工信息。他们每天都有一个清晰的作息时间表，完成任务的进度表，然后按部就班地工作。

多种时间利用方式强调"一时多用"，中东和拉美文化具有此类特点。这种方式下，人们对时间抱有灵活的态度，对别人没有预约的来访、临时安排的会议等习以为常。有时他们也通过时间调整自己的好恶和情绪，例如，让自己不喜欢的人或者某个地位低下者长时间等待。

2. 对时间处理规则的差异对跨文化非语言沟通的影响

美国人视时间为金钱，时间观念很强。因此，他们总是十分守时，见面后，相互之间一般只简单寒暄几句就进入主题，期望在 20～30 分钟解决问题。而阿拉伯、南美洲和亚洲某些商务会谈可能一连数小时，甚至数次都不涉及正题，而且有一些必不可少的客套，诸如拉家常、喝咖啡或饮茶等，其目的是为了建立良好的人际关系。对此，美国人并不认同。因此，两个采用不同时间利用方式的经营者遇到一起时，就需要调整，以便建立和谐的关系。

（五）空间距离的差异对跨文化非语言沟通的影响

在沟通中空间距离最明显的表现就是沟通双方之间保持的物理距离，不同群体空间开放程度不同，西方人一般有很强的空间领域感和个人秘密感，因此，他们常用墙、门以及夹板把个人工作或生活的地域隔起来，如果门开着就意味着一种邀请。例如，德国人工作时喜欢闭门享受安静的空间，而美国人工作时开门表示愿意与外界沟通。与空间观直接相连的是人与人交谈时的距离，距离反映了谈话者双方的社会身份。距离最近的要数拉美人和中东人了，最远的是日本人，而欧美人处于二者之间。

在美国，上司与下属交谈时，总保持相当宽的距离；而社会地位相等的双方交谈时，空间则相对缩小。在商务活动中，双方一般保持一臂之远，在此距离内，沟通者可以轻声谈话，但看不到彼此面部的细微表情，由此称为礼貌距离。中东人就不同了，他们彼此的对话距离要近得多，而日本人却要远得多，否则就感觉不舒服。

 小贴士

近距行为

1970 年，美国心理学家华生（Watson，1970）发表了《近距行为》一书，介绍了自己在科罗拉多大学研究 110 名外国男性大学生的结果。他让这些学生带一名与自己讲同一母语的人来实验室，先填写一份问卷，然后就自由地与他的同伴用母语交谈。

实验者透过单向玻璃观察并记录以下几项内容：身体导向、空间距离、触摸程度、目光接触以及语音高低。表 8-2 为他的研究结果总结。

表 8-2 非口头语言沟通中的文化差异

实验者	身体导向	空间距离	触摸程度	目光接触	语音高低
阿拉伯人	2.57	3.53	6.59	1.25	3.96
拉美人	2.47	4.96	6.74	1.41	4.14
南欧人	2.19	4.42	6.88	1.49	4.57
美国人	3.00	7.66	7.00	2.86	4.43
亚洲人	3.25	5.20	6.97	2.06	4.79
印巴人	3.59	3.94	6.99	2.05	4.39
北欧人	3.51	5.92	7.00	2.17	4.32

从表 8-2 中的数据可以看出，相对美国人而言，阿拉伯人、拉美人、南欧人之间交谈时更愿意面向对方，距离站得更近，触摸对方更频繁，保持目光接触，而且语音更高。同时，与美国人相比，亚洲人、印巴人和北欧人之间交谈时更倾向于不面向对方，彼此之间的空间距离更大，更不愿意触摸对方，少有目光接触，而且更轻声细语。

第二节 跨文化沟通的基本原则和策略

了解文化差异、认同文化差异和融合文化差异是进行有效跨文化沟通的根本所在，而要消除文化差异所导致的跨文化沟通障碍，达到融合文化差异的目的，则取决于跨文化沟通的策略应用和跨文化沟通能力的培养。

一、跨文化沟通的基本原则

（一）相互尊重原则

相互尊重原则是指具有不同文化背景的人们在互相沟通时尊重对方的文化意识。

（二）求同存异原则

由于跨文化沟通发生在具有不同文化背景的沟通者之间，文化差异是必然存在的，甚至沟通双方的文化在某一问题上存在严重对立，这时应当找出共同点，保留不同意见。

（三）入乡随俗原则

入乡随俗原则，又称为"属地原则""因地制宜"原则，即进入一个地方，应该遵守当地人的做事原则。

（四）尊重隐私原则

跨文化沟通中的一些误解会产生敌意，有一部分是由于一方不能很好地坚持尊重隐私原则所造成的。

（五）适度把握原则

在跨文化沟通中，文化背景的差异和商务沟通活动的目的，要求沟通者在对待本土文化上要把握一个适合的"度"，即适度。

（六）平等交流原则

文化没有严格的优劣或高低之分，所以在跨文化沟通中，不同文化背景在交流时应遵循平等原则。

（七）谨慎对待原则

由于文化差异等原因，沟通者在短期内准确理解对方的文化主旨是比较困难的。所以在沟通过程中应谨慎措辞，一旦引起对方不快或矛盾，应及时致歉。

（八）适应差异原则

在跨文化商务沟通过程中，既然双方都能够充分认识到彼此的文化差异，为了进行商务切磋应主动向对方学习，了解对方的文化习俗。

二、跨文化沟通的策略

（一）识别文化差异、求同存异

在跨文化沟通中，不同国家和民族之间确实存在一定的差异。只有首先识别文化差异，才能采取针对性的措施。识别文化差异，需要区分高语境文化和低语境文化，了解不同语境文化下人们传递信息的方式，这对于进行有效的跨文化沟通十分重要。在此基础上进行跨文化沟通时，双方人员不能只站在自己的文化立场对别人的文化进行解释和评论，而应求同存异，相互理解，以避免引发尖锐矛盾，从而消除误解、避免冲突、达成谅解。只有相互尊重彼此的文化，求同存异，才能做好跨文化沟通。

（二）理解对方文化、发展共感

在跨文化沟通中，不需要认可或接受与他人的行为方式，也不能拿本国的道德标准去衡量异国人们的行为方式而是需要持一种宽容的立场、积极的态度，尝试理解这些行为。在此基础上，还要发展共感。共感是设身处地地体味他人的苦乐和际遇，从而产生情感上的共鸣。

不同文化归属的人之所以不容易沟通，往往是由于缺乏共感而不能正确理解和评价他人的价值观。发展共感的关键是要能够进行换位思考，设身处地地站在他人的角度理解文化现象，消除民族中心主义的偏见，客观、公正、全面地认知和理解异质文化，消除跨文化沟通过程中的种种文化因素障碍。

 小贴士

三星公司的策略

早在1992年，三星公司就开始进入中国。那时主要以战略合作为主，依靠中国丰富廉价的劳动力资源，建立生产制造基地，三星公司在消费者眼中也成为低质廉价的产品制造商。20世纪90年代末，中国的经济以及综合国力取得了飞速发展，中国已成为各跨国企业竞相争取的投资基地。对此三星公司也给予了高度重视。2000年开始做战略调整，舍弃低端市场，提高产品的科技含量，努力推行高端产品，树立三星的时尚数码品牌形象，提升品牌价值，并将研发、生产、营销的全过程都在中国进行，即实现所谓的"当地完结型"模式。

三星公司领导人认识到"未来将是亚洲的时代，作为亚洲的核心——中国已经成为国际型企业决胜全球的战略要地"。基于此，三星公司选择北京作为"2002三星数码灵感全球巡演"的首站。

众所周知，中国已具备了研发高科技的实力，汇集了全球的尖端技术，拥有一大批高端人才。为了更好地利用和发挥中国的人才优势，三星公司在中国设立了研发基地——三星电子中国通信研究所及博士后工作站。三星公司还与清华大学和北京邮电大学签署共同培养博士后的协议，并在中国多所大学设立三星奖学金，培养并吸纳富于智慧、勇于挑战、开拓进取的创新型人才，为三星人才体系提供了强有力的保障。

为了让中国员工和韩国员工一样为三星效力，三星公司进行了卓有成效的跨文化培训。除了比较学习中韩文化的差异和三星的企业文化外，公司经常选派中国员工到韩国三星公司总部学习、进修，总部也经常选派高层领导来视察指导，给中国员工进行跨文化培训。三星公司的人才本土化战略为三星公司注入了更多的新鲜元素，更好地了解中国人的消费习惯及中国市场的需求，进而更高效地开拓中国市场。

资料来源：https://wenku.baidu.com/view/7d5cd55d312b3169a451a488.html,2019-06-14.

（三）化解文化冲突、兼收并蓄

随着世界经济日趋全球化，越来越多的跨国公司进入中国，相伴而来的是跨国公司在沟通方面所面临的较为突出的文化冲突问题。因此，下面以跨国公司为例，探讨其在解决文化冲突方面主要的跨文化沟通策略。

1. 文化融合策略

文化融合是学习新文化的同时依然不放弃自己的文化价值观，从而能有机地把二者结合在一起指导自己的行为。文化融合的发生必须建立在对自己的文化和对异族的文化都有相当深度的了解的基础上，必须在学习新文化时反思自己的文化，找出文化之间最本质的差异，以及潜在的相似之处，然后做出调整，最终发展出一套新的、为双方文化都可接受的文化准则。

在跨国公司的子公司中,母国文化和东道国文化同时运行于公司的操作中,使得不同文化背景的人均可在同一企业中和睦共处,即使发生意见分歧,也容易通过双方的努力得到妥协和协调,可以充分发挥跨文化的优势。

2. 文化同化策略

文化同化是接触到新文化后,为了使自己完全融入新文化,而完全抛弃了原来的价值理念。在全球化经营企业实行的本土化策略就是一种文化同化策略。跨国公司挑选和培训当地管理人员,依靠当地管理人员经营国外子公司,从而有利于跨国公司降低海外派遣人员和跨国经营的高昂费用,并降低公司内部的文化冲突。

3. 文化移植策略

文化移植策略通过派遣母公司的高级主管和管理人员,把母国的文化习惯全盘移植到东道国的子公司中,让子公司里的当地员工逐渐适应并接受这种外来文化,并按这种文化背景下的工作模式运行公司的日常业务。这是一个需要长时间观察和培育的过程。

跨国公司派往东道国工作的管理人员,基于其母国文化和东道国文化的巨大不同,并不试图在短时间内迫使当地员工服从母国的人力资源管理模式。而是凭借母国强大的经济实力所形成的文化优势,对于公司的当地员工进行逐步的文化渗透,使母国文化在不知不觉中深入人心,使东道国员工逐渐适应了这种母国文化并慢慢地成为该文化的执行者和维护者。

4. 文化规避策略

文化规避是指总公司派到子公司的管理人员,特别注意在双方文化的重大不同之处进行规避,从而避免在这些不同之处造成彼此文化的冲突。当母国文化与东道国文化之间存在着巨大的不同,母国文化虽然在整个公司的运作中占主体地位,可无法忽视或冷落东道国文化的存在的时候,由母公司派到子公司的管理人员,就应特别注意在双方文化的重大不同之处进行规避,不要在这些"敏感地带"造成彼此文化的冲突。特别在宗教势力强大的国家更要特别注意尊重当地的信仰。

5. 借助第三方文化策略

借助第三方文化策略适用于母国文化和东道国文化之间存在着巨大不同,跨国公司采用与母国文化已达成一定程度共识的第三方文化对设在东道国的子公司进行控制管理。用这种策略可以避免母国文化与东道国文化发生直接的冲突。

例如,欧洲的跨国公司想要在加拿大等美洲地区设立子公司,就可以先把子公司的海外总部设在思想和管理比较国际化的美国,然后通过在美国的总部,对在美洲的所有子公司实行统一管理。这种策略可以避免资金和时间的无谓浪费,使子公司在东道国的经营活动可以迅速有效地取得成果。

第三节　主要区域文化简介

在研究世界文化时要按照不同的文化区域对国家民族进行划分,这种划分以地域文化或行政区域等方面为标准。例如,联合国教科文组织编写的《世界文化报告——文化的多样性、冲突与多元共存(2000)》中就将世界分为 8 个地区：撒哈拉沙漠以南非洲的 41 个国家、阿拉伯 14 个国家、南亚和中亚 16 个国家、东亚 5 个国家、东南亚和太平洋地区 12 个国家、拉美和加勒比地区 22 个国家、北美 2 个国家、欧洲 37 个国家,一共 149 个国家和地区。

除此之外,也可以依据世界文化的历史形态进行不同体系的划分,这样更有利于从历史与现实的结合上把握文化特征。根据这一标准,我们将世界文化划分为以下 8 个大的体系。

（一）亚洲—太平洋文化体系

从中国的黄河和长江流域一直到东北亚地区,包括日本、朝鲜等国都属于这一文化体系。从历史上看,这种文化可能在远古时期经过白令海峡进入了美洲。另外,它还分布于东南亚到南太平洋的部分地区。

（二）南亚文化体系

以南亚印度半岛为中心形成南亚文化体系,它同样传播到南亚地区并在这里与亚洲—太平洋文化相交汇。古代南亚文化还曾经影响过东亚、中亚与西亚的部分国家与地区。

（三）地中海—大西洋文化体系

最早从地中海地区的希腊罗马起源,之后文化中心向西欧移动,形成地中海—大西洋文化体系,包括东欧、北欧、西欧直到俄罗斯。虽然东欧与西欧、南欧与北欧有一定差异,但基本文化类型是相同的。

（四）东阿拉伯文化体系

从阿拉伯半岛、西亚、东南亚部分地区与南亚印度、巴基斯坦,以及西亚的阿富汗,非洲部分地区。这是以伊斯兰教为主的文化体系。

（五）北美—大洋洲文化体系

北美—大洋洲文化体系包括美国、加拿大及澳大利亚、新西兰等国家,主要是 15—16 世纪发现新大陆与环球海上航线开通之后,由大量的移民与原住民共同形成的文化。

（六）拉丁美洲文化体系

以拉丁美洲国家为主题所形成的文化体系。传统的美洲三大古代文化,即玛雅文化、阿兹特克文化与印加文化被西方殖民主义者所毁灭后,混合形成了一种新的文化体系。

（七）非洲文化体系

北非地区的埃及是世界上最早的古代文明之一。海上大交通之后，东非、西非与南部非洲和中非陆续被殖民，在古代文化传统与外来文化影响下，形成了独特的非洲文化体系。

（八）犹太文化体系

以色列是古老的犹太文化基础上重新建立的国家，是犹太文化最集中的区域。犹太教是一种古老的宗教，文化以宗教为中心，在现代社会中，犹太民族和宗教主要分布于欧美国家。

第四节　涉外礼仪

涉外礼仪是人们在涉外交往中，用以维护自身形象，向交往对象表示尊敬、友好与礼貌的约定俗成的各种礼节、仪式及其惯例，是在长期国际交往中形成的国际通用行为准则和礼仪规范。对涉外礼仪具有普遍指导意义的规范要求就是涉外礼仪的原则，被视为对外交往的艺术。

一、互相尊重，不卑不亢

1. 要尊重自己与他人

受人尊重的前提就是自尊，要敢于和善于对自己进行正面的评价与肯定。在任何情况下，都要充分展现中华民族自信、自强的精神风貌，谨慎而不拘谨，平等礼貌待人，尊重他人；尊重对方的宗教信仰和生活习惯，从而建立起稳定和良好的关系，达到双赢的效果。

案例 8-5

尊重的力量

在美国，一个颇有名望的富商在路边散步时，遇到一个衣衫褴褛、形同瘦骨的摆地摊卖旧书的年轻人在寒风中啃着发霉的面包。有着同样苦难经历的富商顿生一股怜悯之心，便不假思索地将8美元塞到年轻人的手中，然后头也不回地走开了。没走多远，富商忽然觉得这样做不妥，于是连忙返回来，从地摊上捡了两本旧书，并抱歉地解释说自己忘了取书，希望年轻人不要介意。最后，富商郑重其事地告诉年轻人："其实，您和我一样也是商人。"

两年之后，富商应邀参加一个商贾云集的慈善募捐会议时，一位西装革履的年轻书商迎了上来，紧握着他的手不无感激地说："先生，您可能早忘记我了，但我永远也不会忘记您。我一直认为我这一生只有摆摊乞讨的命运，直到您亲口对我说，我和您一样都是商人，这才使我树立了自尊和自信，从而创造了今天的业绩……"

富商万万没有想到，两年前一句普通的话竟能使一个自卑的人树立了自尊心，使一个穷困潦倒的人找回了自信心,一个自以为一无是处的人看到了自己的优势和价值,终于通过自强不息的努力获得了成功。

资料来源:http://zuowen.360zuowen.com/gushisucai/00415924.html,2019-05-28.

案例点评:不难想象,这位富商当初即使给年轻人很多钱,没有那一句尊重鼓励的话,年轻人也断不会出现人生的巨变。这就是尊重的力量。

2. 不卑不亢

在涉外交往过程中,应注意对任何交往对象都要给予平等的尊重与友好,做到"上交不谄,下交不骄"。在言行举止方面做到热情友好、不卑不亢、从容得体,以便使对方感到亲切自然。否则,过头就会给人一种卑躬屈膝、低三下四的感觉;不及又可能给人留下狂妄自大、放肆嚣张的印象。

3. 自评不必过谦

在涉外交往中,每个中国人都应表现得谦虚谨慎、戒骄戒躁。既不妄自菲薄、抑己扬彼,也不应该高傲自大、目空一切。尤其是涉及自我评价时,要敢于并且善于肯定自我,展现自己的实力,突出自己的业绩,不必自我贬低,过分谦虚是缺乏自信。

二、捍卫尊严,维护形象

1. 捍卫国家尊严,维护国家和政府形象

国家尊严是一个国家在国际社会上和国际交往中理应表现出来的自身的庄严与尊贵。每一名涉外人员都有责任和义务自觉维护政府的政策,维护政府的尊严;不能发表与国家政策有悖的言论,保守国家机密,不做与国家利益相悖的行为。

2. 要维护个人形象

个人形象体现一个人的教养、素质,生活态度与精神面貌,以及在社会上公众心目中的印象、看法和评价,现在往往会被人们视为一种宝贵的无形资产。在涉外交往中,个人形象直观地反映出其所在国家、民族或单位的整体形象,同时也间接地反映了其对待交往对象重视与否。

案例 8-6

汪海的故事

有一次汪海去美国考察,在一次新闻发布会上遇到了许多记者的提问。一位意大利记者问:"你们生产的运动鞋为什么叫'双星'?是不是代表你们常讲的物质文明和精神文明?"汪海微笑地点了点头,说:"还可以这样理解:一颗星代表东半球,一颗星代表西半球,我们要让'双星'牌运动鞋潇洒走世界。"

对这番豪言壮语,一位美国记者却不以为然,问道:"请问先生您脚上穿的是什么鞋?"这用意非常明了:如果你穿的是"双星"牌,那自然没话说;但如果穿的是其他品牌,意味着连自己都不愿穿"双星"牌,还谈什么潇洒走世界?不料,汪海十分沉着自信地答道:"在贵国这种场合脱鞋是不礼貌的,但是这位先生既然问起,我就破例了。"说着他把自己的鞋脱了,高高举起,指着商标处,大声说道"Doublestar"(双星!双星!)这时,场上响起了热烈的掌声,不少记者争相拍下这一镜头。第二天,美国纽约各大报纸在主要版面上纷纷刊登出这幅照片。

资料来源:http://www.doc88.com/p-8886145778724.html,2019-06-15.

案例点评:相互尊重的另一方面是自尊,只有自尊才能得到对方对你个人、对你的国家的尊重,才能谈得上真诚合作,平等合作。

三、言必行,行必果

对外交往过程中,表态要慎重,许诺前要深思熟虑、考虑周全,切不可说大话、空话,更不能信口开河,做出不负责任的承诺。承诺一旦做出,就必须兑现实行,如因意外事件或不可抗力因素而不能信守约定时,要及时主动地加以说明,并郑重致以歉意,甚至加以赔偿。

四、言行谨慎,尊重隐私

国际礼仪强调以人为本,要求尊重个人隐私,维护人格尊严,并将其视作有没有教养、能不能尊重和体谅交往对象的重要标志之一。对于西方人来讲,凡涉及个人经历、个人经济状况、年龄、恋爱婚姻、健康状况、政治见解、宗教信仰、生活习惯等均属于个人隐私的话题,他人不应查问,应自觉地回避。如涉及对方反感的问题,应表示歉意并立即转移话题。同陌生人开始交谈时,可选择诸如天气、体育、音乐和环保等安全而适宜的话题。

五、尊重女士,礼让有节

女士优先是国际公认的一条重要的礼仪原则,在社交场合,是否遵循"女士优先"是一条成规,是评价男士是否具有绅士风度的首要标准。例如,男士不得当着女士的面讲粗话、脏话或开低级的玩笑,言辞必须文明高雅,表达分寸得当等。在职场上、在工作时,讲究的是男女平等,还是以职位高低、职务高低来区分尊卑与先后的。

"女士优先"的背后

撒切尔夫人担任首相时,一日与内政大臣一起吃饭,一个年轻的女服务员端了一碗热汤上来,往桌上放的时候,不小心打翻了,烫到了内政大臣。正当年轻的女服务员手足无措时,撒切尔夫人起身,上前轻轻地抱住了女服务员,并轻声安慰她:"这个错误我们谁都可能犯,你别太害怕。"安慰完女服务员后,她才去安慰内政大臣。作为首相,她带头崇尚并践行着"女士优先"的高雅风范。

其实,在西方国家,人们崇尚"女士优先"。人们讲究女士优先,它要求成年的男子,在社交的场合,要积极主动地以个人的举止言行尊重女士、关心女士、照顾女士、保护女士,并且时时处处努力为女士排忧解难。而且不仅表现为对相识的女性朋友,对素不相识的女士同样要表示尊重。能够这样做的人,会被人视为教养良好。

有位学者说过这样一段话:目前认为较发达的资本主义国家其实并不是最早的资本主义国家,最早的资本主义国家是荷兰、葡萄牙等国,但为什么它们后来衰落了呢?这是因为英国、法国、意大利等后起的资本主义国家更注重文化建设,这促进了资本主义国家的繁荣发达,使之更有生命力和活力。由此观之,人文素养、文化素养,不仅关乎一个人的形象,更关乎一个国家的生存和发展、前途和命运。

六、尚礼好客,热情有度

涉外交往中,迎宾待客要把握好热情、友好的具体分寸。对待外宾既要热情大方,又不能轻浮诡谀。具体要把握好下列 5 个方面的"度"。

(1) 关心有度。不影响对方的个人自由;不令对方感觉不便;不使对方勉为其难。

(2) 批评有度。批评时要讲究方式与场合。

(3) 距离有度。要根据实际情境和交往对象,把握好关系亲密、私人交往、一般社交、公共场合中人与人之间的距离。

(4) 举止有度。不要随意采用某些过分热情的动作;不要采用不文明、不礼貌的动作。

(5) 交往有度。我方人员与任何外方人士进行接触时,不论双方之间的关系如何,均应与外方人士保持"三不妨碍"原则,即不妨碍对方的工作;不妨碍对方的生活;不妨碍对方的休息。

七、入乡随俗,求同存异

由于世界各国礼仪习俗存在着一定程度的差异,从某种意义上讲,对所交往对象所在国家的风尚习俗不了解是涉外交往中的最大障碍。所以,在涉外交往中,为了减少摩擦与误会,往往会求大同、存小异,对交往对象国家的礼仪、习俗与禁忌有所了解并予以尊重,以达到友好往来、畅行无阻的目的。

八、以右为尊

在中国,通常是以左为尊。但在国际交往中,一般应遵循"以右为尊"的原则,这是一种约定俗成的国际惯例,无论是悬挂国旗、会见会谈的座次安排、国宴的席位安排,还是坐车、行走,凡涉及位次排列时,都讲究以右为大、为长、为尊。在并排站立、行走或就座时,正确的做法是客人居右、女士居右、长辈居右、已婚者居右、职位身份较高者居右。国际会议时,主席台位次也按"以右为尊"原则排位。发言者所使用的讲台必须位于主席台的右前方。

本章实训课堂

一、单项选择题

1. 当和不同国籍的友人意见发生分歧时,你应该(　　)。
   A. 彼此尊重,求同存异
   B. 坚持己见,不改立场
   C. 改变立场,配合对方

2. 贵公司近期将有英国友人进行工作访问,领导让你给对方准备礼物,你选择礼物的原则是(　　)。
   A. 结合自己喜好挑选礼物
   B. 结合我国特色及当地特产准备礼物
   C. 结合英国人的禁忌与喜好,根据我国特色及当地特产准备礼物

3. 在国际交往中应该(　　)。
   A. 以左为尊
   B. 以右为尊
   C. 没有一定原则

二、案例分析题

某公司尤其关注产品的品质与性能。有一年,其所生产的一些部件经过抽检发现存在着一定的缺陷,无法完全满足公司的质量要求,这时候,外方专家果断地将刚生产的部件投进了垃圾箱,全部废弃,重新生产。当时中方的职员在事后则未经允许将这些部件捡回来,打磨后又再次使用。外方的专家在得知这一情况后,则用榔头将这些捡回来经过打磨的部件砸坏,然后再扔掉。

又一次,检测到一块磁共振信号处理板有制造缺陷,于是进行进一步抽样检测,发现具有批量性特点,中方技术人员认为不影响实际功能,但是外方技术人员始终认为这样的缺陷时间长了还是会有隐患,会影响设备稳定性,最后竟然销毁了这批设备。前前后后发生了几次这样的类似事件,使中方职员,特别是一向节俭的老员工心痛不已,最终引发了与外方员工激烈的争论。

请分析:造成中外双方员工产生争论的原因是什么,请你帮助提出问题的解决方案。

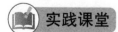 实践课堂

训练　情境模拟

1. 时间把握:第一节课。
2. 情境描述:由2～3名学员共同完成。假设外国某电子设备有限公司要到中国某电子设备公司进行商业合作谈判。
3. 要求:请以组为单位,查阅相关资料,制定一份为该电子设备有限公司领导及员工的接风晚宴方案。
4. 目的:让学生了解不同国家的文化需求,养成随时了解不同国家不同风俗的习惯。

附 录

附录 A 商务接访礼仪常用英语

(一) 常用词汇及短语

distinguished guest 贵宾
Madam 夫人
Respected Mr.×× 尊敬的××先生
host 东道主
foreign guest/foreign visitor;overseas guest/overseas visitor 外宾
foreign expert;overseas expert 外国专家
schedule;itinerary 活动日程/日程安排
upon...request 根据……的要求
come all the way 专程造访
a thoughtful arrangement 精心安排
help out 排忧解难
exchange of visit 互访
equality and mutual benefit 平等互利
lasting peace 持久和平
opening ceremony/closing ceremony 开幕式/闭幕式
opening speech/opening address 开幕词
make an opening speech 致开幕词
goodwill visit 友好访问
declare...open 宣布……开幕
on the occasion of 值此之际
take this opportunity to 借此机会
in the name of 以……名义
in the spirit of 本着……精神
on the behalf of 代表
heartfelt thanks 由衷的谢意
gracious hospitality 友好款待

look back on 回顾过去
look ahead/look into the future 展望未来
a complete success 圆满成功
propose a toast 提议祝酒
host；receive 接待
entertain 招待
luncheon 午宴
reception party/entertainment party 招待会
buffet reception 冷餐招待会
terminal building 机场大楼
waiting hall 候机大厅
departure time/take-off time 起飞时间
arrival time 抵达时间
the Customs 海关
round-trip ticket 往返票
entry visa/exit visa/tourist visa 入境/出境/旅游签证
duty-free shop 免税商店
luxury suite 豪华套房
single room/double room 单/双人房
reserve 预订
increase our mutual understanding and friendship 增进我们彼此之间的理解和友谊
promote friendly relations and cooperation between us 促进我们之间的友好合作关系
friends coming from a distant land 远道而来
friends coming from the other side of the Pacific 来自大洋彼岸的朋友

（二）常用语句

1. 介绍

Please allow me to introduce myself, my name is…
请允许我介绍一下我自己，我叫……
Excuse me, I haven't had the honor of knowing you.
对不起，我还没请教阁下尊姓大名。
I would like to introduce you to…
我想把您介绍给……
Ladies and gentlemen, I take great pleasure in introducing our guest ××.
女士们、先生们，我非常愉快地向各位介绍我们的客人××。

2. 希望对方过得愉快

I hope you will enjoy your stay here. 我希望您在这里过得愉快。
Wish you all the best in your visit! 祝您参观一切顺利！

How do you like our schedule? 您喜欢我们的日程安排吗？

3. 欢送祝福

I wish you all the best! 祝您万事如意！
Remember me to ××. /Say hello to ×× for me. 代我向××问好。
Let's keep in touch. 让我们保持联系。
Take care! 请多保重！
Have a nice trip! 祝您旅途愉快！
Have a safe trip home! 一路平安！

4. 表达邀请

I'm looking forward to your visit again. 我期待着您的再次来访。
Hope to see each other again soon. 希望我们不久能再次相会。
I am looking forward to visiting your company in the near future.
我期待着在不远的将来访问贵公司。

5. 表达对接待方的感谢

I greatly appreciate this opportunity to visit this beautiful place.
我非常感谢有此机会访问这个美丽的地方。
Please accept our sincere thanks for your kind invitation.
对您的友好邀请，请接受我们诚挚的谢意。
Thank you very much for inviting me to this dinner.
谢谢您邀请我参加这次晚宴。
Thank you for such a thoughtful arrangement for us.
感谢您为我们所做的如此精心的安排。
The gracious hospitality of our host will remain in my memory forever.
东道主的热情好客将永远留在我的记忆中。

附录B 通电话礼仪常用英语

（一）常用词汇

area code 区域号码　　　　　　　coin call 投币电话
conference call 会议电话　　　　　credit card call 信用卡电话
crossed lines 电话干扰　　　　　　direct dial call 直拨电话
domestic call 国内电话　　　　　　extension 分机
extension number 分机号码　　　　exchange number 交换台号码
public telephone 公用电话　　　　long distance call 长途电话
local call 市内电话　　　　　　　mouth piece 传话机
intercom system 对讲机系统　　　overseas call 国际电话

party line 同线电话　　　　　radio telephone 无线电话
telephone book 电话本　　　　telephone booth 电话亭
telephone number 电话号码　　telephone office 电信局
service meter 通话次数表　　　switchboard 电话总机
wireless transceiver 无线电对讲机

（二）常用礼貌句型

1. 自报家门

This is Tina Hao of Qinghai Trading Company. May I help you?
这里是青海贸易公司的 Tina Hao。我能为您做些什么？

2. 听不清楚

Sorry, I didn't get what you said. 对不起，我没听懂您说的话。
I can't hear you very well. 我听不太清楚。
We have a bad connection. 通信效果不太好。
I can't catch what you are saying. 我听不太清楚您说的话。

3. 发生上面的情况，请对方再重复一遍

Could you repeat that, please? 能请您再说一遍吗？
Would you say that again? 您能再说一遍吗？

4. 请对方说慢点

Would you speak more slowly? 您能再说慢一点吗？
Could you speak up/out a little? 您能再大声一点吗？
Would you speak more clearly? 您能再说清楚一点吗？

5. 帮忙转分机

Please connect me with extension two-one-one. 请帮我转分机 211。
Could you put me through to the personnel department, please?
请帮我接人事部好吗？

6. 他在忙线中

He's on another line right now. 他现在正在接另一个电话。
He's talking a long-distance call now, what can I do for you?
他正在接长途电话，有什么我可以帮您吗？
Sorry, his line is busy. 抱歉，他正在打电话。

7. 请对方稍等一下

Could you hold a moment, please? 您能稍等一会儿吗？
Can you hold on, please? 您能稍等一会儿吗？
Just a moment. He is on his way now. 请稍待一下。他马上来接电话。

8. 现在不方便接电话

She has a visitor at the moment. 她现在有客人。

He is in a meeting now. 他正在开会。

I'm sorry, but I was just on my way out. Can I get back to you later?
很抱歉,我正好要出门。可不可以稍后再打给您?

He's here but he's not at his desk right now. 他有来上班,不过现在不在座位上。

He hasn't come to the office yet. 他还没到办公室。

I'm sorry, but he is out right now. 很抱歉,他刚才外出了。

9. 在休假中

He is off today. 他今天休假。

He's on vacation this week. 他本周休假。

He is on vacation until next Wednesday. 他休假到下周三。

10. 回家了

He's already left for home today. 他已经离开回家了。

He has gone home. 他回家了。

11. 生病请假

He's absent because he is sick today. 他今天生病所以没来。

He's on sick leave today. 他今天请病假。

12. 出差

He's in New York on business. 他在纽约出差。

He left for New York on business until July 22nd.
他到纽约出差,要到7月22日才能回来。

He is on a business trip. 他正在出差。

13. 我将转达您的留言

I'll give her your message as soon as possible. 我将尽快地转达您的留言给她。

14. 要找的人已调职

Mr. Smith took over his job. I'll connect you. One moment, please.
史密斯先生接替了他的工作。稍等一会儿,我帮您转接。

15. 要找的人已离职

He left this company last week. 他上个月离开这家公司了。

He is no longer at this company. 他已经不在本公司工作了。

16. 约时间见面

I'd like to talk to you about the new product. 我想要和您谈谈新产品。

I'd like to make an appointment with Mr. Scott. 我想要跟史考特先生约个时间见面。

17. 变更见面日期

I'd like to cancel my appointment with Mr. Scott.
我想取消和史考特先生的约会。
Something urgent has come up. Could I postpone our appointment?
发生了一些急事。我俩的约会能不能延期？

18. 结束电话对话

Shall we continue this later? I've got a call waiting.
我们可不可以晚一点再继续谈？我现在有个来电正在等候。
It's kind of late. Why don't we talk about it tomorrow?
有点晚了。我们何不明天再谈呢？
Nice talking to you. 跟您谈话很愉快。
Call again when you've got time. 有空请再打电话来。
I'm always glad to hear from you. 我随时高兴接到您的电话。
Let's keep in touch, good-bye. 让我们保持联络，再见。

附录 C　宴请礼仪常用英语

（一）餐饮常用词汇

breakfast, brunch 早餐, 早午餐
lunch 午餐
high tea 下午茶
dinner 晚餐
poolside 游泳池
midnight 夜宵
salad bar, dressing 沙拉台, 沙拉酱
cold cuts 冷盘
raw seafood 生海鲜
sashimi 生鱼片
sushi 寿司
oysters 生蚝
salmon 鲑鱼
bread 面包
butter 黄油
soup 汤
ham 火腿

steak 牛排
lamb ribs 羊排
How many slices? 多少片？
sauce/gravy 酱汁
hot dishes 热盘
desserts 甜品
puddings 布丁
pastries 饼
cakes 蛋糕
mousse 慕丝（用奶油和蛋清加水果、巧克力等做成甜食，或加鱼肉、菜等做成凉菜）
soup bowl 汤碗
fruits 水果
ice-cream 冰激凌
cheese 乳酪
biscuits 饼干
goblet 酒杯
spoon 勺子
soup spoon 汤匙
tea spoon 茶匙
service or dinner plate 餐盘
napkin 餐巾

（二）常见礼貌提示用语

Follow the lead of others (e.g., host) to know when/where to sit.
看其他人何时就座以及坐在哪里，采取和他们一样的做法。
Hold doors for others. 为别人开门。
Don't assume empty seats are available.
空座位坐之前要确认是否可以坐。
Allow others to take the better seat.
让别人选好的位置。
Wait for the host before taking a first drink.
在主人没动杯之前不要喝酒。
Wait to eat until after everyone is served and the host has begun.
等到主人以及大家都开动后再开始用餐。
Never drink more than two alcoholic drinks.

喝酒不超过两杯。

Allow the event host to make the first toast.

让主人第一个敬酒。

Notify hosts of any dietary restrictions prior to an event.

在聚会前告知主人自己的饮食禁忌。

Understand how to use flatware (eat outside in).

知道如何使用餐具。

Glassware is placed to the right.

玻璃餐具摆放在右边。

Bread plates will be placed to the left.

面包盘应该放在左边。

Place the fork and knife in the 4:00 position when finished.

吃完后将刀叉放在4点钟方向。

Place napkins on the chair seat or arm when briefly stepping away.

暂时起身离开座位时,将餐巾放在椅子上或扶手上。

Research the event topic and venue before arriving.

在到达聚会之前调查清楚聚会地点以及聚会内容。

Thank the host in person prior to leaving.

在离开前亲自向主人道谢。

Send a "thank you" note to the host within a week.

聚会后一星期之内向主人发一封感谢信。

参 考 文 献

[1] 付天军.跨文化交际失误中的认知根源探析[J].河北学刊,2010(3).
[2] 孙志敏.传统礼仪对当代大学生的启示教育[J].秘书,2011(12).
[3] 陈光谊.现代实用社交礼仪[M].北京:清华大学出版社,2012.
[4] 博瀚.社交与礼仪知识大全集[M].北京:同心出版社,2012.
[5] 金韩丽.女人优雅一生的社交礼仪课[M].哈尔滨:黑龙江科学技术出版社,2012.
[6] 于雷.时尚礼仪教程[M].北京:中国物资出版社,2012.
[7] 陈旭,李曾辉.现代社交礼仪[M].北京:现代教育出版社,2013.
[8] 张岩松.人际沟通与社交礼仪[M].北京:清华大学出版社,2013.
[9] 李晓霞.论商务沟通中的非语言沟通技巧运用[J].中国外资,2013(6).
[10] 王丽红.克服人际沟通障碍在社会心理学中引导下的进展[J].前沿,2013(7).
[11] 崔晓文.人际沟通与社交礼仪[M].北京:清华大学出版社,2014.
[12] 王平.从中西文化对比中看中国:读梁漱溟《中国文化要义》[J].文艺生活,2015(6).
[13] 孙婧.从霍夫斯泰德的文化维度解读跨文化交际中的文化差异[J].东方教育,2015(2).
[14] 佚名.礼仪漫谈之二:接待礼仪:上[J].公关世界,2015(5).
[15] 佚名.礼仪漫谈之二:接待礼仪:下[J].公关世界,2015(6).
[16] 赵维娜.旅游接待礼仪中服务语言分类及运用艺术[J].淮北职业技术学院学报,2015(12).
[17] 游宇婷.搞笑外事接待礼仪与注意事项[J].好家长,2016(8).
[18] 王银.浅论现代秘书的接待礼仪[J].散文百家(新语文活页),2016(6).
[19] 欧阳宇倩.麦肯锡精英最重视的55个高效能沟通[M].北京:群言出版社,2016.
[20] 姜振宇.微反应[M].武汉:长江文艺出版社,2016.
[21] 吴明轩.超级沟通术[M].北京:现代出版社,2017.
[22] 徐英.强化能力培养,创新商务礼仪[J].现代职业教育,2017(3).
[23] 肖诗子.西门子深圳分公司跨文化沟通障碍研究[D].深圳:深圳大学,2017.
[24] 唐召英.情景教学在礼仪课中的运用:以秘书礼仪中接待礼仪教学为例[J].清远职业技术学院学报,2017(3).